O GÊNIO
DE ISRAEL

S48g   Senor, Dan.
       O gênio de Israel : a surpreendente resiliência de uma nação dividida em um mundo turbulento / Dan Senor, Saul Singer ; tradução: Arysinha Jacques Affonso. – Porto Alegre : Bookman, 2025.
       xviii, 315 p. : il. ; 21 cm.

       ISBN 978-85-8260-666-7

       1. Negócios. 2. Empreendedorismo. 3. Economia. I. Singer, Saul. II. Título.

CDU 330.95694

Catalogação na publicação: Karin Lorien Menoncin – CRB 10/2147

DAN SENOR
SAUL SINGER

O GÊNIO DE ISRAEL

A SURPREENDENTE RESILIÊNCIA DE UMA NAÇÃO DIVIDIDA EM UM MUNDO TURBULENTO

Tradução
Arysinha Jacques Affonso

Porto Alegre
2025

Obra originalmente publicada sob o título
The Genius of Israel: The Surprising Resilience of a Divided Nation in a Turbulent World, 1st Edition

ISBN 9781982115760

Copyright (c) 2023 by Dan Senor and Saul Singer
All Rights Reserved

Gerente editorial: *Alberto Schwanke*
Editora: *Arysinha Jacques Affonso*
Preparação de originais e leitura final: *Ronald Saraiva de Menezes*
Arte sobre capa original: *Márcio Monticelli*
Editoração: *AGE – Assessoria Gráfica Editorial Ltda.*

Reservados todos os direitos de publicação, em língua portuguesa, ao
GA EDUCAÇÃO LTDA.
(Bookman é um selo editorial do GA EDUCAÇÃO LTDA.)
Rua Ernesto Alves, 150 – Bairro Floresta
90220-190 – Porto Alegre – RS
Fone: (51) 3027-7000

SAC 0800 703 3444 – www.grupoa.com.br

É proibida a duplicação ou reprodução deste volume, no todo ou em parte,
sob quaisquer formas ou por quaisquer meios (eletrônico, mecânico, gravação,
fotocópia, distribuição na Web e outros), sem permissão expressa da Editora.

IMPRESSO NO BRASIL
PRINTED IN BRAZIL

Os autores

DAN SENOR é coautor do *bestseller Start-Up Nation: a história do milagre econômico de Israel.* Ele foi conselheiro da campanha de Paul Ryan para vice-presidência, em 2012, e assessor de política externa da campanha presidencial de Mitt Romney, ambas nos Estados Unidos. Como ex-funcionário do Departamento de Defesa norte--americano, trabalhou em Bagdá e no Catar e foi assessor do Senado dos Estados Unidos nos anos 1990. Seus artigos de análise política são publicados por *Financial Times, Wall Street Journal, New York Times, USA Today* e *Washington Post.* Comanda o *podcast* de sucesso *Call Me Back.* Atua hoje como executivo de comunicação e políticas públicas em uma grande empresa de investimentos.

SAUL SINGER é coautor do *bestseller Start-Up Nation: a história do milagre econômico de Israel.* Foi editor e colunista do *Jerusalem Post* e escreve para *Wall Street Journal, Washington Post* e outras publicações. Singer é palestrante em eventos sobre inovação em várias capitais do mundo, incluindo Beijing, Sidnei, Singapura, Londres, Madri, Amsterdá, Oslo, Nairobi e São Paulo. Antes de se mudar para Israel, em 1994, atuou por 10 anos como assessor de membros do Congresso dos Estados Unidos. Ele vive em Jerusalém com a mulher e três filhos.

*Para minha mãe, Helen Senor, que me ensinou sobre resiliência
a cada capítulo de sua história.*

— Dan Senor

*Para meu pai, Max Singer, que me ensinou a arte de pensar
de forma diferente. Para minha mãe, Suzanne Singer,
que me ensinou a viver alegremente.*

— Saul Singer

*Somos eternamente gratos pela trajetória de vida de
Helen, Max e Sue, que os levou a Israel.*

Agradecimentos

Anos após a publicação de *Start-Up Nation*, avaliávamos a possibilidade de escrever uma possível sequência. Nossa intenção é escrevê-la um dia. Mas não é este livro. Ao navegar pelo gênio forte dos israelenses e por seus rompantes geniais, *O gênio de Israel* se concentra em um aspecto crucial para entender o dinamismo do país e talvez sua maior inovação: a extraordinária resiliência da sociedade israelense.

Acreditamos que não existem duas sociedades iguais, assim como não existem duas pessoas iguais. E que as sociedades, como as pessoas, têm suas próprias histórias, pontos fortes e fracos. O paradoxo de descrever uma sociedade é que a maioria das pessoas de fora e de dentro são cegas a ela. Pessoas de fora podem não estar familiarizadas o suficiente; pessoas de dentro podem estar próximas demais para enxergar. Somos gratos àqueles que tiveram algum distanciamento, e também proximidade suficiente, para serem nossos professores, navegadores, editores e parceiros de ideias.

Este livro não teria sido possível sem Jonathan Karp, que depositou sua confiança em nós pela segunda vez. Ficamos emocionados quando Jon incluiu *Start-Up Nation* na lista dos 12 livros que seu selo editorial, a Twelve, publica todos os anos. Quando Jon chegou ao comando da Simon & Schuster, fomos brindados novamente com a possibilidade de contar com a sua orientação. Ele também se tornou um bom amigo ao longo do caminho.

x Agradecimentos

Ben Loehnen – cofundador do selo Avid Reader, da Simon & Schuster – foi nosso editor-chefe (e supervisor). Ben teve de lidar com nossas consultas frequentes. Somos gratos pela prontidão, precisão e incisividade dos seus comentários e, é claro, por sua persuasão e franqueza.

Embora tenhamos escrito grande parte deste livro em nosso tempo livre durante o *lockdown* da pandemia, levamos mais tempo do que imaginávamos. A paciência de Jon e Ben com o nosso descumprimento de prazos foi hercúlea.

Jennifer Joel, nossa agente, foi uma profissional de primeira linha, como sempre, em todos os assuntos relacionados a este livro. Mas Jenn também foi uma caixa de ressonância e uma extraordinária solucionadora de problemas sempre que empacávamos (o que aconteceu muito!).

Max August e Lia Wiener, mais do que nossos principais pesquisadores, se tornaram parte de nosso *hevre*. Nós nos valemos da pesquisa original de Max sobre o setor de inovação de Israel quando estudante na Harvard University e, mais tarde, de sua experiência prática no lançamento do escritório israelense da empresa de *private equity* norte-americana General Atlantic. Max analisou os dados até o prazo final da editora. Lia, nascida em Israel, com inglês e hebraico perfeitos, serviu na unidade 8200 das Forças de Defesa de Israel (IDF) e graduou-se há pouco tempo pela Stanford University's Graduate School of Business. Ela trouxe consigo uma riqueza de conhecimento, energia, contatos e foco na missão. Ela até estabeleceu prazos para nós. Obrigado, Max e Lia, foi uma alegria trabalhar com vocês.

Em vários momentos, Abigail Lyss, Avigail Rasol, Kayla Cohen, Jordan Esrig e Dore Feith fizeram parte da nossa equipe de pesquisa. Agradecemos por todo o trabalho duro e tolerância deles enquanto desaparecíamos e reaparecíamos em pânico, sempre nos intrometendo em suas vidas ocupadas.

Leah Lerner foi pesquisadora em diferentes fases, mas especialmente na mais crítica, finalizando o texto original – talvez não o tivéssemos entregado sem a ajuda dela.

Carolyn Kelly, da Simon & Schuster, comandou atentamente o processo de produção, lidando com nosso truncado cronograma de fechamento – o que não é pouca coisa. David Kass e a equipe de publicidade da Simon & Schuster usaram de sua criatividade e inventividade para garantir que este livro atingisse seu público.

Agradecemos às sugestões de todos os que leram o texto original – e muitos dos seus rascunhos – e forneceram *feedback*: Esther Abromowitz, Rebeca Becker, Tal Becker, Ilan Benatar, Daniel Bonner, Jon Chambers, Harry Zieve Cohen, Jared Cohen, Annette Furst, Mark Gerson, Jennie Goldstein, Yossi Klein Halevi, Jack Hidary, Judy Heiblum, David Hess, Terry Kassel, Jonathan Lewinsohn, John McConnell, Josh Opperer, Rachel Opperer, John Podhoretz, Dan Polisar, Matt Rees, Nati Ron, Adam Rubenstein, Matthew Scully, Meir Soloveichik, Daniel Taub, Josh Ufberg, Andrew Vogel, Sebastian Thurn e Dana Hyde Z"L*. Dana faleceu tragicamente quando concluíamos o original, contudo seus *insights* sobre a história de Israel foram inestimáveis.

Paul Golob leu os originais em diferentes etapas e fez sugestões fundamentais sobre a estrutura do livro.

A todos os nossos leitores, sabemos que este foi um trabalho árduo e agradecemos pelo seu tempo e pelo *feedback* rápido.

Tom Nides, Ron Dermer e Gil Messing – além de compartilharem suas ideias – nos ajudaram a garantir uma série de entrevistas importantes.

Nossas próprias ideias sobre as promessas da inteligência artificial ainda estão evoluindo, mas somos gratos pelos tutoriais de Eric Schmidt, Reid Hoffman, Amnon Shashua, Sebastian Thrun, Jack Hidary e Michal Braverman-Blumenstyk, que ajudaram no Capítulo "Não há lugar como o lar".

Este livro contou com as pesquisas e o trabalho de muitas organizações, especialmente a Start-Up Nation Central, cofundada pelos filantropos norte-americanos Paul Singer e Terry Kassel (e Dan). É sabido

---

*N. de T. Z"L é a abreviatura em hebraico da expressão "zicaron lebrachá", que significa "bendita a sua memória".

xii Agradecimentos

que Paul administra um dos fundos de investimento mais bem-sucedidos do mundo, mas também é um professor informal para líderes empresariais israelenses e pensadores de política econômica sobre os desafios enfrentados pela economia de Israel. Quando Terry leu o original do nosso último livro, ela teve a ideia de lançar uma organização em Tel Aviv; a Start-Up Nation Central é um de seus muitos projetos filantrópicos que prosperam em Israel atualmente. Paul e Terry são verdadeiros amigos de Israel. Incentivamos os interessados em aprender mais sobre o setor de inovação de Israel a visitar a sede da organização em Tel Aviv e usar o Start-Up Nation Finder (*on-line*).

Saul passou muitas horas trabalhando neste livro recluso numa biblioteca no idílico *campus* do Instituto Van Leer, em Jerusalém. Obrigado às bibliotecárias Bayla Pasikov e Pinchas Maurer por caçar infinitos estudos e livros.

Nossas esposas, Campbell Brown (Dan) e Wendy Singer (Saul), foram quase tão casadas com este livro quanto nós. Dissemos que um dia terminaríamos, mas não quando. Provavelmente não existe ideia alguma nele que não tenha sido discutida com vocês. Obrigado por serem nossos "pés no chão" e por acreditarem que, algum dia, este livro seria publicado.

Também nunca esqueceremos de todas as brincadeiras com Campbell e Wendy e nossos filhos – Noa, Tamar, Yarden, Eli e Asher – à medida que desenvolvíamos novos temas para o livro ou descobríamos dados novos. Bastante *gibush* em função deste projeto.

Finalmente, este livro é dedicado à mãe de Dan, Helen Senor, e aos pais de Saul, Max Z"L e Suzanne Singer Z"L.

Helen nasceu em Kosice, então parte da Tchecoslováquia, e hoje Eslováquia. Quando os nazistas reuniram os judeus em 1944, ela, uma criança, fugiu e se escondeu. Quarenta anos depois, em 1984, ela perdeu o marido (pai de Dan) e ficou viúva com filhos para criar. E 30 anos depois, em 2014, ela começou um novo e esperançoso capítulo ao se mudar para Israel. Ao longo desses períodos – 1944, 1984 e 2014 – ela também viveu em mais lugares do que podemos contar. Em meio a tudo isso, a história de Helen é um modelo de resiliência.

Agradecimentos **xiii**

Ambos os pais de Saul eram escritores. Max escreveu documentos de política e artigos de opinião sobre estratégia global, Israel e o mundo judaico. Suzanne foi editora-chefe da revista *Biblical Archaeology Review* e *Moment.* Max e Suzanne trouxeram seus quatro filhos por quatro anos para Israel. Todos eles decidiram voltar para Israel. Em 15 de setembro de 1987, dia do seu 25º aniversário, o tenente das IDF Alex Singer foi abatido durante uma operação no Líbano, que procurava interceptar terroristas que iam em direção à fronteira israelense. Hoje, os irmãos de Alex, Saul, Daniel e Benjy, vivem em Israel com suas famílias. Muitas das ideias deste livro foram polidas pela infinita curiosidade e sabedoria de Max e Suzanne em sua mesa de sabá. Estamos felizes pois, mesmo que não tenham vivido para ver este livro, eles viveram e amaram o Gênio de Israel.

PREFÁCIO

Os dois livros de Herzl

Um livro escrito no final do século XIX mudou a direção da história judaica. O autor é Theodor Herzl e o nome do livro, *O Estado Judeu*. Nele, Herzl afirma que o liberalismo da Europa Ocidental, que levou à emancipação, à igualdade de direitos e à abertura das portas da sociedade aos judeus, não erradicou a histórica aversão a eles. Pelo contrário: quanto mais se fundiam aos estados-nação europeus, mais os judeus eram rejeitados. Em *O Estado Judeu*, Herzl sugere um caminho oposto: em vez de os judeus se fundirem aos estados-nação europeus, eles devem estabelecer um estado-nação para si mesmos, no modelo europeu. O sionismo é a solução para o problema do antissemitismo.

Em 1902, Herzl escreveu outro livro, *Altneuland: a nova terra velha*. Nele, aborda os difíceis e frustrantes problemas da sociedade europeia moderna. O principal é a falta de simetria entre o progresso tecnológico e o progresso social. Novas tecnologias surgem, mas as estruturas sociais e os métodos de governança permanecem desatualizados. Como resultado, a tecnologia que produz energia e abundância sem precedentes não consegue curar os males mais básicos da sociedade. A barreira que impede o progresso é a ignorância: a humanidade ainda não criou o *corpus* de conhecimento que lhe permitirá transformar o poder tecnológico em poder social. A solução para esse problema é o sionismo.

Na visão de Herzl, presente em *Altneuland*, a missão do Estado é produzir o conhecimento que falta. O Estado judeu será um espaço de experiências sociais e políticas. A totalidade dessas experiências transformará o país em uma espécie de laboratório que produzirá os grandes *insights* de que a humanidade carece, e esses *insights* removerão a barreira que impede o ímpeto do progresso da história.

Herzl produziu dois livros sobre a pauta do povo judeu que têm um problema e uma solução. De acordo com o primeiro livro, *O Estado Judeu*, o Estado de Israel foi projetado para resolver o grande problema dos judeus. De acordo com o segundo livro, *Altneuland*, o Estado de Israel foi criado para resolver os grandes problemas da humanidade. Na verdade, esses são dois tipos diferentes de sionismo.

Dois tipos de sionismo

Herzl testemunhou o clima hostil da cidade de Viena que permitiu a eleição do antissemita Karl Lueger como prefeito. Herzl também observou e documentou a atmosfera tóxica de Paris durante o julgamento de Dreyfus. Intelectuais otimistas de sua época acreditavam que essas explosões de antissemitismo eram resquício de um passado sombrio, destinado a desaparecer com o tempo. Herzl via as coisas de forma diferente. Ele acreditava que esses eventos não eram um eco do passado, mas prenúncio de uma catástrofe futura. Com seus poderes quase proféticos, Herzl viu que o antissemitismo era incendiário e traria uma conflagração ao povo judeu.

Herzl também estudou um dos poderosos paradigmas que ganhavam força na época: o nacionalismo liberal. A visão nacional-liberal era universal; cada nação merecia um país onde pudesse expressar seu caráter único. Se realizado, os povos do mundo viveriam em estados-nação, lado a lado, em paz, como parte de uma família de nações.

O que fez Herzl? Ele conectou as duas visões. A nova ideia europeia de nacionalismo liberal resolveria o antigo problema judaico do antissemitismo. O mundo que não aceita totalmente os judeus em seus estados-nação os aceitaria como um estado-nação na família das nações. Em outras palavras, surgia na Europa uma ideia universal que poderia resolver o problema específico dos judeus.

Em seu livro *Altneuland,* a trajetória é invertida: o grande problema do mundo é que, embora tenha os meios para resolver as questões da ignorância e da pobreza, não consegue fazê-lo. É assim que um dos protagonistas do livro, o nobre alemão Kingscourt, expressa sua grande frustração: "Nunca o mundo foi tão rico quanto é hoje e nunca houve tantas pessoas pobres".

Kingscourt também sabe quem pode resolver esse problema: "Já temos tudo o que é necessário para tornar o mundo melhor. E você sabe quem pode mostrar à humanidade o caminho? Vocês! Vocês são os judeus! Precisamente porque sua situação é tão ruim, vocês não têm nada a perder. Vocês podem estabelecer a terra experimental para a humanidade".

Há sionismo aqui em duas faixas opostas: o sionismo de *O Estado Judeu* é o esforço para resolver um problema judaico por meio de uma solução universal. E o sionismo de *Altneuland* é o esforço para resolver um problema universal por meio de soluções judaicas.

Os dois livros de Herzl expressam tipos diferentes de instintos sionistas que vivem dentro de nós nos últimos 120 anos. *O Estado Judeu* expressa a intuição dominante, compartilhada por muitos israelenses. Essa intuição liga constantemente o Estado de Israel ao antissemitismo; somos obrigados a estabelecer e manter um Estado poderoso e cauteloso que proteja seus cidadãos de um mundo hostil aos judeus. Frente a isso, sem tanta proeminência, o sionismo de *Altneuland* vive entre os israelenses que acreditam que o propósito de Israel é ser uma sociedade-modelo que será uma "luz para as nações".

O livro *O gênio de Israel* foi publicado em hebraico durante um período muito difícil para o Estado de Israel. O *pogrom* de 7 de outubro e a eclosão de ondas massivas de antissemitismo nos *campi* e nas ruas do Ocidente nos lembraram do que Herzl sabia e muitos de nós esquecemos: o mundo não é um lugar amigável para os judeus. Essa lembrança fortaleceu nossa tendência de ver o Estado de Israel como um refúgio onde nos escondemos e nos isolamos de um mundo ameaçador e hostil.

Mas o novo livro de Dan Senor e Saul Singer nos lembra, quando sentimos e entendemos que Israel tem um problema, que Israel tam-

xviii Prefácio: Os dois livros de Herzl

bém é uma solução. No Estado de Israel, como você lerá no livro em mãos, foi criada uma cultura e foram formados hábitos de vida que podem ajudar a aliviar muitas das dificuldades do Ocidente. O hiperindividualismo do Ocidente, liderado pelos Estados Unidos, trouxe consigo graves dificuldades, principalmente solidão, vazio e frustração tóxica, que se espalham por toda a sociedade. E isso, por sua vez, criou graves problemas de depressão, suicídio e a eclosão de uma epidemia de "mortes por desespero".

E aqueles que tentam escapar das consequências do individualismo para os reinos do coletivismo muitas vezes caem no abismo da xenofobia, das teorias da conspiração e da raiva transbordante. A incapacidade do Ocidente, e especificamente dos norte-americanos, de suavizar o individualismo em famílias, comunidades e nacionalismo saudáveis é um terreno fértil que gera muitos problemas.

Singer e Senor mostram que os israelenses, sem querer, criaram soluções para esses problemas. Acontece que, assim como Herzl previu em *Altneuland*, o Estado judeu realmente se tornou um laboratório que produziu novos conhecimentos, conhecimentos que são uma solução para alguns dos difíceis problemas do Ocidente.

Mas, ao contrário do que escreveu Herzl, os problemas que os israelenses podem resolver não são de ordem estrutural, institucional e política. Não se pode afirmar que os israelenses são bons em criar estruturas políticas eficazes e sofisticadas. O conhecimento criado em Israel não é uma resposta para os problemas políticos do Ocidente, mas para seus problemas sociais.

Os israelenses que encontraram o equilíbrio entre individualismo e coletivismo, entre autorrealização e abnegação, entre valores liberais e valores comunitários e familiares, possuem um conhecimento essencial para os ocidentais. Mas esse é um conhecimento que a maioria dos israelenses nem sabe que possui. Esse conhecimento é implícito e não expresso, intuitivo e não verbal, e este livro coleta o conhecimento e o organiza, coloca-o em palavras, capturando, reempacotando e oferecendo-o ao mundo.

E assim, nos exatos dias em que estamos revivendo o sionismo de *O Estado Judeu*, aparece um livro que revive o sionismo de *Altneuland*.

Os dois andares de Israel

Durante o massacre de 7 de outubro, testemunhamos dois fenômenos contrastantes. Vimos o colapso dos sistemas militar e de inteligência e, no mesmo dia, uma explosão sem precedentes de heroísmo: o heroísmo de soldados e soldadas em tanques, policiais homens e mulheres, combatentes e cidadãos comuns, que correram para o inferno para resgatar os feridos, matar terroristas e salvar israelenses.

Depois de alguns dias, a imagem revelada na arena militar foi replicada na arena civil. Quando centenas de milhares de israelenses foram deslocados de suas casas e centenas de milhares de reservistas foram convocados, surgiram enormes problemas logísticos que o Estado de Israel não conseguiu enfrentar. Os vários órgãos do governo não foram ágeis e eficientes para lidar com os grandes desafios que se abateram sobre a sociedade israelense. Naqueles dias em que percebemos que os sistemas governamentais de Israel eram, em muitos casos, incapazes, despreparados e às vezes até ausentes, também testemunhamos um fenômeno avassalador, uma inédita explosão de solidariedade israelense.

Duas qualidades dos israelenses se encontraram naquele momento: a generosidade e o espírito empreendedor. E nesse encontro, foram criados "gabinetes de guerra" civis, centros de voluntariado e inúmeras iniciativas que resolveram os problemas que o governo não conseguiu resolver.

Durante os eventos dramáticos pelos quais estamos passando, descobrimos algo sobre o Estado de Israel: é um país que sofre de sérios problemas – e que tem muitos pontos fortes. A maioria dos problemas está localizada no sistema que governa o país de cima; a maioria dos pontos fortes está localizada no espírito das pessoas, no andar de baixo. Foi o que ocorreu na arena militar, quando um surto de heroísmo vindo de baixo compensou os fracassos do sistema militar vindos de cima. O mesmo se deu na arena civil, quando um surto de solidariedade vindo de baixo compensou a incompetência dos sistemas governamentais vinda de cima.

Descobrimos que Israel é um prédio de dois andares. No primeiro andar, no "Israel de baixo", há um poder tremendo, e no segundo andar, no "Israel de cima", há fadiga e disfunção. Muitos israelenses mantêm essa imagem da realidade. Esses são os israelenses que confiam cada vez menos em Israel e cada vez mais no israelismo.

Em *Altneuland*, Herzl previu que Israel se destacaria no estabelecimento de instituições estatais inteligentes e eficazes e que essas instituições se tornariam um modelo para o mundo inteiro. Herzl estava errado. Israel não criou instituições políticas eficazes, sofisticadas e originais. No entanto, quem lê *O gênio de Israel* pode descobrir que Herzl não estava completamente errado, ele simplesmente se concentrou no andar errado.

Ainda hoje, os dois andares de Israel não recebem a mesma atenção. A maior parte da atenção é dedicada ao andar superior. Desde 7 de outubro, dezenas de artigos e investigações foram escritos sobre o fracasso militar e estatal. Essa preocupação continuará acompanhando a sociedade israelense por muito tempo. O esforço para mapear os problemas dos sistemas estatais e as falhas daqueles que estão à sua frente, para entendê-las e corrigi-las, fará parte do cenário israelense nos próximos anos.

Mas a renovação de Israel não depende apenas de esclarecer o que está errado. A renovação de Israel também depende da capacidade dos israelenses de fortalecer e ampliar o que é bom. Naturalmente, uma comissão de inquérito não será criada para examinar e localizar as fontes do poder de "Israel dos gabinetes de guerra (civis)". Embora o livro em suas mãos tenha sido escrito antes de 7 de outubro, ele pode ser visto como a primeira tentativa de entender e decifrar o que é saudável no andar térreo da sociedade israelense.

— Micah Goodman
Filósofo, escritor e pensador israelense

Nota dos autores

Em 7 de outubro de 2023, os israelenses testemunharam o fracasso total de suas instituições no cumprimento da função mais básica de qualquer Estado: proteger seus cidadãos. Mas o fracasso foi ainda maior, já que Israel não é um Estado qualquer. O movimento sionista foi construído com base na ideia de que nunca mais os judeus seriam sistematicamente massacrados, como o foram em diversos *pogroms* ao longo da história, culminando na *Shoa*.* Este dia sombrio da história judaica nunca será esquecido – será especialmente lembrado, com ainda mais tristeza, por ter acontecido dentro do território de Israel.

Contudo, a história também registrará que 7 de outubro e as semanas seguintes foi quando o *povo* de Israel demonstrou seu maior brio. Um povo que literalmente no dia anterior vivia um dos períodos de maior divisão se uniu de imediato por todo o mundo para a luta. Em um feito extraordinário de auto-organização, os israelenses combinaram suas habilidades empreendedoras e competência na crise para atender às demandas urgentes de centenas de milhares de pessoas deslocadas e abraçaram as famílias de sequestrados, mortos e feridos. O povo não esperou pelo seu governo; ele tomou o seu lugar.

Os israelenses dão de barato sua própria capacidade de união. Este é um erro que este livro espera corrigir. Os músculos cultu-

---

*N. de T. Palavra em hebraico usada para designar o Holocausto.

xxii Nota dos autores

rais que permitiram essa incrível façanha de solidariedade não foram desenvolvidos em um dia. E esses mesmos músculos tornaram a sociedade israelense a mais saudável e resiliente do mundo moderno. À medida que nos aproximamos do aniversário de um ano da guerra, e diante de uma grande incerteza, esses músculos estão sendo duramente testados.

Os israelenses estão determinados a garantir que os acontecimentos de 7 de outubro nunca mais se repitam. Isso vai depender da capacidade dos moradores do sul e do norte de reconstruir essas áreas para serem mais seguras e florescentes do que eram antes da guerra.

Mas há uma necessidade paralela, também um anseio, de garantir que Israel não volte a 6 de outubro, momento em que um número grande demais de israelenses sentia não ter nada em comum com o outro lado em seu próprio país.

Idan Amedi, o ator e cantor que se tornou herói nacional após um ferimento quase fatal em Gaza, disse numa entrevista, após semanas de hospitalização: "O povo de Israel é o mais forte do mundo. Quando estamos unidos, somos invencíveis".

Essas palavras expressam uma verdade profunda: a tremenda força da sociedade israelense é circunstancial. Uma sociedade que dispõe de profundas reservas de solidariedade, que trabalha constantemente em *gibush* (Capítulo 2) de grandes e pequenos coletivos e é construída em torno do grupo, não apenas do indivíduo. Mas a sociedade israelense também tem uma tendência oposta, uma força centrífuga que a separa, de novo e de novo. Como apontamos no Capítulo 10, "As guerras dos judeus", a história israelense e judaica está repleta de divisões amargas que ameaçaram nos separar.

Israel pode sobreviver a guerras, não pode sobreviver a divisões cada vez mais profundas. Por quê? Porque a divisão suga a esperança. A maior ameaça à nossa existência é uma espiral de esperança perdida.

Há razões para acreditar que não apenas superaremos nosso atual espasmo de divisão, mas entraremos em um período de unidade mais estável do que antes do *annus horribilis* de 2023. Neste livro, apontamos que o fenômeno do transtorno do estresse pós-traumático tem um irmão menos conhecido: o crescimento pós-traumático (CPT). Se a resiliência está voltando ao estado pré-trauma, o CPT está se tornando mais forte devido ao trauma. Os sinais de CPT incluem melhores relacionamentos, maior valorização da vida e um senso renovado de significado.

A "Geração Grandiosa" dos Estados Unidos é um exemplo de CPT no nível social. Foi quando milhões de norte-americanos retornaram da Segunda Guerra Mundial e deram início a um dos períodos de maior confiança, unidade e prosperidade dos Estados Unidos. Sete dos ex-presidentes do país lutaram na Segunda Guerra Mundial. Um deles, John F. Kennedy, sintetizou a atitude confiante dessa geração. Não por coincidência, foi ele quem disse: "Não pergunte o que seu país pode fazer por você, pergunte o que você pode fazer pelo seu país", e lançou os Estados Unidos no seu mais audacioso projeto, colocando um homem na lua.

Nós acreditamos que as centenas de milhares de soldados e reservistas, e a geração inteira que experimentou o trauma e o heroísmo de 7 de outubro, podem ser outra Geração Grandiosa, a primeira desde a fundação do Estado de Israel. Quase todas as pessoas com idade entre 20 e 30 anos, com exceção da maioria dos *haredim* e dos árabes israelenses, conhecem alguém que foi morto ou ferido durante a guerra. E o sentimento de luto se estende de igual modo às gerações mais velhas e mais jovens.

Os sacrifícios da guerra imbuem a geração que lutou com um senso de responsabilidade de respeitar o legado daqueles que morreram. Um após outro, os soldados que retornavam expressaram um duplo compromisso futuro: fazer valer o sacrifício dos seus camaradas e permanecer unido como um povo. Depois de lutar ao lado de soldados que algumas semanas antes se encontravam em diferentes lados políticos, esses reservistas sabem como são pequenas as diferenças entre os israelenses, comparadas com o que eles têm em comum.

A nova Geração Grandiosa de Israel pode refundar o país, baseada em uma forma menos sectária de fazer política e com compromissos duradouros em torno de algumas questões que dividiram a sociedade israelense.

Na sua resenha do livro *O gênio de Israel* no *New York Times*, Ethan Bronner escreveu: "Se os israelenses se recuperarem do brutal ataque do Hamas em 7 de outubro e restabelecerem o equilíbrio nacional, [...] este livro vai mostrar como eles conseguiram isso". No novo mundo pós-7 de outubro, a questão central será se a fortaleza social que serviu tão bem a Israel no passado vai permitir ao país superar as ameaças externas e as divisões internas. É difícil construir com base em fortalezas que você não vê. Os israelenses devem ter consciência de seus alicerces e de como os construíram. Se eles conseguirem reforçar esses alicerces, em lugar de derrubá-los, Israel tem um futuro florescente que pode servir de exemplo para um mundo em conflito.

— Dan Senor e Saul Singer
Outubro de 2024

Sumário

Prefácio		xv
Micah Goodman		
Nota dos autores		xxi
Introdução: O paradoxo israelense		1
Capítulo 1	Uber para a lua	20
Capítulo 2	Onde é a aula?	44
Capítulo 3	Um *boom* contínuo	67
Capítulo 4	As crianças estão bem	80
Capítulo 5	Ação de graças todas as semanas	91
Capítulo 6	História tocante	106
Capítulo 7	Povo da história	119
Capítulo 8	Nação da vacinação	134
Capítulo 9	Não há lugar como o lar	160
Capítulo 10	As guerras dos judeus	184
Capítulo 11	O outro Israel	202
Capítulo 12	Segundas chances	227
Capítulo 13	O gênio de Israel	246
Lista de entrevistados		259
Notas		266
Índice		286

Introdução
O paradoxo israelense

Seres humanos não se incomodam com adversidades;
na verdade, prosperam frente a elas. O que os incomoda é não
se sentirem necessários. A sociedade moderna aperfeiçoou a
arte de fazer com que as pessoas não se sintam necessárias.

— SEBASTIAN JUNGER

Tiffanie Wen estava deitada na cama de massagem. Sozinha, aguardava o retorno do massagista que recém conhecera. Wen pensou: *devo mencionar a ele, ou não faz sentido agora? Ou ele é que vai mencionar?*

Ele não mencionou. Ela não gostava de ficar relembrando detalhes às pessoas. Mas se não o fizesse, o pensamento ia ficar lhe incomodando. Melhor acabar logo com isso.

"Sei que você lembra, mas a sirene vai tocar no meio da nossa sessão", disse ela, falando para a parede, o lado do rosto aninhado na toalha que cobria a cama. "Ah, sim, hoje é Yom HaZikaron", disse ele, consciente da inversão de papéis. Por ser o israelense na sala, ele

2 Introdução

deveria se lembrar. Era o dia em que Israel homenageia os soldados mortos em batalhas.

"Quando a sirene tocar", disse ele, recuperando sua autoridade, "apenas fique deitada na maca. Não se preocupe em se levantar no meio da massagem. Mas eu ficarei de pé durante o toque da sirene."

Wen, uma jornalista asiático-americana de San Francisco que acompanhava o namorado israelense em seu retorno a Tel Aviv, fazia mestrado em estudos do Oriente Médio na Universidade de Tel Aviv. Ela apreciava conhecer o costume local, mas, apesar de ter passado várias vezes por isso, esse ritual comunitário israelense ainda a surpreendia. Exatamente às 11 da manhã, o sistema nacional de sirenes de ataque aéreo de Israel ganhava os céus com uma nota alta e melancólica – um som estridente que podia ser ouvido por toda parte, como se estivesse saindo do próprio ar.

Por dois minutos o mundo pararia, como em um filme de ficção científica. Carros parariam nas rodovias, seus motoristas, de pé, como sentinelas, ao lado deles. Em restaurantes e hotéis, escolas e escritórios, estádios e casas, todos ficariam em silêncio. Clientes, garçons e funcionários de restaurantes, de pé. Alunos e professores na escola, idem. As agências de notícias estrangeiras publicariam vídeos de cenas de rua congeladas no tempo, enquanto se ouvia um lamento estridente e inescapável.

As sirenes soam em dois dias do ano, com uma semana de intervalo: Yom HaShoah, o dia de lembrança do Holocausto, e Yom HaZikaron, em homenagem aos soldados e às vítimas do terror.

Dois minutos eram muito tempo para ficar imóvel e em silêncio. *No que, ou em quem, estariam todos pensando enquanto olhavam para baixo, fitavam ao longe ou fechavam os olhos*, Wen se perguntava. Se ela não estivesse deitada em um colchonete, também teria ficado de pé. Isso de certa forma a faria se sentir parte do coletivo. Mas os israelenses não estavam apenas *fazendo* a mesma coisa – eles estavam sintonizados no mesmo canal, um canal que ela não podia acessar. O canal era ao mesmo tempo coletivo e pessoal, pois os israelenses se concentravam em alguém que perderam: um irmão, um filho, uma namorada, um pai, um amigo de infância, um professor, um aluno, um lojista próximo, um soldado de sua unidade.

Wen se lembrou de outra sirene alusiva a essa mesma data quando estava em San Francisco falando pelo Skype com o namorado, que estava em Israel. "Vamos fazer uma pausa de alguns minutos, mas fique aí, me aguarde." Wen ficou surpresa. "Ele não estava na rua, estava no apartamento, sozinho", ela contou. "Ninguém veria as ações dele. No entanto, ele se levantou e prestou sua homenagem."

Joe McCormack tem o mesmo sentimento de admiração. "A sirene sempre me dá calafrios. Até hoje", contou. O nome, a pele clara, o rosto amigável, o sotaque – todos eram sinais de que McCormack não era um típico israelense. Mesmo em um lugar que recebe pessoas de mais de 70 países diferentes, McCormack se destacava. "Lembro da primeira vez que ouvi a sirene", disse ele. "Foi no Dia da Lembrança do Holocausto, em um trem para Haifa. E, de repente, o trem parou, no meio do nada. Só áreas rurais ao redor. Sem prédios. E todos no trem se levantaram. Foi muito intenso. Dava para ver a expressão no rosto das pessoas, suas mentes repletas de emoção.

"Eu cresci na zona rural da Escócia", explicou McCormack. "Nunca tinha sido apresentado a um judeu. Eu tinha 9 anos quando aprendemos sobre a Segunda Guerra Mundial, Hitler e o que aconteceu com o povo judeu. Lembro da escola e da professora. E lembro de estar naquela sala de aula e ouvir as histórias de assassinatos de judeus e depois avançar rapidamente para este momento – estou em Israel, em silêncio, em um trem com todas essas pessoas cujo país nasceu das cinzas do Holocausto."

McCormack foi um dos primeiros a entrar no Facebook quando a rede foi aberta para pessoas de fora dos *campi* universitários, em 2006. Foi onde ele conheceu Adi, uma israelense que também estava ali para conferir aquela nova e efervescente rede social. Eles conversaram *on-line* por seis meses, e então McCormack decidiu fazer uma visita de duas semanas. "Eu não tinha ideia de como era o Oriente Médio, muito menos Israel. Pensei que era um lugar com camelos e que Yasser Arafat era presidente", admitiu McCormack. "Eu estava muito nervoso. Fiquei chocado com o aeroporto grande e moderno.

4 Introdução

Era noite quando cheguei naquela cidade bacana e agitada... Tel Aviv... Pensei: 'Nossa! Isso é muito diferente da Escócia'." McCormack hospedou-se com a família de Adi. "Era uma verdadeira casa israelense", lembrou. "Uma grande família que se reunia semanalmente no jantar de sexta-feira à noite. Três – às vezes, quatro – gerações se reunindo para jantar... *todas as semanas*. Eu nunca tinha vivido nada parecido. Realmente adorei o lugar." Ele largou o emprego e ficou em Israel por três meses, até seu visto de turista expirar. McCormack voltou ao Reino Unido pelo tempo necessário para a obtenção de um novo visto e retornou para trabalhar no próspero setor de alta tecnologia de Israel.

Alguns aspectos da vida em Israel deixaram McCormack confuso. Por um lado, havia a experiência comovente de ver os israelenses se unirem durante a sirene. Mas na principal feira livre de frutas e verduras de Tel Aviv, ele via um lado mais típico do gênio forte dos israelenses. "As pessoas gritavam e discutiam, e para mim parecia um lugar muito agressivo. Ninguém formava fila e as pessoas se empurravam, e isso costumava me enlouquecer", lembrou.

Se os israelenses estavam constantemente brigando, como conseguiam tomar parte em um ato tão tremendo de unidade? McCormack não conseguia entender. Um incidente deixou isso bem claro.

"Eu estava na minha bicicleta e vi um ônibus cortando a frente de um motociclista", lembrou McCormack. "E então vi o motociclista tirar o capacete e começar a bater na lateral do ônibus. E o motorista do ônibus abriu a porta, e eles começaram a gritar um com o outro. E eu pensei: 'Meu Deus, isso não vai acabar bem'. Daí de repente o cara sem capacete começou a pedir direções ao motorista do ônibus, e por fim disse: 'Certo, obrigado'. Daí ele foi embora. E eu fiquei lá, boquiaberto. O que acabou de acontecer?"

Mais adiante, Tiffanie Wen experimentou outro tipo de sirene. Desta vez, ela se viu em posição fetal no corredor de seu prédio em Tel Aviv, soluçando abraçada ao seu cachorro. Do nada, o uivo crescente das sirenes de ataque aéreo havia sacudido a noite. Ela se dirigiu, com os vizinhos, para o abrigo antibombas do edifício. Um vizinho, um ex-paraquedista de 86 anos chamado Fishkay, lançou-

-lhe um olhar como que dizendo: *nada me assusta*. Os mais jovens também não pareciam preocupados. Os vizinhos sabiam o que fazer. Você espera pela sirene seguinte, informando que o perigo passou, e vida que segue.

"Por que eles não sentem medo?", ela e seus amigos norte-americanos se perguntavam no dia seguinte. Ela também tinha um outro problema: o que faria se as sirenes tocassem enquanto estivesse na universidade?

Wen perguntou a um dos supervisores do seu curso. A primeira coisa que ouviu foi para não entrar em pânico, porque mais pessoas se machucam correndo para se abrigar do que pelos foguetes. Depois ele sorriu e disse: "Olhe pela janela. Se você vir israelenses em pânico, é hora de entrar em pânico. Basta imitar os israelenses. Você vai se sair bem".

A capacidade de manter a calma nessa situação era incrível para ela. Os israelenses, incluindo seu namorado, pareciam muito mais resilientes do que Wen e seus amigos. Uma discussão na rua ou um desentendimento no trabalho poderia facilmente arruinar o dia ou a semana de Wen. Mas para os israelenses, "seguir pensando nessas coisas um minuto depois que elas acontecem é fazer um drama descabido".

♦

Somos observadores de Israel há décadas. Em nosso livro anterior, *Start-Up Nation: a história do milagre econômico israelense*, procuramos entender e explicar um aspecto importante de Israel: o crescimento da sua indústria de alta tecnologia. Mas, em certo sentido, ficamos tão perplexos quanto Tiffanie Wen e Joe McCormack sobre o que faz a sociedade israelense funcionar.

Em muitos aspectos, Israel se parece com as modernas e prósperas democracias da América do Norte, Europa e Ásia. Em 2021, seu PIB *per capita* superou os da Alemanha, do Reino Unido, da França e do Japão, e sua economia vem crescendo mais rápido do que a os Estados Unidos e da União Europeia. Tel Aviv, Jerusalém e outras cidades estão repletas de guindastes que constroem novas torres de

6 Introdução

escritórios, hotéis e prédios de apartamentos. As virtudes econômicas e militares de Israel são visíveis e conhecidas. O que ninguém parecia ter notado, incluindo nós e a maioria dos israelenses, eram os indícios de que Israel é um ponto fora da curva em termos de saúde *societal*. Tínhamos ficado tão deslumbrados com o cenário da alta tecnologia de Israel que não prestamos atenção em como o país se saía no nível societal. E quanto mais examinamos isso, mais os resultados nos surpreenderam.

Por que os israelenses são tão felizes?

Wen nos contou que "toda vez que eu parecia entender o lugar, acontecia algo que não fazia sentido". Um paradoxo específico se destaca, pois engloba todo o resto. Um relatório das Nações Unidas classificou recentemente os países quanto à felicidade, e Israel chegou perto do topo.

Não demorou muito para Wen se conscientizar do estresse da vida diária em Israel. A desigualdade de renda e o custo de vida estavam aumentando. Em 2021, a *Economist* classificou Tel Aviv como a cidade mais cara do mundo. Um apartamento comum custa cerca de 150 vezes o salário médio anual, mais que o dobro do valor pago nos Estados Unidos. E tudo isso sem falar que você vive sob constante ameaça. Mais da metade dos adultos israelenses entrevistados disse ter sido vítima de ataques terroristas ou ter tido familiares ou amigos que sofreram um em algum momento nos últimos 25 anos.

A pontuação de felicidade de Israel despertou a curiosidade de Wen. Em parte para explicar a si mesma, ela escreveu um artigo para o *Daily Beast* intitulado "Por que os israelenses são tão felizes?". Foi um dos mais lidos que ela já escreveu. Em Israel, parece que todos estão cientes da improvável posição do país nos *rankings* de felicidade.

"O artigo provocou muita discussão entre meus amigos israelenses", disse Wen. Um de seus professores leu o artigo, mas não sabia quem ela era. "Ele gritou na minha aula: 'Quem é Tiffanie Wen?'. Ele concordou com o texto e me deu um bom *feedback*." Mas algumas pessoas discordaram dela. Uma psicóloga com quem ela conversou disse que os israelenses não eram felizes; todos os seus pacientes eram tristes. Sabíamos que os israelenses têm muito do que reclamar e fazem exatamente isso. A conversa com Wen aumentou a nossa curiosidade. O que significa dizer que os israelenses são felizes? De onde vem o *ranking* de felicidade, afinal?

A fonte é o *Relatório Mundial da Felicidade*, uma compilação anual bem-conceituada e baseada em pesquisas de uma organização filiada às Nações Unidas. Quando Wen se deparou com o relatório pela primeira vez, Israel estava entre os 15 primeiros dentre mais de 150 países. No relatório de 2022, Israel saltou para o nono lugar. Então, no relatório de 2023, Israel saltou mais cinco posições, para o quarto lugar. Enquanto o *ranking* da maioria dos países permanece estável, ano após ano, Israel – já partindo de uma alta classificação – subiu 10 posições em três anos.

Era difícil desconsiderar os resultados do relatório. Em seu décimo ano e com base em uma pesquisa global da organização Gallup, os resultados eram muito consistentes. Todos os anos, Israel aparecia no decil superior.

Promover a felicidade tornou-se parte da agenda política global. Alguns países, como os Emirados Árabes Unidos e o Equador, até nomearam ministros da felicidade. (O Reino Unido tem um ministro para a solidão, mas o mandato é o mesmo.) O pequeno Butão ganhou destaque mundial por declarar que não medirá mais seu progresso de acordo com o produto interno bruto (PIB), mas se concentrará em aumentar a "felicidade interna bruta" do país.

Mas como se mede a felicidade de um país? A ideia de "estudos da felicidade" em nível nacional parecia pouco clara. O conceito de país feliz trazia à mente um lugar em que todos andavam com um sorriso no rosto. Certamente não era o Israel que conhecíamos.

A versão sorridente da felicidade não era o que a Gallup procurava medir. O relatório tinha um constructo mais profundo: a satisfação

8 Introdução

com a vida. Os pesquisadores empregaram uma ferramenta para medir a satisfação com a vida, chamada de "escada de Cantril". "Por favor, imagine uma escada, com degraus partindo de 0 na parte inferior até 10 na parte superior", propõe a questão. "Suponha que o topo da escada representa a melhor vida possível, e a base da escada representa a pior vida possível. Em que degrau da escada você, pessoalmente, estaria neste momento?" Os israelenses se colocaram mais próximos da "melhor vida possível" do que quase todos os países do mundo.

Este resultado é ainda mais impressionante porque o povo judeu vem se queixando desde o momento em que se tornou um povo. Em um dos primeiros exemplos de *chutzpah* (ousadia), os judeus mal haviam fugido do Egito quando começaram a reclamar da comida para Moisés. "No Egito, podíamos comer quanto peixe quiséssemos, e havia pepinos, melões, todos os tipos de cebola e alho", diziam os israelitas. "Mas estamos morrendo de fome aqui, e a única comida que temos é este maná." Os israelenses modernos não reclamam menos. E os israelenses sabidamente não têm problema em dizer como se sentem, sem dourar a pílula. No entanto, quando instados a refletir sobre suas vidas, expressam altos níveis de satisfação pessoal. Por quê?

Israel é claramente um "corpo estranho" entre as nações mais felizes. Geograficamente, os países classificados do primeiro ao nono lugar quase se encaixam em um círculo apertado em torno de Copenhague. Cinco são países nórdicos: Finlândia, Suécia, Dinamarca, Noruega e Islândia. Os outros três ficam perto: Países Baixos, Luxemburgo e Suíça. Esses países são pacíficos, tranquilos, politicamente estáveis e oferecem benefícios sociais generosos.

Depois vem Israel, distante lá no Oriente Médio, região não conhecida pela tranquilidade. Israelenses barulhentos e argumentativos avaliam suas próprias vidas como mais satisfatórias do que suecos, suíços, norte-americanos, australianos, canadenses e singapurianos. Muito antes da pandemia da covid-19, as democracias mais ricas do mundo foram atingidas por uma série de doenças sociais: solidão, desconfiança e até desespero. Israel era uma exceção?

Outro sinal da saúde societal israelense está relacionado à felicidade, embora não seja a mesma coisa: o otimismo. O Pew Research

Center, uma organização global de pesquisas de opinião, faz periodicamente a seguinte pergunta para medir o otimismo: "Quando as crianças em seu país crescerem, elas estarão financeiramente melhores ou piores do que seus pais?". Dentre todos os países ricos pesquisados, Israel e Singapura foram os únicos onde mais pessoas estavam otimistas sobre o futuro financeiro de seus filhos. Entre os 19 países pesquisados, a mediana dos que responderam "estarão piores" foi de 70%, enquanto os israelenses foram os menos pessimistas, com 27%. Em quase todos os outros países, o percentual dos que responderam "piores" cresceu para máximas recordes entre 2019 e 2022. Em Israel, o número de pessimistas, que já era baixo, *caiu* ainda mais. Por que os israelenses, já situados entre os mais otimistas, elevariam ainda mais seu nível de otimismo durante uma pandemia e em meio a um conflito aparentemente interminável?

E os conflitos enfrentados pelos israelenses não estão ligados apenas à segurança externa. Eventuais debates políticos domésticos sobre temas como aceitar as reparações do Holocausto da Alemanha Ocidental em 1952; entrar numa controversa guerra com o Líbano em 1982; erradicar e realocar à força os assentamentos judeus em 2005; ou acelerar as reformas judiciais em 2023 são alguns deles. Na esteira do assassinato de Yitzhak Rabin, em 1995, por um extremista judeu, a sociedade israelense parecia irremediavelmente partida.

Embora existam milhares de estudos acadêmicos – na verdade, todo um subcampo da psicologia – tratando da felicidade individual, não tínhamos confiança em comparações similares *em termos nacionais* de algo tão culturalmente influenciado quanto a felicidade. Queríamos analisar dados incontestáveis sobre aspectos da saúde societal. Assim, nossa próxima parada foi uma métrica especialmente abrangente: longevidade.

Vivendo mais

A medida mais abrangente da saúde em um país é a expectativa de vida. Não esperávamos que Israel se destacasse nessa medida por-

10 Introdução

que os israelenses convivem com algo muito insalubre: o estresse. Os jovens israelenses passam anos em serviço militar intenso e as ameaças à segurança estão presentes ao longo de suas vidas. Economicamente, a crescente diferença entre os salários e os preços das moradias aumentou o estresse. O trânsito, outro grande indutor de estresse, é horrível. (De acordo com o Waze, que foi inventado em Israel, Tel Aviv está entre as cinco cidades mais congestionadas do mundo.) Os israelenses brincam que vão a Manhattan para relaxar.

Além dessas tensões cotidianas, há o ruído ameaçador que alerta para o perigo de que um ou todos os tensíssimos pontos de costura da sociedade israelense podem vir a se romper: entre falcões e pombas, entre os hedonistas de Tel Aviv e os *haredim* de Bnei Brak, entre os burgueses de alta tecnologia e as cidades em dificuldades na periferia, entre judeus do Oriente e judeus do Ocidente, entre judeus e árabes – onde vivem juntos e onde vivem separados.

Viver imerso no estresse não parece ser uma boa receita para uma longa existência. No entanto, de acordo com a Organização Mundial da Saúde, a expectativa de vida em Israel era de 82,6 anos em 2019. Isso leva Israel a ser o nono país mais longevo do mundo, ligeiramente acima de França, Suécia, Canadá e Nova Zelândia, e superior em um ano inteiro a Reino Unido, Alemanha, Finlândia, Bélgica e Dinamarca. Em média, os israelenses superam em mais de quatro anos os norte-americanos e em uma década os seus vizinhos ricos em países do Golfo Pérsico, como a Arábia Saudita.

Outra métrica importante, além da expectativa de vida, é o número médio de anos que as pessoas podem desfrutar de "saúde plena" (expectativa de saúde). Essa medida é chamada de "expectativa de vida saudável". Aqui também a classificação de Israel é extraordinária. Os homens israelenses têm a quarta maior expectativa de vida saudável do mundo, e as mulheres israelenses estão em oitavo lugar.

"Israel tem subido no *ranking* internacional de expectativa de vida mais rapidamente que qualquer outro país do mundo", afirmou Alex Weinreb, demógrafo do Centro Taub de Estudos de Política Social em Jerusalém. "Mas isso não está acontecendo durante um período de paz e tranquilidade; o crescimento real aconteceu por duas décadas quando Israel estava travando várias guerras e absorvendo um grande número de imigrantes, o que exigia a construção constante de mais escolas, estradas e hospitais." Embora Israel tenha um sistema de saúde de classe mundial – reconhecido internacionalmente por seu amplo alcance – será que seria suficiente para explicar por que os israelenses vivem tanto tempo e com melhor saúde? Provavelmente não, porque outros países ricos têm sistemas de saúde tão bons ou melhores, mas com expectativas de vida mais baixas.

Será que os israelenses simplesmente têm estilos de vida ou dietas mais saudáveis? Os níveis de obesidade em Israel estão na média, e as taxas de diabetes são relativamente altas. Os israelenses têm uma dieta mediterrânea, que é considerada saudável, mas muitos outros países também a seguem.

Portanto, a questão é: se a saúde dos israelenses é afetada pelo estresse, e se os cuidados de saúde, o estilo de vida ou a dieta não explicam a diferença na expectativa de vida, o que explica? Por que Israel é um ponto fora da curva não apenas em felicidade e otimismo, mas também em longevidade? A explicação não é óbvia. Mas seria difícil resolver o quebra-cabeça com apenas parte dele à nossa frente. Precisámos ver se Israel é um ponto fora da curva em outros aspectos. O próximo deles não foi difícil de encontrar.

Jovem e crescendo

"As projeções são confiáveis e categóricas", informou o *New York Times* em julho de 2023. "Em 2050, as pessoas com 65 anos ou mais representarão quase 40% da população em algumas partes do Leste Asiático e da Europa. Isso é quase o dobro da parcela de adultos mais velhos na Flórida, a capital da aposentadoria dos Estados Unidos." O artigo continua: "Ao longo da história registrada, nenhum país teve uma população tão idosa quanto aquelas projetadas para essas nações".

É difícil imaginar como será esse mundo. Só que existe um lugar onde ele já existe: o Japão.

O país tem a maior expectativa de vida do mundo – uma tremenda conquista. Mas com esse sucesso veio um problema terrível: não há jovens suficientes. No Japão, há mais pessoas com mais de 70 anos do que com menos de 20. Mais fraldas para adultos são vendidas no Japão do que fraldas para bebês. Em 2060, haverá quase tantas pessoas idosas quanto as em idade ativa. "O Japão está prestes a saber se podemos continuar a funcionar como uma sociedade", disse o primeiro-ministro japonês Fumio Kishida ao seu parlamento em janeiro de 2023. E muitos países ricos, e mesmo nações emergentes, estão numa trajetória semelhante, à medida que suas populações envelhecem.

Israel está do outro lado da balança – a mais jovem das democracias ricas. Em 2050, projeta-se que Israel será cerca de 20 anos mais jovem do que a Itália, a Espanha e a Alemanha.

Veja as seguintes pirâmides populacionais projetadas para Israel e Japão em 2050. No Japão, haverá cerca de duas vezes mais pessoas de 75 a 80 anos do que crianças de 5 anos ou menos. Em Israel, a proporção entre idosos e crianças é invertida. Há mais de três vezes

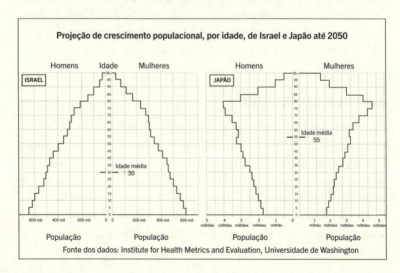

mais crianças pequenas do que pessoas com idade próxima dos 80. E, embora o Japão lidere o caminho rumo a um futuro sombrio, a Europa não fica muito atrás. Em 2019, a idade mediana de Israel era de 29 anos, enquanto a da Europa era de 41,3 – uma diferença de mais de uma década. Em 2050, projeta-se que a idade mediana de Israel aumente para 32,9, enquanto a da Europa deve saltar para 47,3 – aumentando a diferença entre Israel e Europa para mais de 14 anos. Enquanto o resto do mundo rico estará cada vez mais parecido com uma casa geriátrica, Israel ainda continuará inaugurando *playgrounds* e escolas em um ritmo constante. Claramente, um país com mais carrinhos de bebê do que andadores passa uma energia e um entusiasmo diferentes sobre o futuro.

Além do envelhecimento acelerado, os países ricos enfrentam um vento demográfico contrário: o encolhimento das populações. Novamente, os países ricos estão liderando o caminho, mas o resto do mundo está seguindo. Em 2021, em um artigo de primeira página intitulado "A população mundial está à beira de um longo declive", o *New York Times* informou que a população global entrará em "declínio sustentado" na segunda metade deste século. Essa tendência "solaparia a forma como as sociedades são organizadas", alertou o jornal. "Imagine regiões inteiras onde todos têm 70 anos ou mais. Imagine governos distribuindo enormes bônus para imigrantes e para mães com muitos filhos. Imagine setores de trabalhadores autônomos repletos de avós e anúncios do Super Bowl promovendo a procriação."

Países como Japão, Alemanha, Coreia do Sul, Dinamarca e Itália estão tentando desesperadamente evitar esse futuro. Eles estão gastando bilhões de dólares em programas de creches e outros incentivos para estimular os casais a terem mais filhos. Alguns governos entendem que as baixas taxas de natalidade são o problema mais premente de seu país. Há apenas um país rico que escapa dessa tendência: Israel.

Israel e seus pares ricos se apartam porque estão em lados diferentes de uma fronteira nítida: a "taxa de substituição". Se a taxa de fertilidade, ou o número médio de filhos que uma mulher tem em

14 Introdução

sua vida, estiver acima de 2,1, a população será jovem e crescente. Abaixo dessa taxa, a população envelhecerá e diminuirá. Em Israel, a taxa de fertilidade estava em 3,01 em 2019, bem acima da reposição. A média entre os países da Organização para a Cooperação e Desenvolvimento Econômico (OCDE) é de 1,61. Se essas taxas de fertilidade permanecerem estáveis, Israel e o resto do mundo rico seguirão direções opostas. Em 2050, a população do Japão deverá diminuir em quase um quinto, enquanto a de Israel deverá aumentar em quase metade.

Há também um custo social advindo do declínio populacional. "A aritmética da fertilidade abaixo da substituição corrói o cerne da estrutura familiar estendida", afirmou o demógrafo Nicholas Eberstadt. "Isso destrói um componente extraordinariamente importante do que consideramos capital social, bem na base da resiliência da sociedade."

Felicidade, otimismo, longevidade, juventude e crescimento populacional são medidas positivas em que Israel se destaca. Pensamos que uma maneira de confirmar essas medidas seria examinar o outro lado do espectro. Para obtermos uma noção do oposto desses indicadores, pesquisamos o custo de um mal verdadeiramente trágico das sociedades modernas: o desespero.

Não se desespere

Em um estudo de 2015, os economistas de Princeton Anne Case e Angus Deaton examinaram um fenômeno impressionante. Desde o ano 2000, as mortes nos Estados Unidos por suicídio, drogas e outras formas de abuso de substâncias aumentaram, depois de terem permanecido estáveis de 1970 a 2000. Em 2020, o número dessas mortes nos Estados Unidos mais do que dobrou.

Case e Deaton deram um nome a essa onda devastadora: "mortes por desespero". O principal componente dessas mortes era evidente – a epidemia de medicamentos opioides. Mas esse não é o único culpado. As mortes relacionadas ao álcool mais do que dobraram de 1999 a 2017.

Introdução 15

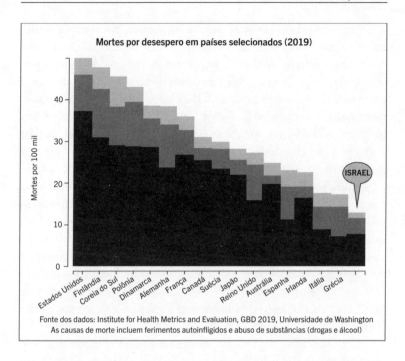

Fonte dos dados: Institute for Health Metrics and Evaluation, GBD 2019, Universidade de Washington
As causas de morte incluem ferimentos autoinfligidos e abuso de substâncias (drogas e álcool)

Case e Deaton afirmam que esse é um fenômeno exclusivamente norte-americano. No Reino Unido e na Europa, esses tipos de mortes caíram significativamente no mesmo período. Mas isso pode estar mudando. Em maio de 2019, a *Economist* informou que as mortes por desespero entre homens britânicos de meia-idade estavam "indo na direção errada" em relação aos oito anos anteriores.

Portanto, vemos aqui sinais mensuráveis de decadência social aguda nos Estados Unidos e no Reino Unido. O que estava acontecendo nas outras democracias ricas? O padrão-ouro para comparações internacionais é o estudo Global Burden of Disease (GBD), compilado na Universidade de Washington. O GBD mede todas as causas de morte e invalidez – desde acidentes rodoviários até tuberculose. Analisamos o GBD para comparar as mortes por desespero entre as nações ricas.

16 Introdução

Israel tem sido exposto a traumas constantes. No entanto, países muitas vezes considerados mais tranquilos, como Suécia, Dinamarca e Noruega, sofrem de duas a três vezes mais taxas de mortes por desespero do que Israel. Israel tem a menor taxa desse tipo de morte entre todas as nações ricas da OCDE. O país também tem o terceiro menor nível de consumo de álcool *per capita* do mundo e taxas ainda mais baixas de mortes por abuso de opioides. Para entender melhor o que está por trás desses dados, é recomendável analisar o que está acontecendo com a saúde mental.

Dados publicados no início de 2023 ratificam uma tendência que vinha se agravando muito antes da pandemia. "O relatório do CDC sobre a saúde mental dos adolescentes é um alerta vermelho", escreveu o *Washington Post*. O relatório encontrou uma "'onda esmagadora de violência e trauma' e níveis nunca vistos de desesperança e pensamentos suicidas entre estudantes do ensino médio nos Estados Unidos", de acordo com a NBC News. Novos "níveis alarmantes de violência, tristeza, risco de suicídio em adolescentes", relatou a CBS News.

Há três décadas, o CDC realiza a Pesquisa de Vigilância de Comportamento de Risco Juvenil a cada dois anos. Mais de 17 mil estudantes do ensino médio nos Estados Unidos foram entrevistados. "O ensino médio deve ser um momento de descobertas, não de trauma", declarou o diretor médico do CDC em um comunicado à imprensa. O relatório do CDC ecoou um estudo anterior da Academia Americana de Pediatria: "Em todo o país, percebemos um grande aumento nos atendimentos de emergência em saúde mental, incluindo suspeitas de tentativa de suicídio".

Em Nova York, um hospital de Long Island atendeu 250 adolescentes por tentativa de suicídio em 1982; em 2010, o número aumentou em mais de 10 vezes, para 3 mil. Em 2022, foram 8 mil. Em todo o país, o suicídio ultrapassou o homicídio como a segunda principal causa de morte nesta faixa etária, logo depois dos acidentes. E não foram apenas os adolescentes. Nos últimos anos, houve quase o dobro de suicídios de crianças de 5 a 11 anos. Os atendimentos de pronto-socorro por tentativa de suicídio ou pensamentos suicidas subiram de 580 mil em 2007 para 1,1 milhão em 2015, quase metade deles envolvendo crianças menores de 11 anos.

As taxas de suicídio de adolescentes em Israel estão entre as mais baixas do mundo – menos de um terço da média da OCDE e menos de um quarto da média de Estados Unidos, Austrália, Finlândia e Canadá. Israel e Grécia são os países com a menor taxa de suicídio de adolescentes na OCDE.

Muitas teorias tentam explicar a queda do índice de saúde mental dos adolescentes – das redes sociais e *smartphones* a uma série de fontes de estresse. Como Derek Thompson relatou na *Atlantic*, citando psicólogos clínicos, "na última década, os adolescentes ficaram cada vez mais estressados, preocupados com a violência, com as mudanças climáticas e com o ambiente político".

Mas isso não explica por que os jovens israelenses estão aparentemente imunes a essa epidemia: a maioria tem *smartphones* e acesso às redes sociais, são bombardeados com as mesmas terríveis previsões de mudanças climáticas, estão expostos a um ciclo interminável de debates políticos polarizadores e a violência direta, quer seja de foguetes, terrorismo ou experiência de combate direto. Diante disso, os adolescentes israelenses deveriam estar ainda mais estressados do que seus pares em países mais calmos.

◆

Pode-se argumentar que os dados sobre o aumento do desespero refletem mais a saúde societal do que as medidas de felicidade (ou melhor, de infelicidade). No evento de lançamento do *World Happiness Report* de 2022, o CEO da Gallup, Jon Clifton, ressaltou isso, citando uma conversa com o ganhador do Prêmio Nobel Daniel Kahneman, israelense cujo trabalho inovador (juntamente com Amos Tversky) sobre tomada de decisão revela as maneira produtivas e contraproducentes pelas quais as pessoas fazem julgamentos.

"Aumentar a felicidade e reduzir a tristeza são coisas muito diferentes", disse Kahneman a Clifton. "Eu me concentraria no lado negativo. Deveria ser responsabilidade da sociedade tentar reduzir

18 Introdução

a tristeza." Clifton observou que uma das "constatações mais preocupantes da história de nossas pesquisas e relatórios é que o estresse, a tristeza, a dor física, a raiva e a preocupação atingiram um recorde". Isso não pode ser atribuído à pandemia, disse ele, porque esses indicadores vêm subindo há 10 anos consecutivos.

Israel não parece ter sido tão afetado por essas tendências. De acordo com o Escritório Central de Estatísticas de Israel, a solidão, por exemplo, caiu 20% entre 2002 e 2016. Por que será? Vários estudos apontam o "famililismo" e o "grupismo" israelenses como principais fontes de apoio social. Um estudo conjunto da Universidade da Califórnia em Berkeley e da Universidade de Tel Aviv comparou a conexão social nos Estados Unidos e em Israel, constatando que "as redes de contatos dos israelenses eram significativamente mais densas – mais interconectadas – do que as redes dos norte-americanos". O estudo também sugeriu, com base em pesquisas similares realizadas no Reino Unido, no Canadá e na China, que a densidade de laços comunitários e amizades em Israel "é visivelmente maior do que a observada em outras nações e pode estar entre as mais altas do mundo".

Alguns países se destacam na promoção da felicidade, mas não na redução do desespero. Israel é excepcional em ambos. Está entre os países mais felizes e otimistas do mundo, além de ter a menor taxa de mortes por desespero entre os membros da OCDE. Ao mesmo tempo em que a expectativa de vida de Israel é alta, a taxa de natalidade garante que o país permaneça jovem e continue crescendo, ao contrário do que ocorre nas demais democracias ricas. Algo extraordinário está acontecendo na sociedade israelense.

◆

Nosso livro anterior, *Start-Up Nation*, descreveu como Israel se tornou o improvável lar da maior densidade de *start-ups* de tecnologia do mundo. Naquela época, não muito depois da crise financeira de 2008, governos e empresas se esforçaram para se tornarem mais inovadores. No entanto, ninguém parecia ter notado que Israel, um país minúsculo e remoto, havia construído o segundo maior ecossistema de inovação do mundo. Era como se tivéssemos tropeçado numa montanha invisível.

Atualmente, as mais ricas democracias do planeta parecem presas em um ciclo vicioso de colapso demográfico, envelhecimento acelerado, aprofundamento do pessimismo e solidão. Nesses países, os melhores dias parecem estar se afastando pelo espelho retrovisor. Embora exista uma tendência humana natural para a nostalgia, sociedades inteiras olham hoje para o futuro com uma sensação de declínio e ruína. Isso parece novidade.

Este livro mostra como Israel apresenta uma resiliência surpreendente contra os sentimentos que têm minado a saúde e a vitalidade das sociedades ricas. Os indicadores sugerem que os israelenses estão empenhados em moldar e construir o seu futuro. Por que Israel é tão diferente? Mais uma vez, parece que tropeçamos numa montanha.

Compreender o exemplo de Israel ajudará a responder algumas das questões mais cruciais da nossa época. Podemos construir sociedades com um senso de propósito maior? Podemos reconstruir o senso de comunidade numa era de hiperindividualismo e solidão? Podemos estabelecer pontos de convergência para evitar que as divisões políticas destruam a própria democracia?

Israel mostra que declínio e o desespero não são inevitáveis. Que a busca pela excelência individual e pela prosperidade econômica não precisa ocorrer às custas de valores comuns. Que há uma maneira de viver e até mesmo prosperar numa era de mudanças rápidas e incertezas. E que até mesmo uma sociedade dividida pode compartilhar algo significativo, e pode lutar e protestar em nome do país, não apenas de si mesmo. A história de como isso aconteceu é a história do gênio de Israel.

CAPÍTULO 1

Uber para a lua

QUEM QUER IR À LUA??

— Publicação no Facebook de Yariv Bash, cofundador da SpaceIL

A questão não é ser otimista de que tudo vai dar certo.
É ser otimista com o que acontecerá quando não der.

— Kfir Damari, cofundador da SpaceIL

Três meses depois de tomar posse, o presidente John F. Kennedy se reuniu com seus assessores na Casa Branca. A União Soviética acabara de surpreender o mundo ao enviar o primeiro homem ao espaço. Foi a mais ousada de uma série de iniciativas espaciais soviéticas. "Existe algum outro programa espacial que prometa resultados impressionantes nos quais possamos vencer?", Kennedy perguntou.

Não era apenas o espaço que estava em jogo. Em um memorando secreto, uma semana depois, o vice-presidente Lyndon B. Johnson escreveu que "outras nações [...] tenderão a se alinhar com o país que acreditam que será o líder mundial. A conquista do espaço está

CAPÍTULO 1 Uber para a lua **21**

sendo cada vez mais identificada como um importante indicador de liderança mundial". De nada adiantaria botar o segundo homem no espaço. Eles teriam que fazer algo tão audacioso, tão impossível, que não restaria dúvida de quem havia vencido a corrida espacial e, por extensão, quem liderava o mundo em poder de inovação. Em 1961, o PIB dos Estados Unidos era, em dólares de hoje, menos de um terço do seu tamanho atual. O computador de última geração pesava 32 toneladas, custava US$ 66 milhões (em dólares de hoje) e tinha dois megabytes de memória – menor do que o espaço ocupado por uma única fotografia hoje. As máquinas de escrever elétricas eram tecnologia de ponta. A ideia de que um ser humano poderia andar na lua e retornar à Terra com segurança parecia ficção científica. Ninguém tinha ideia de como isso poderia ser feito. Mas será que havia algo que os Estados Unidos não conseguissem fazer?

O país emergiu da Segunda Guerra Mundial como, de longe, a potência militar e econômica dominante no mundo. Mas não foi apenas o poder que caracterizou os Estados Unidos naqueles anos; foi também otimismo, idealismo e crença em si mesmo. A participação das pessoas em organizações comunitárias disparou. Houve a explosão de nascimentos, ou *baby boom*, pós-Segunda Guerra Mundial. Parecia haver uma crença de que os Estados Unidos caminhavam rapidamente para um futuro melhor e mais próspero. Haveria maior demonstração da exuberância norte-americana do que enviar um foguete à lua?

Papo de bar

Eles pareciam três caras comuns em um bar israelense, planejando sua próxima *start-up*. Mas se desse para ver o que eles estavam esboçando, não era um aplicativo ou um *gadget*. Era uma espaçonave. Yariv Bash, Kfir Damari e Yonatan Winetraub – todos engenheiros na casa dos 20 e poucos anos – mal se conheciam. Eles se uniram em resposta às sete palavras que Bash postara no Facebook em 10 de novembro de 2010: "QUEM QUER IR PARA A LUA??".

Nos 53 anos desde a viagem do Sputnik, que deu início à era espacial como primeiro satélite a orbitar a Terra, apenas as maiores nações alcançaram a superfície lunar. A antiga União Soviética conseguiu o primeiro pouso suave com a espaçonave Luna 9 em 1966. Os Estados Unidos conseguiram pousar o primeiro ser humano na lua em 1969. E em 2008 a Índia também chegou lá, com uma sonda que intencionalmente colidiu com o polo sul da lua. A China, naquela época, havia enviado um orbitador para a lua, sem conseguir um pouso suave em sua superfície.

Os três caras no bar planejavam acrescentar Israel a essa pequena lista de grandes nações. O projeto deles começou quase como uma brincadeira.

Alguns dias antes, Yariv Bash estava voltando para casa depois da meia-noite, em Tel Aviv, e teve uma ideia. Ele procurava um projeto inspirador para o Mahanet, um "acampamento de criatividade" de três dias que ele havia iniciado para soldados que serviam em unidades de inteligência e tecnologia das IDF, as Forças de Defesa de Israel. O evento foi realizado numa base da força aérea no deserto. Todos foram incentivados a construir algo inovador. Havia apenas uma condição: tinha que ser inútil. No último encontro, uma equipe construiu um simulador de toboágua e outra assou a maior pizza do Oriente Médio.

"Talvez eu consiga aprovação para construir um foguete que vá até a borda da atmosfera terrestre, lance uma pequena espaçonave de plástico e faça um vídeo", sugeriu Bash a um amigo mais cedo naquela noite. Seu amigo disse: "Você está pensando pequeno demais. Já ouviu falar do Google Lunar XPRIZE?". A Google estava oferecendo US$ 20 milhões para a primeira equipe financiada pelo setor privado capaz de pousar uma espaçonave na lua, movimentá-la por 500 metros e enviar fotos de volta à Terra. A competição buscava incentivar o setor privado a explorar o espaço profundo, o que até então era feito exclusivamente por alguns programas espaciais nacionais.

Bash e seu amigo vasculharam o *site*. As inscrições estavam abertas há cerca de três anos e se encerrariam dentro de seis semanas,

CAPÍTULO 1 Uber para a lua **23**

em 31 de dezembro de 2010. A taxa de inscrição era de US$ 50 mil e era preciso enviar um plano aceitável, explicando como seria implementado. O projeto em si custaria muitos milhões de dólares. Bash respondeu ao amigo que era loucura dele sugerir a inscrição para o Lunar XPRIZE. As equipes concorrentes eram em sua maioria de grandes empresas, com grandes orçamentos. "Mas enquanto eu caminhava para casa, pensei comigo mesmo: se eu inscrevesse uma equipe israelense na competição, como se chamaria?", Bash relembrou mais tarde. Naquela noite, ele registrou o nome de domínio SpaceIL.com ("IL" é a abreviação de duas letras na internet para "Israel"). Ele também postou em sua página no Facebook: "Nome de domínio. Feito. Inscrição. Feita. QUEM QUER IR À LUA??".

No dia seguinte, Bash recebeu uma mensagem de Kfir Damari, um colega engenheiro que conhecera no Mahanet. "Se você está falando sério, estou dentro", escreveu ele. Bash também havia enviado um *e-mail* para Yonatan Winetraub, um conhecido que trabalhava na divisão espacial da Indústria Aeroespacial de Israel (IAI). Os três decidiram se encontrar no Carla Bruni, um bar em Holon, uma cidade ao sul de Tel Aviv. O prazo de inscrição para o prêmio estava a poucas semanas de encerrar.

Damari cresceu em Alfei Menashe, uma pequena cidade de classe média no centro de Israel. Ele servira numa das unidades de inteligência de elite do exército e agora estudava engenharia da computação na Universidade Ben-Gurion. Os computadores fizeram parte de sua vida desde cedo; ele tinha 6 anos quando começou a programar. "Escrevi meu primeiro vírus aos 11 anos. Era um vírus realmente burro, mas funcionava", disse ele.

Yonatan Winetraub era obcecado pelo espaço desde a infância. Aos 16 anos, juntou-se a uma das primeiras equipes de estudantes do ensino médio a projetar um CubeSat – um satélite com apenas dez centímetros quadrados de cada lado e 860 gramas de peso. Enquanto ainda estava no ensino médio, Winetraub publicou um artigo acadêmico sobre o controle de altitude de satélites. Após o serviço militar, enquanto trabalhava na Indústria Aeroespacial de Israel, frequentou um programa de estudos espaciais na Universidade Espacial Interna-

24 O gênio de Israel

cional no Centro de Pesquisa Ames, da Nasa. Foi quando conheceu Peter Diamandis, fundador da Fundação XPRIZE, e ouviu falar do Google Lunar XPRIZE. O concurso da XPRIZE acabou por cativá-lo. Por conta própria, Winetraub começou a trabalhar em um projeto para um CubeSat capaz de chegar à superfície da lua. "Quando voltei para Israel", disse Winetraub, "tentei atrair pessoas para o meu projeto e saí por aí dizendo: 'Ei, vamos construir isso'." Ele se sentia pronto. Aos 20 e poucos anos, Winetraub já havia trabalhado em meia dúzia de satélites, inclusive como engenheiro-chefe de sistemas em um CubeSat da IAI. O *e-mail* de Bash era a chance de colocar seu plano em prática.

Enquanto bebiam no Carla Bruni, os três engenheiros fizeram alguns cálculos e esboços. Como poderiam chegar à lua da forma mais rápida e barata? Eles especularam sobre a viabilidade de uma espaçonave do tamanho de uma garrafa de Coca-Cola, fora propulsores e tanques de combustível.

Eles não teriam o orçamento multibilionário de uma superpotência. Sequer teriam o orçamento minguado da agência espacial nacional de Israel. Os jovens israelenses enviariam um foguete para a lua sob os auspícios da SpaceIL, uma organização educacional sem fins lucrativos.

O primeiro desafios dos três jovens engenheiros seria conseguir os US$ 50 mil necessários para registrar e criar um projeto confiável para a espaçonave, o que deveria ser feito até 31 de dezembro. Perceberam que teriam passar por um teste de seriedade. Quem os levaria a sério, três amadores sem experiência em exploração espacial e sem dinheiro? Algumas semanas para juntar US$ 50 mil "não era algo trivial para uns caras cheios de cerveja e sonhando alto", contou Danny Grossman à revista *Tablet*. Grossman é um ex-piloto de caça da Força Aérea Israelense que estava entre os primeiros doadores.

O que se seguiu foi uma demonstração clássica do sentimento de "grande família" que toma conta de boa parte do país – o que o diferencia de outras nações avançadas. Isso explica por que esses jovens engenheiros embarcaram em tal projeto: eles sabiam que não estariam sozinhos. Sabiam que poderiam pedir ajuda, e havia uma

CAPÍTULO 1 Uber para a lua **25**

boa chance de que outros se inspirassem a participar de um grande projeto em nome de seu país.

"Enviamos um *e-mail* para Isaac Ben-Israel, presidente da Agência Espacial de Israel", disse Bash, "e felizmente ele concordou em se encontrar conosco." Em Israel, todo mundo – por mais importante que seja – responde todos os *e-mails* e mensagens do WhatsApp que recebe. Ben-Israel, um general aposentado que dirigiu o programa de Pesquisa e Desenvolvimento de Defesa, recebeu em duas ocasiões o mais alto prêmio do Ministério da Defesa, é ex-membro do Knesset e professor da Universidade de Tel Aviv. "O fato de que três jovens engenheiros – um estudante de MBA, um aspirante a empreendedor e um funcionário júnior de uma empresa aeroespacial – pudessem contatar tão facilmente o chefe do programa espacial é difícil de imaginar em outros países", disse Damari. "Especialmente quando nossa proposta era 'queremos pousar uma espaçonave do tamanho de uma garrafa de Coca-Cola na lua dentro de dois anos'."

Nessa reunião, Bash, Damari e Winetraub começaram a se concentrar em um obstáculo inarredável: a geografia. Satélites costumam ser lançados na direção leste, para aproveitar o impulso proporcionado pela rotação da Terra. Se você olhar para um mapa do Oriente Médio, no entanto, verá que Israel não tem relações diplomáticas com praticamente nenhum dos países a leste. A maioria vivia uma guerra fria com o Estado judaico que poderia esquentar a partir de uma pequena faísca acidental. Um pouso forçado ou até um lançamento bem-sucedido e pacífico poderia desencadear uma crise geopolítica. "É por isso que Israel é o único país que lança foguetes [com satélites] na direção contrária à rotação da Terra", afirmou o jornalista Armin Rosen. Mas o lançamento contra a força natural da rotação terrestre exige combustível extra. Para isso, espaçonave precisaria ser maior do que o inicialmente esboçado pela equipe da SpaceIL.

Durante a apresentação, Ben-Israel tomou as rédeas do *laptop* de Bash e examinou os *slides*. "Não será do tamanho de uma garrafa de Coca-Cola, não custará 10 milhões de dólares e não levará dois anos. Será 10 vezes maior, custará 10 vezes mais e levará 10 anos",

26 O gênio de Israel

concluiu ele. Os três jovens presumiram que seriam imediatamente expulsos da sala. Mas, em vez disso, ele disse: "Pessoal, vocês ainda não chegaram lá, mas estou dentro e vou ajudá-los".

A palavra hebraica que Ben-Israel provavelmente usou em vez de "pessoal" é *hevre*, um termo muito significativo na cultura israelense. *Hevre*, que vem da mesma raiz de *haver* (amigo) e *hevra* (sociedade), não é facilmente traduzível. O *hevre* de alguém pode ser um grupo de amigos de longa data ou um grupo que acabou de se conhecer, mas que está unido por um propósito comum. Representa uma transição de "você" para "nós". Ao chamá-los de *hevre*, Ben-Israel estava se aliando à sua improvável missão.

Incentivados por Ben-Israel, nas semanas que antecederam o prazo, os três israelenses também conseguiram o apoio de Daniel Zajfman, então presidente do Instituto Weizmann, uma das principais instituições de pesquisa científica do país. Outro endosso importante veio de Arie Halsband, chefe da divisão espacial da Indústria Aeroespacial de Israel – e chefe de Winetraub, três ou quatro escalões acima dele. "Arie começou a gritar conosco quando viu nossos planos", contou Bash. Depois se acalmou e disse: "Tenho a única instalação espacial em Israel. Como acho que vocês têm uma chance de conseguir, é minha obrigação ajudá-los". Anos depois, Halsband recordou: "Eles não teriam conseguido sem a nossa ajuda, mas nunca teríamos a audácia de fazer isso sem eles".

Por acaso, a Agência Espacial de Israel estava organizando sua conferência anual para dali a um mês; uma conferência que atrai representantes de alto nível da Nasa e de outras agências espaciais nacionais. Ben-Israel telefonou para Bash e disse que ele e seu grupo teriam 15 minutos no palco para anunciar a participação de sua equipe na disputa pelo Google Lunar XPRIZE. Era um palco de grande prestígio para lançar o projeto. Após a apresentação, alguém da plateia se aproximou deles e perguntou: "Vocês precisam de dinheiro?". Era Morris Kahn, empresário de telecomunicações israelense e investidor em *private equity*. Kahn, que era amigo do astronauta da Apollo 11 Buzz Aldrin, era apaixonado por exploração espacial. "Venham ao meu escritório, vou dar US$ 100 mil para esse

CAPÍTULO 1 Uber para a lua **27**

projeto", afirmou. Kahn se tornaria o principal financiador da SpaceIL, contribuindo com US$ 47 milhões.

A equipe entrou na competição e passou os dois primeiros anos desenvolvendo a espaçonave antes de perceber que não funcionaria. Mais dois anos foram gastos em outro projeto fracassado. Nas duas ocasiões, eles ficaram sem dinheiro e tiveram que voltar aos doadores, dizendo que o plano havia falhado e que precisavam de mais financiamento. E nas duas vezes seus principais apoiadores israelenses aquiesceram. A cada projeto, a espaçonave ficava maior, mais pesada e mais cara. Foi somente em 2015 que chegaram a um projeto que funcionava. No final, como previra Ben-Israel, ficou muito maior, levou quase uma década e custou US$ 100 milhões.

Embora US$ 100 milhões pareça muito dinheiro, foi uma "pechincha" para uma missão lunar, afirmou Lee Billings, editor sênior da *Scientifc American*. "Ninguém conseguiu chegar perto disso antes", explicou. Como a SpaceIL fez por um preço tão baixo?

Winetraub e sua equipe de engenharia chegaram a duas formas de reduzir drasticamente os custos. Primeiro, a espaçonave teria que ser pequena – talvez não um CubeSat, mas a menor possível. Em segundo lugar, a SpaceIL teria que seguir um trajeto completamente novo para chegar à lua.

O lançamento de um foguete é das partes mais caras do projeto. Ao usar foguetes reutilizáveis, a SpaceX reduziu o custo do lançamento de cargas úteis ao espaço a uma fração do que era no programa espacial Apolo. Mas o custo de um lançamento da SpaceX ainda era de US$ 60 milhões – completamente fora do alcance do orçamento apertado da SpaceIL.

◆

A única maneira de reduzir o preço de lançamento seria construir uma espaçonave pequena o bastante para equivaler a uma fração da carga útil do foguete da SpaceX, chamado Falcon 9. A *Beresheet* era muito maior que o planejado originalmente, mas ainda pequena para uma missão lunar. O veículo inteiro, incluindo "pernas" e

28 O gênio de Israel

tanques de combustível, era do tamanho de um carrinho de golfe. Os fundadores da SpaceIL chamaram sua sonda lunar de *Beresheet*, que significa "No princípio", as primeiras palavras da Bíblia sobre a criação do universo. Aqueles três *millenials* seculares e ambiciosos encaravam a missão de explorar a fronteira do futuro como conectada à história do povo judeu e à sua herança bíblica.

Por ser tão pequena, a sonda *Beresheet* poderia dividir o espaço com dois satélites que seriam lançados no mesmo foguete. "Esta é a primeira missão lunar a compartilhar uma viagem – como um Uber –, mas não acho que será a última", afirmou Leah Crane, jornalista da *New Scientist*. O compartilhamento do foguete reduziu o custo de lançamento de US$ 60 milhões para US$ 20 milhões. E assim como a *Beresheet* pegou carona no foguete, a Nasa pegou carona na *Beresheet* para levar um refletor *laser* que ajudaria em futuras missões lunares. "É a primeira coisa que a Nasa envia à lua em 50 anos", disse Crane.

Compartilhar o lançamento resolveu um problema, mas criou outro. O "Uber" em que a *Beresheet* pegaria carona iria apenas até metade do caminho. O Falcon 9 pretendia lançar satélites na órbita da Terra, não levar sondas espaciais até a lua. Como a pequena *Beresheet* iria de lá até a lua?

O Falcon 9 era um foguete de dois estágios. Para chegar à lua, é necessário usar um foguete de três estágios, como o Saturno V. Foi o terceiro estágio do Saturno V que impulsionou os astronautas da Apolo 11 da Terra para a lua. O terceiro estágio, embora seja o menor, tem a altura de um prédio de cinco andares. A *Beresheet*, do tamanho de um carrinho de golfe, seria largada no espaço sideral sem nada. Como poderia chegar à lua sem um potente motor para impulsioná-la?

Em tese, havia uma maneira de fazer isso. A Apolo 11 foi impulsionada por foguete até a lua em três dias, três horas e 49 minutos. A *Beresheet* teria que girar ao redor da Terra em órbitas elípticas cada vez mais alongadas, até que a própria órbita chegasse à lua, usando a gravidade da Terra para impulsionar a sonda cada vez mais para o espaço. Essa rota tortuosa exigia muito menos combustível, mas

CAPÍTULO 1 Uber para a lua **29**

significava que a *Beresheet* levaria 41 dias para chegar à órbita lunar e percorreria uma distância 15 vezes maior que a rota direta da Apolo. Nenhum outro pouso na lua havia sido tentado dessa maneira.

"Muitos especialistas da Nasa não acreditavam que fosse possível, e me disseram isso", contou Winetraub. Nenhum dos outros competidores do XPRIZE optaram pela arriscada abordagem "estilingue" da SpaceIL. Mas Winetraub achava que futuras missões seguiriam a trilha aberta pela *Beresheet*. Embora levasse muito mais tempo, a substancial economia de combustível permitiria o uso de uma sonda menor. Seria a única opção para pequenas sondas que se valessem de "caronas" em foguetes com satélites destinados à órbita terrestre.

De acordo com o ex-administrador da Nasa Charles Bolden, ex-piloto de testes e astronauta, o baixo custo não era o único apelo. "Se uma organização privada como a SpaceIL é capaz de colocar algo na lua, outros empreendedores sonharão em seguir seus passos", disse ele. "Isso seria fantástico. É um novo momento."

Jim Bridenstine, que sucederia Bolden como administrador da Nasa, visitou a SpaceIL em Israel antes do lançamento, planejado para o primeiro trimestre de 2019. Bridenstine disse aos três fundadores que, se conseguissem *chegar* à lua, sem pousar, por US$ 200 milhões – o dobro do custo da *Beresheet* –, isso inauguraria uma nova era na exploração espacial.

A equipe da SpaceIL não passou os oito anos anteriores isolada do resto da sociedade israelense. "Inspirar a próxima geração de cientistas e engenheiros era fundamental para nós", contou Yonatan Winetraub. "Quando conversávamos com alunos do ensino médio, éramos jovens o suficiente para sermos seus irmãos mais velhos. Dizíamos a eles: 'Estudamos matemática avançada e ciências na escola, e temos a oportunidade de participar desse pouso na lua. Talvez vocês possam chegar à lua, resolver o aquecimento global, curar o câncer ou o que quiserem fazer quando crescerem'."

A SpaceIL tinha uma equipe de voluntários que iam às escolas para falar sobre o espaço. Winetraub credita à "*hevre* de voluntários" da SpaceIL o incentivo para que 1 milhão de jovens israelenses e crianças de todo o mundo criem seus próprios projetos lou-

30 O gênio de Israel

camente ambiciosos. Winetraub ficou surpreso com a cobertura positiva da missão da SpaceIL em todo o mundo. "Até o Centro de Pesquisa Espacial Iraniano publicou uma foto da nossa nave", disse Winetraub. Todo o país acompanhou o andamento do projeto. À medida que a data de lançamento se aproximava, a empolgação crescia. Nas escolas, desde o jardim de infância até o ensino médio, todas as turmas aprenderam sobre a *Beresheet*. Os trajes de astronauta eram os favoritos no feriado judaico de Purim — quando as crianças se vestem com fantasias como no Halloween — o que coincidiu com o cronograma planejado da missão.

A *Beresheet* partiu na carona de um foguete da SpaceX do Cabo Canaveral, na Flórida, em 22 de fevereiro de 2019. Kfir Damari e Yonatan Winetraub estavam lá. Yariv Bash ficou na sala de controle, em Israel. O lançamento foi tranquilo. Os três fundadores prenderam a respiração por cerca de um minuto, para ver se uma de suas medidas de economia de custos compensaria. A *Beresheet* foi afixada ao foguete por um colar de parafusos com molas, que se soltariam simultaneamente, empurrando a sonda para o espaço. Normalmente, esses colares são feitos sob medida, mas a SpaceIL comprou um "da prateleira". Deu certo.

Um dos fundadores do programa de satélites militares de Israel disse à direção da SpaceIL: "Se vocês conseguirem falar com a *Beresheet* depois do seu lançamento, meus parabéns". De acordo com Bash, estava claro que a cada etapa havia uma possibilidade de fracasso. Sempre havia chance de dar errado. Tudo o que podiam fazer era tentar ao máximo. "Tínhamos um acordo tácito entre nós: só vamos parar se algo nos interromper", explicou.

Depois da carona, a *Beresheet* teria apenas uma chance de pular da órbita da Terra para a órbita da lua. Um erro para um lado a levaria a colidir com a lua; um erro para outro lado a remeteria ao espaço profundo. A manobra equivaleria a pisar nos freios em um momento específico. Foram necessários nove minutos para os nove motores da *Beresheet* girarem a sonda na direção correta, e cerca de seis minutos para os motores desacelerarem para a velocidade adequada.

CAPÍTULO 1 Uber para a lua **31**

Depois de vários minutos de tensão, a sala de controle viu que a manobra funcionara. Naquele momento, Israel se tornou a sétima nação, depois dos Estados Unidos, da antiga União Soviética, do Japão, da Agência Espacial Europeia, da Índia e da China, a colocar uma nave espacial na órbita da lua. E, no caso de Israel, isso era parte de um programa nacional, mas uma iniciativa de organização sem fins lucrativos que partiu de três pessoas reunidas em um bar.

Em 11 de abril, a sonda *Beresheet* começou a descer na superfície da lua. Apesar de ser tarde da noite em Israel, o país inteiro estava assistindo. Em outros países, as pessoas também acompanhavam para ver se a primeira missão privada à lua passaria no teste mais difícil de todos: desacelerar de 6 mil quilômetros por hora para zero, antes de cair pelos últimos cinco metros para um pouso suave na superfície lunar.

O presidente israelense Reuven Rivlin organizou uma festa do pijama para crianças que queriam assistir ao pouso ao vivo. Havia telões em vários locais públicos, em todo o país. O primeiro-ministro Benjamin Netanyahu sentou-se do lado de fora da sala de controle com Morris Kahn, o principal financiador filantrópico da SpaceIL. Um telão mostrava o *status* dos nove motores e várias coordenadas da sonda *Beresheet*. Um número muito importante estava em destaque: a velocidade da descida.

Aprendendo com os erros

Ainda não estava claro para nós o que tinha levado Bash, Damari e Winetraub a encarar esse enorme desafio. Perguntamos a Kfir Damari por que um engenheiro de comunicações que nada sabia sobre o espaço responderia à postagem original de Bash no Facebook.

"Não tinha a ver com o espaço, mas com assumir um desafio que parecia impossível", disse Damari. "A outra parte foi o sionismo – isto é, fazer algo importante para o Estado de Israel. Para mim, estava ligado a outro momento da minha vida: quando me formei na escola

32 O gênio de Israel

de oficiais e fui mostrar ao meu avô minhas novas insígnias. Eu sabia que ele ficaria muito orgulhoso. Então, tinha a ver com essas duas coisas: fazer algo aparentemente impossível e deixar orgulhosas as pessoas ao meu redor." Damari nos contou mais sobre seu avô, um sobrevivente do Holocausto do norte da África, que estivera preso em um campo de concentração nazista na Tunísia. Mais tarde, ele escapou, imigrou para Israel e lutou na Guerra da Independência. O avô de Damari viveu para participar da cerimônia em que seu neto assumiu como oficial do exército.

O jornalista Armin Rosen avalia que um sentimento de solidariedade nacional pode ser uma vantagem que nenhuma das outras equipes privadas tinha: "Afinal, o destino do povo judeu neste planeta, até recentemente, estava em grande parte fora de suas próprias mãos. A missão lunar seria um símbolo de uma conquista milagrosa após séculos de uma existência em risco". Com a história familiar de Damari em mente, Rosen escreveu: "A ideia de cidadãos de um Estado judaico tentando um pouso na lua seria vista como mera ficção até pouco tempo atrás".

Essa atração pelo impossível é típica do gênio israelense. Resolver problemas é uma espécie de esporte nacional. O sistema operacional da cultura israelense é baseado na exposição repetida a desafios cada vez maiores, tanto antes quanto durante o serviço militar. Essa trajetória de vida produz pessoas que se tornam viciadas em fazer coisas difíceis, importantes e significativas.

Ao crescer, Yariv Bash também teve vivências que lhe deram a confiança para enfrentar o aparentemente impossível. "Eu vivia no sofá durante o ensino médio, só jogando videogames", contou ele. "Daí me colocaram numa unidade especial das IDF e me vi fazendo coisas malucas. Eu não sabia que era capaz de escalar uma corda de 10 metros, carregar um amigo montanha acima, ficar sem dormir por dois dias ou caminhar 70 quilômetros. Você aprende sobre si mesmo nesses momentos." Mais tarde, ele trabalhou como engenheiro eletricista numa agência do governo que não podia nomear, por razões de segurança. "Podíamos construir qualquer coisa, um rádio, um computador, um iPhone, o que fosse necessário", lembrou. "Essas duas experiências me ensinaram que posso fazer basicamente qualquer coisa."

Mas qual foi o desafio específico no projeto de mandar um foguete para a lua que inspirou Bash? Não foi a mera audácia envolvida. Havia uma razão mais profunda, mais pessoal, sobre a qual ele raramente falava.

Em julho de 2013, Bash foi convidado a falar sobre a SpaceIL na sede da Volkswagen na Alemanha, depois que alguns executivos daquela empresa o ouviram palestrar em Israel. Depois de aceitar o convite, ele procurou saber mais sobre a conexão de seu avô, Yitzhak Bash, com a empresa. O avô de Bash morreu quando ele tinha 16 anos. Bash conversou com sua família para conseguir resgatar a história. Yitzhak Bash era judeu húngaro e foi enviado para Auschwitz com os demais membros da sua comunidade no final da Segunda Guerra Mundial. A Alemanha fazia um esforço desesperado para produzir mais armamentos e forçava trabalhadores, incluindo judeus, a atuar nas linhas de produção. Yitzhak acabou escapando da câmara de gás ao ser levado, junto com um grupo de 300 engenheiros húngaros, para trabalhar no programa de foguetes V-1 da Alemanha. As empresas alemãs estavam profundamente envolvidas no esforço de guerra. A empresa vencedora do contrato do V-1 era a Volkswagen.

Na sede da Volkswagen, em Wolfsburg, Yariv Bash se viu diante de um grupo de diretores. Seu primeiro *slide* foi uma foto de seu avô. Bash disse: "Setenta anos atrás, meu avô foi forçado a trabalhar aqui; 20 anos atrás, ele veio visitar, como um sobrevivente do Holocausto; e hoje estou aqui para contar a vocês sobre como Israel vai enviar uma nave espacial para a lua". Ao falar sobre a visita a um jornal israelense, Bash brincou: "Acho que se pode dizer que foguetes são o negócio da família".

Ao contrário do empreendedor estereotipado, os fundadores de *start-ups* israelenses tendem a ser surpreendentemente sóbrios sobre suas chances de sucesso. Não é o excesso de confiança ingênua que lhes permite assumir riscos. É sua capacidade de ignorar e até mesmo apreciar o fracasso. Como disse Damari: "A questão não é ser oti-

34 O gênio de Israel

mista de que tudo vai dar certo. É ser otimista com o que acontecerá quando não der."

Em muitos lugares, o medo do fracasso decorre não apenas de potenciais dificuldades financeiras, mas também do estigma social. Se as chances de sucesso são baixas e as consequências do fracasso são catastróficas, não é de admirar que seja difícil encontrar empreendedores. Mas em Israel, como Damari explicou, "não importa o que aconteça, tudo ficará bem. A percepção de que o pior que pode acontecer não é tão ruim gera muita confiança".

Outra vantagem crucial dos fundadores da SpaceIL era que, por mais louca que fosse a ideia, e por mais que a maioria pensasse assim, havia gente suficiente em cargos de alta liderança disposta a apoiá-los. Damari não imagina nenhum outro país em que três jovens engenheiros possam lançar um programa espacial. "Este é provavelmente o único lugar com uma rede acessível de ativos físicos e científicos", explicou. O fato de poderem chegar aos chefes da agência espacial e a uma das melhores universidades em poucos dias foi um grande feito. "Eles foram atraídos pela mesma sensação de fazer algo grande para o país que nós também nutríamos, e eles não recearam em nos ajudar nessa tentativa."

Hevre

Yossi Klein Halevi é jornalista e escritor estudioso da psique israelense. Ele se mudou de Nova York para Jerusalém em 1982, onde se casou e começou uma família. Escreveu uma série de livros premiados, incluindo *Like dreamers*, que conta a história dos movimentos políticos definidores de Israel, à esquerda e à direita, pelos olhos de seis paraquedistas que lutaram juntos na batalha da reunificação de Jerusalém na Guerra dos Seis Dias, em 1967.

Há algo espiritual na maneira como Halevi fala e escreve, por isso não surpreende que ele seja um participante ativo nos diálogos entre judeus e muçulmanos e israelenses e palestinos. Ele tem um olhar aguçado para as correntes culturais que integram a música e o humor israelenses.

"Israel funciona com base em duas unidades sociais essenciais", afirmou Halevi. "A família, que continua muito forte aqui, em parte porque somos um país pequeno, e você não pode se afastar de seus pais, em parte porque os valores da família judaica permanecem muito poderosos aqui. E a outra rede social extremamente poderosa, em alguns aspectos ainda mais forte do que a família, é a *hevre*, que funciona quase como uma entidade suprafamiliar."

Halevi, como Isaac Ben-Israel, sabia bem da importância da *hevre*. Dentro da *hevre* de uma pessoa, destacou ele, conexões são constantemente adicionadas e fortalecidas, à medida que ela passa por diferentes estágios e experiências de vida. Ele lembrou de seus próprios filhos, que estavam no ensino médio durante os difíceis anos de 2000 a 2004, quando o processo de paz israelense-palestino desmoronou e Israel foi atingido pela onda mais intensa de ataques terroristas de sua história. Mais de mil israelenses foram mortos em atentados suicidas palestinos a ônibus, cafeterias, restaurantes e a uma boate.

Halevi nos contou sobre as turmas de *hevre* que seus filhos e seus amigos formaram durante esses anos. "Eles perderam amigos; alguns foram feridos. Mas nossos filhos não vieram falar conosco. Até hoje não sei o que eles passaram", contou. "Eles lidaram com a situação em sessões de terapia improvisadas e intensas, em que todos se reuniam. Israel é assim. É uma sociedade criada por movimentos juvenis. O pré-estado de Israel era uma sociedade jovem. E segue sendo. Essa é uma das razões pelas quais há tanta vitalidade aqui."

Em 2001, dois israelenses começaram um *site* chamado *Hevre*. Trazia cinco banners em que você podia clicar:

Hevre do ensino médio
Hevre da universidade
Hevre de grupos de jovens
Hevre do exército
Hevre do trabalho

No seu auge, estava entre os cinco *sites* mais populares de Israel. As categorias abrangiam os principais círculos sociais israelenses e, de forma reveladora, foram pensadas mais em torno da identidade de grupo do que da identidade individual. Quando a gente pergunta aos israelenses por que seu país tem uma pontuação tão alta no *ranking* internacional de felicidade, eles têm que pensar por um momento, porque não estão acostumados com a ideia de que seu país é feliz. Mas não chegam a rejeitar a ideia. E uma explicação comum que eles oferecem é "ninguém está sozinho". Ou seja, há um sentimento de pertencimento. Ou uma sensação de *b'yachad*, que significa "união". As *hevres* são uma parte importante da sensação de *b'yachad*.

Esse é o tipo de apoio social comum em pequenas comunidades unidas. O incomum é que em Israel esse sentimento também exista no nível social. E é esse tipo de apoio que pode dar a pessoas como Yariv Bash, Kfir Damari e Yonatan Winetraub a sensação de que não estarão sozinhas se embarcarem em um projeto loucamente ambicioso. Elas encontrarão aliados ao longo do caminho. Esse apoio também incentiva as pessoas a se identificarem com o país e contribuírem com ele.

Não pergunte o que seu país...

O que ainda era difícil de entender era como algo iniciado por três jovens engenheiros podia ser tão facilmente adotado pelo povo e pelo Estado de Israel como um projeto nacional. Na maioria dos lugares, os esforços privados permanecem privados. Os empreendimentos espaciais de Elon Musk (SpaceX), Jeff Bezos (Blue Origin) e Richard Branson (Virgin Galactic) são privados. Nenhum deles despertou o orgulho nacional de seus países de origem. As outras equipes da competição Google Lunar XPRIZE vinham de mais de uma dúzia de países e poderiam ter inspirado orgulho nacional, se tivessem vencido. Mas a equipe israelense, começando pelo seu

CAPÍTULO 1   Uber para a lua   **37**

nome, SpaceIL, colocou-se na perseguição de algo em nome de seu país, e não apenas de si mesma.

O elemento nacional estava em exibição na *selfie* que a sonda *Beresheet* tirou ao descer em direção à superfície lunar. A imagem, transmitida de volta à Terra ao vivo e em alta definição, mostrava a "perna" dourada da sonda, com a lua ao fundo. Uma plaquinha se destacava na nave, mostrando a bandeira israelense e a inscrição com as palavras hebraicas *Am Yisrael Chai*: "O Povo de Israel Vive". Abaixo disso, em inglês, estavam as palavras "PAÍS PEQUENO, SONHOS GRANDES". Na parte inferior estavam os logotipos da Indústria Aeroespacial de Israel, da SpaceIL e da XPRIZE Foundation. Quando a imagem foi transmitida, ouviu-se um aplauso por todo o país. Foi um aplauso para Israel, não apenas para a SpaceIL.

Atrás da bandeira, Bash, Damari e Winetraub também inseriram uma minúscula edição completa do *Tanakh* – a Bíblia hebraica – gravada em um disco do tamanho de uma moeda. Como escreveu Armin Rosen, continha "o alfabeto hebraico com letras do tamanho de um micróbio e parte de uma cápsula do tempo com mais de 10 milhões de páginas de dados".

Para muitos israelenses, uma das experiências mais significativas na vida é trabalhar pela segurança do Estado, principalmente no serviço militar. As ameaças que enfrentam não são abstratas e não estão a milhares de quilômetros de distância. Eles sabem que, se não fizerem seu trabalho, as forças inimigas poderão atravessar as defesas de Israel e ferir suas famílias, seus amigos e vizinhos.

Em seu discurso de posse em 1961, o presidente John F. Kennedy apelou para o senso de dever dos norte-americanos. "Não pergunte o que seu país pode fazer por você", disse ele, golpeando o ar frio de janeiro com o dedo, "pergunte o que você pode fazer por seu país." Suas vibrantes palavras inspiraram ação, em vez de descrença. Kennedy, como muitos de sua geração, lutou na Segunda Guerra Mundial. É óbvio que as pessoas devem se sacrificar pelo seu país; isso era o usual. As consequências de não fazer isso ainda estavam frescas na mente das pessoas.

38 O gênio de Israel

Avancemos para 2020, quando um senador dos Estados Unidos, candidato à reeleição no estado natal de Kennedy, Massachusetts, pareceu capturar um novo *zeitgeist*, ao declarar: "Nos perguntamos o que poderíamos fazer pelo nosso país. Fomos lá e fizemos. Com todo o respeito, agora é hora de começar a perguntar o que seu país pode fazer por você". No mundo atual de individualismo crescente, fazer algo pelo seu país parece um conceito cada vez mais estranho. Não em Israel.

O mais difícil é pousar

Ao longo das semanas em que a sonda *Beresheet* orbitava a Terra em círculos cada vez maiores a caminho da lua, o público israelense não prestou muita atenção a ela. Mas, à medida que o pouso se aproximava, o interesse aumentou. A viagem terminaria em triunfo ou em desastre?

De pé na plataforma de observação cheia de dignitários e famílias, os chefes da SpaceIL e da divisão espacial da Indústria Aeroespacial de Israel comentavam os acontecimentos ao vivo. Ao fundo, era possível ver a grande tela da sala de controle. De todos os obstáculos que a sonda espacial teria de superar, o pouso era o mais difícil. Kfir Damari lembrou o que um velho astronauta lhe dissera: "Pousar na lua requer 1 milhão de milagres".

O público que acompanhava os números da orientação e da velocidade de descida expostos na tela não tinha a menor ideia a respeito. Parecia apenas um painel de controle supercomplicado de um carro, com o acréscimo de algumas dezenas de engenheiros sentados em suas estações, assistindo atentamente. Do outro lado da tela havia uma animação que mostrava o progresso da nave, em uma linha que mergulhava para baixo, em direção à lua.

À medida que a sonda se aproximava do ponto de transição da órbita para o pouso, os apresentadores explicavam como ela verificaria por conta própria se tudo estava funcionando. Se não estivesse, a própria *Beresheet* abortaria o pouso e faria uma nova órbita de qua-

CAPÍTULO 1 Uber para a lua **39**

tro horas ao redor da lua, para tentar novamente. No momento-
-chave, a sala de controle parou para ver se a manobra ocorrera.
Finalmente, veio o anúncio: "A descida começou. Passamos do
ponto sem retorno".
A descida de 20 quilômetros até a superfície lunar levaria 17
minutos. E foi então que os problemas começaram rapidamente a
surgir. Os números na tela congelaram quando a telemetria – o fluxo
de comunicações com a sonda – foi interrompida. Segundos depois,
voltaram. Mas então uma voz informou que o motor principal havia
parado de funcionar. Estava claro, pelos rostos na sala de controle,
que isso não deveria acontecer.
O motor principal reiniciou, mas não era possível saber se haveria tempo para evitar um acidente. Ato contínuo, houve uma nova
queda na comunicação. Alguns segundos dolorosos se passaram.
Ninguém queria chegar à conclusão inevitável. Finalmente, o chefe
do controle da missão anunciou que a *Beresheet* colidira com a superfície lunar. Um trabalho de oito anos, que culminou em um voo de
6,5 milhões de quilômetros ao longo de 48 dias, falhara nos últimos
10 minutos.

Fracasso bem-sucedido

É frequente Kfir Damari ser questionado sobre o que sentiu naquele
momento. "Claro, eu queria uma aterrissagem suave", nos contou.
"Mas lembro que uma das minhas primeiras reações foi de alívio."
Não era a resposta que esperávamos. "Tivemos a ideia num bar, e
tudo foi dando errado repetidas vezes, a organização quase ficou
sem dinheiro outras tantas. Mas chegamos lá. Foi isso. A viagem
terminou."
Yonatan Winetraub ressaltou os efeitos a longo prazo que toda
a empolgação em torno da *Beresheet* havia gerado entre os jovens.
"Antes da *Beresheet*, se você fosse aos investidores e dissesse: 'Vou
à lua por US$ 100 milhões', eles ririam na sua cara. Agora um
empreendedor pode dizer: 'Olha, os israelenses conseguiram, então

40 O gênio de Israel

pode ser feito'." Quando Bash, Damari e Winetraub fundaram a SpaceIL, havia 33 equipes inscritas no XPRIZE. No final, apenas a SpaceIL e quatro outras continuavam. E dessas cinco equipes restantes, apenas a SpaceIL havia lançado algo no espaço.

Agora que o caminho foi desbravado para missões lunares mais baratas, outros projetos virão. "Um dia, alguém vai pousar um CubeSat na lua", afirmou Winetraub. Os CubeSats são feitos de cubos com 10 centímetros de lado que podem ser montados como Legos. Existem cerca de 1.200 na órbita da Terra agora. "Quem sabe um dia até uma criança seja capaz de fazer isso."

A SpaceIL também abriu caminho para Israel estabelecer parcerias com países antes hostis ao Estado judaico. O foguete Falcon 9, que levou a *Beresheet*, carregava também um satélite da Força Aérea dos Estados Unidos e um outro de uma empresa de telecomunicações da Indonésia. Acomodada no compartimento de carga do Falcon 9, à espera de decolagem, a *Beresheet* parecia um pequeno ornamento de ouro em cima do enorme satélite de comunicações verde da Indonésia. A Indonésia, lar da maior população muçulmana do mundo, não reconhece o Estado de Israel. Mas os executivos indonésios envolvidos no lançamento ficaram felizes em conviver com Damari e Winetraub no Cabo Canaveral. "Quando os vimos no local de lançamento, nos parabenizamos e fizemos uma pequena comemoração!", Winetraub lembrou.

♦

Depois que a *Beresheet* caiu na lua, Bash, Damari e Winetraub não tinham intenção alguma de recomeçar. Não havia plano de contingência. Sua aventura de dois anos se prolongara por oito. E não era só isso. A pressão fora intensa. "Não tínhamos um Kennedy", disse Damari. "Era tudo por nossa conta. Se tivéssemos falhado em algum momento, não seria apenas nossa *start-up*. Sentimos a esperança de um país inteiro sobre os nossos ombros."

Em poucos meses, no entanto, a sensação de um negócio inacabado ganhou força. Imediatamente após o acidente, a equipe da Google Lunar XPRIZE – que foi a Israel para assistir ao pouso – se reuniu em um canto por alguns minutos e, no próprio local, decidiu conceder à SpaceIL o primeiro "Prêmio Moonshot", no valor de US$ 1 milhão. O presidente e fundador da Fundação XPRIZE, Peter Diamandis, explicou a decisão. Ele chamou o feito da SpaceIL de chegar à lua por apenas US$ 100 milhões e envolver menos de 50 engenheiros de "um salto rumo a uma exploração espacial mais acessível". Logo depois, um filantropo anglo-americano contribuiu com mais US$ 1 milhão para o novo esforço.

E assim nasceu a *Beresheet 2*. Damari resumiu o primeiro desafio que enfrentaram: "Sabíamos que muitas pessoas diriam: 'Vocês já fizeram isso'. Enfrentávamos uma questão difícil: como tornar a nova missão tão inspiradora quanto a primeira?". A SpaceIL decidiu enviar um orbitador à lua, a partir da qual dois aterrissadores tentarão pousar na superfície. O orbitador continuará ao redor da lua por meses ou anos. E tudo isso será feito com o mesmo orçamento da primeira *Beresheet*, e muito mais rápido – US$ 100 milhões até 2026.

O programa *Beresheet 2* também criou uma oportunidade para a missão educacional da SpaceIL se tornar global. Estudantes de outros países poderão propor experimentos e controlar os sensores do orbitador. "Temos visitado e oferecido a outros países a oportunidade de ter um programa espacial", contou Damari. Em janeiro de 2023, a Nasa concordou que a *Beresheet* levasse um experimento que mediria a radiação a partir da superfície da lua.

Em 2013, no terceiro ano de trajetória da SpaceIL, Yariv Bash fundou a *start-up* Flytrex. As *start-ups* são ambiciosas quase por definição, mas esta mergulhou em um mercado muito disputado: a entrega de produtos de varejo por drones para residências suburbanas. Bash acredita que a Flytrex será líder de mercado, em parte porque era a única *start-up*, até 2023, a receber aprovação da Federal Aviation Administration (FAA) nos Estados Unidos. Em março de 2017, Bash viveu uma tragédia pessoal. Ele ficou paralisado da cintura para baixo depois em um acidente de esqui. Fosse trabalhando na sala de controle da *Beresheet* ou apresentando a Flytrex em grandes conferências de tecnologia, Bash era visto em uma cadeira de rodas. "Sou a mesma pessoa, apenas meio metro mais baixa", disse ele. De fato, não parece que seu apetite por assumir desafios impossíveis tenha diminuído.

Yonatan Winetraub rumou em outra direção depois da SpaceIL. Ele fez doutorado em biofísica, e sua tese abordava um possível método óptico para revelar a comunicação entre células cancerígenas. Ele assumiu a direção de um laboratório na Universidade de Stanford que trabalha na detecção não invasiva do câncer.

Mas Winetraub também tinha um *hobby*, como ele o chamava: descobrir uma forma de cultivar grão-de-bico e fazer homus na lua. Cultivar comida na lua não é brincadeira; é fundamental para os planos da Nasa de contar com uma base tripulada permanente lá. As rações espaciais liofilizadas servem até certo ponto. Levar comida da Terra não é econômico a longo prazo. As pessoas precisam de verduras e vegetais frescos para tornar a vida mais fácil.

O sonho da Winetraub é combinar biologia, física e estudos espaciais para fazer homus na lua, talvez até com solo de Jerusalém e água do Mar da Galileia. Como a *Beresheet*, não seria apenas por realização pessoal ou amor à ciência. Trata-se também de fazer uma contribuição israelense para o mundo.

♦

Em qualquer outro país, é difícil imaginar que alguns engenheiros aleatórios – sem ajuda de universidade, empresa, governo ou organização de qualquer tipo – tentassem lançar um programa espacial. O que torna essa audácia, ou *chutzpah*, possível? Talvez seja a sensação de que você não está sozinho nessa aventura. Que você vai receber apoiadores ao longo do caminho, empolgados com sua ideia maluca. E que até mesmo instituições poderosas, como grandes empresas, universidades e agências governamentais, serão inspiradas a ajudá-lo, em vez de obstruir o caminho.

Sem o poder da *hevre*, do desejo de fazer parte de algo maior e realizar coisas juntos, a *chutzpah* não funcionaria. Ou pelo menos não seria tão comum. E ela faz parte de uma cultura nacional, e não apenas algo circunscrito aos empreendedores de tecnologia.

CAPÍTULO 1 Uber para a lua **43**

A equipe técnica da *Beresheet* era formada inteiramente por voluntários nos primeiros anos da SpaceIL. Esses engenheiros estavam construindo uma espaçonave em seu tempo livre. "Esse espírito de união foi importante para progredirmos e chegarmos ao ponto de obter financiamento para uma equipe em tempo integral", lembrou Yonatan Winetraub. Muitos desses voluntários construíram start-*ups*, algumas das quais abriram seu capital na bolsa de valores.

Ainda que os israelenses pareçam notoriamente caóticos, agressivos e rudes aos olhos de quem é de fora, a resolução de problemas é dos seus esportes favoritos. É uma atividade comunitária, algo que você faz com pessoas que integram um de seus múltiplos círculos de *hevre*.

Mas *chutzpah* e *hevre* não podem ser fabricadas ou enxertadas em uma sociedade. Elas emergem da profunda força interior dos israelenses, que desperta cedo na infância e persiste por toda a vida.

CAPÍTULO 2

Onde é a aula?

Em Israel, contribuir com o bem público é uma demanda constante. Espera-se que os israelenses levem em consideração o interesse nacional, não pensando apenas em si e nos seus. Eles devem fazer sacrifícios pessoais pela sociedade, se voluntariar para várias tarefas, lutar e morrer, se necessário, pelo país.

— SAMMY SMOOHA

Em 2011, os professores de Stanford Sebastian Trun e Peter Novig decidiram oferecer seu curso, "Introdução à IA", de forma *on-line* gratuitamente. Para seu espanto, 160 mil pessoas se inscreveram. O corpo docente de Stanford viu nisso uma grande oportunidade comercial e fundou as duas primeiras empresas a oferecer o que ficou conhecido como Massive Open Online Courses, ou MOOCs. Trun fundou a Udacity e dois outros professores de ciência da computação, Daphne Koller e Andrew Ng, deram início ao Coursera.

O problema era que apenas 1 em cada 10 matriculados nesses cursos gratuitos ia até o final. Como todos aprendemos na era da covid-19, é difícil ficar sentado por horas na frente de uma tela

CAPÍTULO 2 Onde é a aula? **45**

aprendendo sozinho. Então, algo estranho aconteceu. Koller, uma israelense, notou que em Israel alguns grupos de pessoas estavam concluindo os cursos *on-line* a uma taxa de mais de 80%.

Examinando mais a fundo, ela descobriu que eram estudantes israelenses do ensino médio fazendo cursos de nível universitário em várias das principais universidades dos Estados Unidos. Em tese, eles não deveriam concluir esses cursos, muito menos com altos índices de sucesso. Não que esses jovens fossem tão inteligentes. Eram alunos típicos de escolas comuns. A diferença era que estavam fazendo os cursos juntos, usando um método chamado "Sala de Aula em Equipe".

Funcionava assim: toda a turma assistia a um vídeo do curso. Em seguida, cada aluno segurava uma placa com uma dentre três cores. Verde significava que tinham entendido o material bem o suficiente para ensinar a outra pessoa. Amarelo significava que entendiam, mas não o suficiente para ensinar. E vermelho significava que não entendiam o material. Depois a turma toda passava a um único objetivo: que todos pudessem segurar uma placa verde.

Em vez de um contra todos, os alunos tinham que levar seus colegas até a linha de chegada. O sistema funcionou tão bem que professores sem conhecimento do assunto, mas com um talento para incentivar os alunos, conseguiam ajudá-los a se destacar. Usando o método da Sala de Aula em Equipe, um professor de religião do ensino médio era capaz de ensinar física de nível universitário.

O poder do *gibush*

Tamar Katriel sentiu-se no túnel do tempo. Como aluna de doutorado, era estranho, depois de tanto tempo, ver-se sentada numa cadeira apertada no fundo de uma sala de aula do ensino fundamental. Ela estava lá para pesquisar e promover um novo método de ensino personalizado nas escolas israelenses. O pilar secular da educação – um professor falando diante de seus alunos – começava a ser questionado.

46 O gênio de Israel

Katriel estava animada com a nova técnica: um plano didático sintonizado com os pontos fortes e fracos de cada criança. Os professores mais arrojados estavam dispostos a tentar. Eles também estavam frustrados com a educação padronizada e a necessidade de "ensinar para a média", deixando os alunos mais fracos para trás e os mais fortes entediados e não desafiados.

Os professores perceberam que as novas ideias funcionavam. Os alunos obtinham notas mais altas nos testes e aprendiam mais, além de demonstrarem maior motivação. O que poderia ser melhor? Mas alguns dos professores começaram a voltar aos métodos antigos. Como disse um deles: "funcionou, mas senti que estava perdendo a mão da sala de aula".

Essa resposta deixou Katriel perplexa. No começo, ela atribuiu a reação à dificuldade de sair da zona de conforto. Mas essa resposta vinha dos melhores professores, aqueles muito ansiosos para melhorar os resultados de aprendizagem. Por fim, ela entendeu. Havia algo ainda mais importante para eles do que os resultados dos exames de seus alunos. Era o *gibush*.

Gibush é outra daquelas palavras hebraicas para as quais não há uma boa tradução. "Conexão" ou "coesão" estão mais próximos do seu significado. Mas nenhum desses conceitos captura o poder emocional da palavra na sociedade israelense. *Gibush* não é apenas um processo ou uma descrição. É um valor profundamente arraigado.

Assim como *hevre* se refere a qualquer grupo do qual uma pessoa faz parte – amigos próximos da escola, um grupo de jovens escoteiros, um projeto comunitário, uma unidade militar ou um local de trabalho – *gibush* é o ato de unir as pessoas com o objetivo de aprofundar o vínculo entre elas. Você pode dizer: "Eu fui fazer uma caminhada com a *hevre* para *gibush*".

Katriel viu a importância do *gibush* na resposta veemente de um professor agitado a quem ela explicava o conceito de educação personalizada. "Onde está a turma em tudo isso? Onde está o *gibush*?", perguntou o professor. Numa reunião de pais, a mãe de uma aluna da sétima série disse a Katriel que o que ela desejava para a filha era uma sala de aula unida. A filha, por sua vez, reclamou: "Temos uma

CAPÍTULO 2 Onde é a aula? **47**

turma péssima. Precisa de muito mais *gibush*". Outro professor disse em sua autoavaliação anual que sua turma foi um "fracasso total" porque ele não teve sucesso no *gibush*.

Estava claro que professores, pais e alunos consideravam essencial o *gibush* da turma – tão importante quanto qualquer nota de exame ou medida "objetiva" de desempenho. Em outros países, a métrica de sucesso é o desempenho individual do aluno; a sala aula é apenas um local funcional para atingir esse objetivo. As turmas não são tratadas como seres vivos, com um caráter próprio e independente, que precisa ser nutrido, ainda que à custa dos resultados individuais de aprendizagem. Esse não é o caso em Israel.

Uma professora resumiu bem. "Eu pensei muito sobre essas coisas", explicou a Katriel. "Algumas pessoas acham que os alunos devem ir à escola para aprender e pronto. Eu não concordo. Acho que se desistirmos do *gibush* na sala de aula, o Estado de Israel vai se desfazer. Não podemos correr esse risco." Para essa professora, *gibush* não era apenas uma coisa boa. Era indispensável.

O historiador e jornalista Daniel Gordis nasceu em Nova York, mas mudou-se para Israel quando adulto. Ele explicou o contraste para ilustrar as origens desse *ethos*: "De acordo com o mito americano, as regiões selvagens foram conquistadas por indivíduos ou pequenos grupos. Daniel Boone. Davy Crockett". Os três filhos de Gordis serviram no exército. Ele foi fundador da primeira faculdade de artes liberais em Jerusalém e é autor de vários livros sobre a história e a sociedade israelitas.

Gordis se sente inspirado pela história dos Estados Unidos. Mas ele acredita que o mito fundador de Israel – que remonta a milhares de anos – ajuda a explicar o *gibush*: "O mito conta que éramos 600 mil pessoas no Monte Sinai, atravessando o deserto em massa. A história judaica não é de indivíduos ou pequenas famílias, mas de uma migração maciça rumo à Terra Prometida, sugerindo que apenas na companhia de muitas outras pessoas podemos chegar ao destino final. A imagem da nossa caminhada pelo deserto tem uma mensagem específica: somos um povo que precisa de comunidade".

48   O gênio de Israel

Desse modo, a escola desempenha um papel muito maior em Israel do que a mera educação das crianças. Tem uma função clara: incorporar o valor do grupo, não apenas do indivíduo, na sociedade israelense. Os israelenses começam a aprender desde cedo que "você não é o centro do mundo". Eles entendem que fazem parte de algo maior do que eles mesmos. E essa socialização não acontece só na escola. Na verdade, acontece ainda com mais força fora dos muros escolares.

Não permitido para adultos

Inbal Arieli, ex-oficial da unidade de inteligência 8200 das Forças de Defesa de Israel (IDF), fundou a 8200 EISP, o que pode ser uma iniciativa inédita: uma aceleradora de *start-ups* sem fins lucrativos, construída por veteranos de uma unidade militar. Ao longo de seus primeiros 13 anos, as quase 200 *start-ups* que passaram pelo programa 8200 EISP levantaram US$ 1,4 bilhão em investimentos de capital de risco.

A própria Arieli se tornou uma empreendedora em série, investidora e estudiosa das raízes do espírito inovador israelense. Em seu livro, *Chutzpah: por que Israel é um hub de inovação e empreendedorismo*, ela escreve sobre o papel fundamental dos movimentos juvenis na semeadura do empreendedorismo. Ela lembra da mensagem impressa que seu filho Yarden trouxe da escola na terceira série:

> Na terça-feira, 5 de junho, realizaremos a primeira reunião dos Tzofim [escoteiros] para que os alunos da terceira série se prepararem para o próximo ano. Se seu filho ou filha estiver interessado em participar, vamos buscá-los no portão da escola, às 16h, e caminhar juntos até o centro da tropa de escoteiros. Se preferirem, podem nos encontrar lá às 16h30min.
>
> Obrigado, Os Novos Guias

O que essa mensagem concisa não diz, e o que não aconteceu, depõe muito sobre a cultura israelense. Para começar, os escoteiros

CAPÍTULO 2 Onde é a aula? **49**

são uma coisa de bairro. Quando há mais de uma tropa em uma área pequena, as crianças decidem a qual se juntar, considerando para onde vão seus amigos ou para onde foram seus irmãos mais velhos. Às vezes é uma tradição familiar: seus pais foram para a mesma tropa. Em segundo lugar, o bilhete não é uma tentativa de persuasão. Supõe-se que a maioria das crianças vai querer participar. Para elas, é parte da rotina em Israel, na idade de 9 ou 10 anos, juntar-se aos escoteiros ou a um dos muitos outros movimentos juvenis. Terceiro, embora os guias não identificados tenham provavelmente 15 ou 16 anos, espera-se que os pais confiem neles para cuidar do seu filho, e de mais algumas dezenas de outras crianças, até seu destino. Não há um comunicado detalhando o "primeiro dia do acampamento". O sinal é claro: *nós, jovens, estamos no comando, confie em nós, seu filho está em nossas mãos.*

Dar responsabilidade às crianças é o cerne do escotismo, desde que o movimento foi fundado pelo oficial do exército britânico Robert Baden-Powell em 1907. "Espere muito de seus líderes de patrulha: nove em cada 10 vezes eles atenderão às suas expectativas", escreveu Baden-Powell sobre os adolescentes encarregados de cuidar de oito escoteiros mais jovens. "Mas, se você estiver sempre na volta deles, e não confiar que façam as coisas bem, eles não terão iniciativa." Para Baden-Powell, a construção do caráter do escoteiro dependia da atribuição de responsabilidades aos jovens. "O sistema de patrulha não é um dos métodos de prática do escotismo. É o único método."

Mas Baden-Powell e os movimentos de escoteiros de todo o mundo também acreditam no importante papel dos líderes escoteiros adultos. "Associação com adultos" é um dos oito métodos essenciais dos escoteiros, com base no princípio de que "os escoteiros aprendem muito observando como os adultos se comportam". Aqui há uma diferença entre os movimentos juvenis israelenses e seus equivalentes internacionais. Os movimentos juvenis israelenses não parecem valorizar ou praticar o aprendizado com adultos. Uma forma de reafirmar a separação dos adultos é dar mais responsabilidade aos próprios campistas. Isso também reflete uma diferença mais profunda nos objetivos.

50 O gênio de Israel

Em Israel, como em outros lugares, os movimentos juvenis são pensados para produzir melhores membros da sociedade. "Devemos fazer os meninos passarem de uma atitude do tipo 'o que eu posso ganhar' para uma atitude 'o que eu posso dar' [...]. No escotismo, você está combatendo o egoísmo", disse Baden-Powell. Sendo assim, o voluntariado é uma pedra angular dos movimentos juvenis em Israel, como em outros lugares. O mesmo ocorre com a valorização do grupo, do trabalho em equipe e do serviço prestado ao país e ao mundo. Mas a diferença em Israel pode ser vista até no nome: *movimento* juvenil. Os jovens não devem apenas se juntar à sociedade, mas sacudi-la.

O movimento juvenil que deu origem a muitos dos *kibutzim* de Israel foi o Hashomer Hatzair (Jovem Guarda). Como outros movimentos juvenis anteriores à criação de Israel, ele convocava jovens judeus pela Europa a se mudarem para a Palestina governada pelos britânicos e se tornarem pioneiros na construção do novo Estado. Esse movimento juvenil existe até hoje. Ao contar sua história, o Hashomer dá crédito aos escoteiros de Baden-Powell, mas descreve as diferenças entre ambos.

O objetivo do escotismo de Baden-Powell era transformar os jovens em cidadãos de bem e leais, que seguem o caminho de seus pais. O objetivo do Hashomer Hatzair, no entanto, era fortalecer as qualidades de uma pessoa que se rebela contra seu destino, que luta pela própria sua vida e pela vida de seu povo. O Hashomer bebeu do escotismo, renovando-o e adaptando-o à ambição sionista de criar uma nova pessoa judaica.

O Hashomer descreve seu *ethos* fundador como "uma rebelião contra a sociedade tímida e sem propósito dos adultos, uma rebelião contra o destino dos judeus na diáspora". O objetivo era substituir gerações de passividade diante da opressão dos judeus europeus pela "crença de que tudo é possível, que a história humana pode ser mudada e que a juventude é invencível e seu caminho está para ser pavimentado".

A visão do Hashomer era secular e socialista, simbolizada pela utopia comunal suprema, o *kibutz*. O surpreendente, no entanto,

CAPÍTULO 2 Onde é a aula? **51**

é que o principal movimento juvenil religioso também foi revolucionário. Em 7 de março de 1929 em Jerusalém, 38 alunos do ensino fundamental se reuniram para formar a primeira tropa de Bnei Akiva. Fizeram isso apesar da oposição do Mizrahi, o movimento guarda-chuva do sionismo religioso. Os rabinos do Mizrahi tinham receio, pois o Bnei Akiva não era liderado por uma figura religiosa de destaque e suas atividades poderiam distrair os jovens de seus estudos religiosos. Mas sua primeira preocupação era com o fato de que "um movimento juvenil, por sua natureza, se rebela contra o *status quo*. A religião e a rebelião se opõem entre si, porque a educação religiosa deve ser conservadora em sua relação com o presente e o passado". O Mizrahi acabou abraçando o Bnei Akiva, que cresceu e se tornou o maior movimento jovem sionista religioso do mundo, com cerca de 125 mil membros em 42 países, e fundou a maioria dos *kibutzim* religiosos.

Em muitos outros países, o escotismo é reconhecido como uma boa atividade juvenil, mas não é uma fase da vida integrada à história da nação. Os israelenses reconhecem os movimentos juvenis como forma de construir o caráter individual e de aprender o valor do *gibush*, tão central para a sua cultura. Assim como na sala de aula, onde os professores entendem que o *gibush* é mais importante do que aprender diferentes assuntos, nos escoteiros o valor-chave é que *o grupo não tem menos valor do que o indivíduo*.

A forte tradição do movimento juvenil também contribui para estabelecer laços entre as gerações. Muitos pais israelenses lembram de seu próprio passado como escoteiros e guias e incentivam seus filhos a abraçar o *gibush* da Tzofim ou de outras organizações juvenis. É um rito interminável de passagem: os entusiasmados alunos da quarta série crescem e se tornam guias quando se formam no ensino médio, administrando todo o programa para jovens. Os poucos adultos que supervisionam esse sistema estão lá para serem vistos, e não ouvidos, pois os próprios jovens estão no comando.

Para os imigrantes chegados em Israel que não tiveram essa experiência, ver seus filhos passarem por essa formação pode ser confuso. Todo verão, cerca de mil escoteiros de todo o país tomam conta de

52 O gênio de Israel

uma floresta, evocando uma versão mais feliz de *O senhor das moscas* — dezenas de acampamentos com crianças suadas circulando, com quase nenhum adulto à vista.

A aparente letargia observada pelos pais nos dias de visita é enganosa. Seus filhos estão guardando energia para as noites, quando passam pulando ao redor com os rostos pintados com as cores da tropa, tentando cantar mais alto que seus vizinhos. Outra atividade favorita é construir estruturas maciças de madeira com o nome da tropa escrito em trapos encharcados de óleo, que queimam à noite, selando o pertencimento tribal em sua consciência coletiva.

Qualquer um que observe essas crianças na floresta poderia pensar que está testemunhando o caos, o que seria um equívoco. Embutidos nessas atividades estão sentimentos profundos e poderosos. O primeiro deles é um senso comum de responsabilidade. Tornar-se um guia do movimento juvenil é para muitos israelenses a primeira experiência de gestão de projetos e pessoas. O segundo é o *gibush* e como criar laços entre pessoas que podem durar uma vida inteira.

Por conta própria

Em abril de 2018, as principais notícias em hebraico sobre Israel forneciam uma rara janela para um cenário planejado pelas forças de defesa: combater o grupo terrorista xiita Hezbollah, apoiado pelo Irã, longe das fronteiras de Israel, no Líbano.

A 101ª Brigada de Paraquedistas avança sob a lua cheia no sul do Líbano. Os soldados estão sob ataque. Alguns estão feridos e o médico do batalhão os está tratando. A luz laranja piscando à distância, ao sul deles, não está em Israel. Não há o som tranquilizador da helicópteros para evacuação a caminho. Não há outra unidade na área. À medida que a adrenalina diminui e o dia nasce, os paraquedistas percebem que estão no interior do Líbano. Eles estão sozinhos.

CAPÍTULO 2 Onde é a aula? **53**

A última vez que Israel enfrentou uma guerra em grande escala com o Hezbollah foi em 2006. Naquela época, o Hezbollah estava mais para uma força de guerrilha do que para um exército, embora estivesse armado com milhares de mísseis, que choviam sobre as cidades do norte de Israel. Nos anos seguintes, o Hezbollah se tornou um dos exércitos mais fortes do Oriente Médio. E seus combatentes agora têm experiência de combate na Síria.

O Hezbollah tem mais de 40 mil combatentes e até 120 mil mísseis no Líbano, muitos com alcance suficiente para chegar às principais cidades de Israel. E o Irã é o principal fornecedor de armas, financiador e comandante do Hezbollah.

Na próxima guerra, como sempre, a inteligência será fundamental, e não apenas para localizar lançadores de mísseis. Antes que esses lançadores possam ser destruídos, é preciso haver uma inteligência apurada para resolver um problema espinhoso. Como as forças terrestres israelenses (que terão saltado de paraquedas ou penetrado profundamente em território inimigo apenas com uma mochila) sobreviverão e lutarão por dias e semanas?

A capacidade de operar de forma independente será decisiva nesse conflito. Os soldados terão que encontrar a comida, os remédios e o combustível de que precisam nas cidades e aldeias locais. Para que isso aconteça, precisarão saber onde estão os mercados, as farmácias e os postos de gasolina. Olhar para fotos aéreas não é suficiente. Eles precisam saber quais desses lugares estão operando e abastecidos.

Esse é um desafio de inteligência quase impossível, e no verão de 2013 confundiu Avi Simon, o oficial encarregado de uma unidade de análise de inteligência de imagens de satélite. O chefe do estado-maior, o posto mais importante do exército israelense, havia atribuído a Simon a tarefa de escanear 80% do norte do Líbano até o final do ano, em busca de fontes de suprimento para as tropas naquela área. Depois de seis meses no cargo, Simon não estava nem perto de terminar a tarefa e nada tinha para mostrar ao alto comando.

Simon era tenente-coronel da Unidade 9900, cujo nome completo é Agência de Análise de Terreno, Mapeamento Preciso, Coleta

54 O gênio de Israel

Visual e Interpretação. É um nome comprido, mas, em suma, essa unidade treina analistas para entender os detalhes microscópicos das milhões de imagens coletadas por satélites, aviões e drones israelenses. Dada a enorme quantidade de dados visuais, os engenheiros codificam algoritmos para treinar computadores para processar e interpretar tais dados em inteligência acionável – desde longos trechos de deserto até densas áreas urbanas.

Mas havia um limite para o que os computadores podiam fazer. Simon explicou: "Estamos constantemente examinando áreas enormes e tentando entendê-las – se há algum pomar no Líbano que não está no mapa ou não é facilmente identificável nas imagens aéreas, e você não sabia e, portanto, não planejou [...] de repente seus tanques não conseguem manobrar ao redor".

Ele citou outros exemplos: "Há um pequeno riacho que você pensava ser intransponível, e aí percebe que consegue passar um veículo por ele. Meus analistas regulares veem o riacho e pensam que é apenas um obstáculo no caminho. É preciso um nível de concentração totalmente diferente para perceber que uma pequena mudança – dependendo do dia ou da hora – no fluxo do riacho pode fazer diferença".

Olhar para imagens aéreas por horas a fio e estudar pequenos detalhes era muito chato e muito difícil para os analistas da Unidade 9900. Mas então um novo grupo de cadetes terminou seu treinamento e se juntou à unidade de Simon. "Eu estava recebendo muita pressão do general. Pensamos que não conseguiríamos terminar a tempo", disse ele. "Mas quatro meses depois terminamos. Meus comandantes ficaram surpresos."

O alto escalão de diferentes unidades de inteligência fez uma visita; queria conhecer a equipe que havia feito aquilo. "Os comandantes não perceberam que era um grupo especial. Tudo o que eles sabiam era que em certo momento estávamos em apuros e no seguinte estava pronto", contou Simon. O grupo especial fazia parte de um programa chamado Roim Rachok, que em hebraico significa "ver longe". Os soldados do Roim Rachok não entendiam o motivo do barulho; eles receberam uma missão e a cumpriram. Mas,

CAPÍTULO 2 Onde é a aula? **55**

como Simon nos explicou: "Todos aqueles cadetes que resolveram o impossível tinham uma coisa em comum: tinham transtorno do espectro autista".

O direito de servir

"É uma história muito israelense", Tal Vardi começou, com um sorriso irônico. "Da minha parte, tudo começou com o *shloshim*." Um *shloshim* (da palavra hebraica para "trinta") marca o fim do período tradicional de luto de 30 dias pela morte de um membro próximo da família. Essas reuniões geralmente reúnem um grupo eclético que compartilha uma conexão com o falecido, mas não se conhecem.

Este *shloshim*, em fevereiro de 2011, foi uma reunião de cerca de 30 membros de uma unidade de reconhecimento de paraquedistas de elite que serviram juntos na década de 1970. Eles estavam ali para homenagear Nadav Rotenberg, soldado de 20 anos, morto por "fogo amigo" na fronteira sudeste de Israel. O pai de Nadav, Omer Rotenberg, havia servido na equipe de Tal Vardi. A unidade tinha três equipes, cada qual liderada por um oficial, e quase todos estavam no *shloshim*. Alguns foram de outros países para apoiar seu camarada enlutado.

Os Rotenbergs viviam em Ramot HaShavim, uma comunidade agrícola coletiva conhecida como um *"moshav"* – outra invenção social israelense, como o *kibutz*. Este *moshav* foi fundado em 1933, em terras agrícolas então distantes de Tel Aviv, mas que haviam se tornado um subúrbio da metrópole em expansão. Ainda se agarrava às suas raízes agrícolas.

"Todos nos sentamos na grama, em um círculo", contou Vardi. A unidade refletia quase todos os estratos da sociedade israelense. "Dror veio do Iêmen", uma das comunidades judaicas mais pobres e isoladas do mundo. (De 1949 a 1950, 49 mil iemenitas foram resgatados por um transporte aéreo de emergência israelense chamado Tapete Mágico; foi a primeira vez que eles viram um avião.) Um deles era um imigrante russo, outro tinha vindo da antiga comu-

56 O gênio de Israel

nidade judaica em Cochim, na Índia. Quando os homens contornaram o círculo, descobriram que, desde o serviço militar, um se tornara professor, outro fora procurar petróleo na Sibéria.

Enquanto se sentavam ao sol, com o aroma dos laranjais ao redor, Vardi imaginava cada um deles em sua juventude, antes de ganharem barriga e perderem cabelo. Conversando entre si, voltaram aos seus antigos papéis – o forte, o corajoso, o inteligente, o engraçado. E Vardi, embora apenas um ano mais velho que o resto, mantinha uma aura de liderança.

"Muitos deles serviram juntos em *miluim* por décadas, mas como oficial, fui enviado para outro lugar", observou. *Miluim*, ou serviço de reserva, é uma instituição exclusivamente israelense. Devido à crescente população de Israel e à natureza mutável da guerra, a necessidade dos israelenses servirem em *miluim* diminuiu ao longo dos anos. Mas 5% dos israelenses voltam às suas unidades até os 40 anos. Na geração de Vardi, esse número era maior.

Naquela época, muitos israelenses retornavam às suas unidades por semanas a fio, para treinar e para o serviço ativo. Esse ritual anual continua até os 40 anos. Quando o *miluim* ainda fazia parte da vida cotidiana, não era incomum procurar alguém em uma empresa, ministério ou universidade e ouvir: "Oh, ele está em *miluim*". E era isso; você teria que esperar até que ele retornasse.

O *miluim* é um filho da necessidade, mas gerou muitos benefícios sociais. Intensificou e manteve laços de confiança em diversas áreas econômicas, étnicas, educacionais e religiosas. Um motorista de táxi e um executivo que serviram na mesma unidade no final da adolescência poderiam ficar unidos por décadas em sua vida adulta por causa do *miluim*.

"Quando contornamos o círculo, chegou a minha vez e eu disse que Ronit e eu temos sete filhos e ambos ensinamos ioga", contou Vardi. Depois de servir em unidade de comando – ele lutou na Guerra do Yom Kippur e na incursão a Entebbe – ele trabalhou na inteligência. Aposentou-se ainda jovem, como é comum entre os militares. Ao longo do caminho, decidiu estudar biologia, depois relações internacionais. As "carreiras" israelenses tendem a ser ecléticas.

CAPÍTULO 2   Onde é a aula?   **57**

"Quando chegou a vez de Boaz, foi uma história bem diferente", lembrou Vardi, falando de Boaz Keinan, outro membro da unidade. "Ele disse simplesmente: 'Eu tenho dois filhos. Um tem 16 anos e nasceu surdo, e depois de dois anos descobrimos que era autista. E seu irmão, de 14 anos, também é autista'".

Vardi não se encontrava com Keinan desde que serviram juntos, mas depois do *shloshim* ele o convidou para uma caminhada de dois dias no deserto. Tiveram muito tempo para conversar. "Pedi a ele para me contar mais sobre sua vida. Ele morava nos Estados Unidos e tinha uma empresa de *software*. Ele me contou sobre suas dificuldades diárias", contou Vardi.

Os israelenses tendem a evitar conversa fiada. A típica preocupação ocidental de não ser muito "intrusivo", "intrometido" ou "invasivo" não existe em Israel. Você fala sobre a vida real, certamente com pessoas com quem serviu, mesmo que não tenha estado em contato próximo por mais de três décadas. As pessoas esperam que você pergunte e conte sobre si. É natural. Não com todos, é claro, mas essa guarda baixa fica evidente para os recém-chegados à sociedade israelense.

Keinan disse a Vardi que "as pessoas com crianças autistas têm um grande medo: o que acontecerá no dia em que seu filho completar 21 anos, quando o apoio institucional acabar". Os pais ficam com a responsabilidade sobre seu filho adulto e precisam descobrir uma maneira de levar uma vida relativamente normal e independente. A realidade é que os adultos com autismo ficam quase universalmente relegados a uma vida de desemprego.

Keinan decidiu vender sua empresa de *software* e começar uma fundação. Ele queria construir um novo modelo de vida para adultos no espectro autista. "E ele me pediu para dirigi-la", contou Vardi. Por que Keinan pediria a alguém que não sabia nada sobre autismo para administrar sua fundação? E por que Vardi assumiria uma causa com a qual ele não tinha conexão, a não ser o reencontro casual com um ex-colega de exército? Trata-se de muita confiança.

Ninguém havia resolvido o grande problema que as pessoas com autismo enfrentam após os 21 anos, quando querem trabalhar e viver

58 O gênio de Israel

de forma independente. Vardi e Keinan não sabiam a solução, mas sabiam o que queriam criar: um novo modelo de vida para pessoas com autismo, capaz de permitir que atingissem todo o seu potencial e levassem uma vida independente e gratificante.

A fundação de Keinan reuniu especialistas em autismo de Israel e de todo o mundo por três dias na pitoresca cidade de Safed, no norte do país, o berço do misticismo judaico há séculos. A ideia era criar um projeto de pesquisa e explorar soluções tecnológicas. Mas então aconteceu algo que botou a perder todo o esforço.

"Recebi uma ligação do meu velho amigo Tamir Pardo, então diretor do Mossad", disse Vardi, revelando onde havia servido na comunidade de inteligência. Alguém informara a Pardo que Vardi estava trabalhando com autismo. Aparentemente do nada, Pardo disse a Vardi que daria à sua organização "um cheque em branco" do Mossad.

Por que o chefe do Mossad teria interesse em ajudar? Por muitos anos, até o nome do chefe do Mossad era segredo. Nos jornais, apenas a inicial do seu nome era mencionada. Ex-chefes de inteligência raramente dão entrevistas, mas sobre esse assunto Pardo ficou feliz em falar conosco.

"A ideia veio da minha esposa, Omrit. Ela merece todo o crédito", contou ele. Omrit Pardo era fonoaudióloga e trabalhava com crianças autistas. Ela sabia da dificuldade de viabilizar a independência dessas crianças no seu caminho para a idade adulta. Na escola, muitas delas precisavam de um apoio profissional quase diário. Como poderiam trabalhar e enfrentar os desafios da vida por conta própria?

Omrit conversara com um cientista do Instituto Weizmann de Ciências que pesquisava as capacidades especiais de jovens do espectro autista. "Percebi que haveria uma maneira de usar essas habilidades únicas", contou Omrit. "Comecei a pressionar Tamir para criar uma unidade nas forças armadas ou no Mossad." Quando Tamir Pardo era vice-diretor do Mossad, ele dizia à esposa que não tinha orçamento para isso, "mas no minuto em que me tornei chefe, ela me disse: 'Chega de desculpas, você está no comando'". Pardo sabia para quem ligar.

CAPÍTULO 2 Onde é a aula? **59**

Além de Tal Vardi, Pardo também procurou Leora Sali. Ela se formou pelo Talpiot, um dos programas de elite das forças armadas israelenses, onde apenas 60 soldados são admitidos a cada ano, dentre 10 mil que são convidados a tentar. Eles passam por um treinamento básico de paraquedista e, em seguida, por um curso de três anos, que concluem com um diploma universitário em física, matemática e, às vezes, ciência da computação. Depois são alocados nos serviços militares e de inteligência como solucionadores de problemas. Há uma competição entre vários ramos para receber os Talpionim, como são chamados os egressos do programa. Depois de concluir o curso, eles servem nas forças armadas por mais seis anos.

"Eu ocupei vários cargos diferentes, depois gerenciei equipes e depois departamentos", contou Sali. "Meu marido e eu temos dois filhos. Quando o mais velho completou três anos, descobrimos que tinha autismo. Ele tem 26 anos agora. Então, tenho lidado com o autismo nos últimos 24 anos."

Tal Vardi e Leora Sali – ambos com grande interesse em jovens adultos com autismo – se conheciam dos círculos de inteligência militar. Eles compartilhavam a visão de que as pessoas no espectro podem ter um talento para inteligência visual. Ela sugeriu fazer um estudo para explorar o conceito. Vardi respondeu: "Isso é bom, mas acho que devemos fazer isso para valer. *Yalla*. Se funcionar, funcionou". Seria difícil encontrar uma palavra mais israelense do que *Yalla* ("vamos lá").

O impacto potencial era evidente. Para os israelenses, o serviço militar é um cartão de visita; mostra aos potenciais empregadores o que você é capaz de fazer. É também uma certificação de integrante da sociedade israelense. Enquanto outros países reconhecem o valor do serviço militar obrigatório, mas têm dificuldades para impô-lo, em Israel é quase o oposto: o serviço é visto como um direito, não apenas como uma exigência. Isso é particularmente verdadeiro para pessoas que estão isentas do serviço em razão de alguma deficiência. Era óbvio para Vardi e Sali que o sonho dos jovens com autismo, e também de suas famílias, era poder servir às forças armadas.

60 O gênio de Israel

O primeiro passo foi apresentar sua ideia ao comandante do 9900, a unidade que lida com inteligência visual. O comandante fez duas afirmações que respaldaram sua abordagem, contou Vardi. "Primeiro, a quantidade de dados visuais é basicamente infinita. Vêm de satélites, aviões, drones – e com o avanço da tecnologia, aumenta o tempo todo." O segundo ponto os surpreendeu: "Não vejo um computador substituindo pessoas que fazem esse tipo de trabalho nos próximos 20 a 30 anos". O comandante então disse que estava aberto a discutir formas de colaboração, mas todo o programa de treinamento tinha que ocorrer fora das forças armadas, antes que os futuros analistas se alistassem e chegassem à unidade.

Por meio de um amigo, como costuma acontecer em Israel, eles chegaram ao Ono Academic College, localizado em uma cidade chamada Kiryat Ono, não muito longe de Tel Aviv. A escola tinha departamentos de fonoaudiologia, terapia ocupacional e fisioterapia, todos necessários para soldados no espectro. Eles se encontraram com reitor, Dudi Schwartz. Alguns meses depois, concordaram em lançar um programa-piloto, cujo financiamento seria dividido entre a faculdade e a fundação. "Começamos a recrutar pessoas e construímos um lugar especial, tudo sem papel assinado, apenas apertando as mãos", contou Vardi.

Vardi e Sali queriam começar com apenas 12 jovens adultos, mas tiveram dificuldade em encontrar candidatos. Eles criaram um comitê com representantes dos Ministérios da Educação e do Bem-Estar e do comandante da Unidade 9900. O representante do Ministério do Bem-Estar disse que, ainda que eles estivessem com dificuldade para encontrar candidatos naquele momento, a prevalência do autismo tem, por razões desconhecidas, aumentado. Na década de 1990, a Organização Mundial da Saúde declarou que o autismo havia se tornado uma epidemia.

Vimos um padrão se repetir. As grandes burocracias israelenses, como os ministérios e as forças armadas, muitas vezes se movem a passos de tartaruga. Mas essas mesmas organizações podem avançar rapidamente se envolvidas por uma atmosfera de inovação em torno de uma meta. Dependendo das circunstâncias, se houver uma causa

CAPÍTULO 2 Onde é a aula? **61**

nacional envolvida, as regras burocráticas se dobram. Aconteceu com a missão lunar da *Beresheet*, e se repetiu neste caso.

Em 2013, Avi Simon recebeu um telefonema de seu comandante, o chefe da Unidade 9900, pedindo-lhe que conhecesse Vardi e Sali. Eles disseram a Simon que procuravam problemas reais de análise de inteligência que pudessem ser trabalhados por jovens com autismo, e não queriam tratamento especial.

"Se é obrigatório que todos os nossos jovens se alistem", Simon relembra ter pensado enquanto ouvia o discurso, "então é obrigatório *permitir* que todos se alistem e maximizem seu potencial. É esse o significado de um exército do povo. E havia um grupo de pessoas que fora deixado para trás, mas que tinha algo de valor para oferecer."

Em outras palavras, há uma profunda relação social entre os militares e os cidadãos. Servir é tanto um *dever* quanto um *direito*. Pode ser terrível para um jovem ouvir dos militares que ele não pode servir. Em nossas conversas com Simon, ele continuou invocando a visão de David Ben-Gurion, o primeiro-ministro fundador de Israel, de que as forças armadas seriam não apenas uma ferramenta de defesa nacional, mas também de saúde social. A missão da Forças de Defesa de Israel, escreveu Ben-Gurion, era "ser um caldeirão das diásporas reunidas no país, uma escola de educação cívica e um berço de uma nação renovada". Não se tratava apenas de proteger fronteiras e travar guerras, mas "de converter essa mistura de tribos, com suas várias línguas, em uma unidade nacional, ensinar-lhes hebraico e os valores fundamentais do Estado e prepará-los para a tarefa de ser pioneiro e fazer o deserto florescer".

Pense nisso por um momento: os militares como uma *escola de educação cívica* para os israelenses em sua preparação para *fazer o deserto florescer*. Simon viu as crianças no espectro autista como parte desse *continuum*: "Foi aí que criamos o nome da unidade, Roim Rachok ('vislumbrar o futuro'). Encaramos tudo isso – desde o primeiro dia – como um plano holístico: do treinamento ao alistamento, para que se tornassem cidadãos produtivos após o serviço".

Noam, um jovem adulto com autismo que serviu nas IDF como parte desse programa, e que agora trabalha para a Intel, descreveu assim: "Em países com serviço obrigatório, seria possível pensar que, ao ser isentado de servir, você poderia conseguir um emprego, em vez de perder anos no exército. Mas em Israel, é o contrário". Ele acrescentou: "Servir ao seu país é chave para sua carreira, uma experiência coletiva que você não quer perder".

No início, esses soldados tinham sua própria sala, seu comandante e suas missões. Mas Simon os queria na "sala das máquinas" com os outros soldados. Depois de um ano, duplas de soldados com autismo foram colocadas ao lado dos analistas de imagem regulares. "De repente, você entrava e via todos os soldados com o mesmo uniforme, e era isso. Nem sempre os soldados do Roim Rachok eram os caras mais estranhos da sala", lembrou Simon, com um sorriso.

Um exemplo do conflito na Síria deixou claro os talentos deles. "Quando as coisas começaram a se desenrolar em Damasco, com o início da guerra civil em 2011 e 2012, queríamos entender se a vida cotidiana persistia", contou Simon. "Então, um dos analistas do Roim Rachok percebeu duas imagens das piscinas do Damascus Hilton Hotel, no coração da capital síria." Ali estava a resposta. Como Simon explicou: "Você consegue ver se os guarda-sóis estão se movendo ao redor das piscinas? Se os guarda-chuvas não se movem diariamente, significa que as coisas não estão normais", explicou. Simon então instruiu o analista de imagens do Roim Rachok a examinar toda a cidade de Damasco e criar uma taxonomia de tudo o que enxergasse. "Ele pode não ter uma intuição para a aplicação operacional desse tipo de inteligência, mas não perderá um único detalhe. E esse detalhe pode ser uma peça fundamental de inteligência – às vezes de vida ou morte."

O programa Roim Rachok foi tão bem-sucedido que outras unidades de análise de imagens – na força aérea, na marinha, nas operações especiais e assim por diante – começaram a tentar persuadir esses analistas a trabalhar para eles. E diferentes comandantes das forças armadas começaram a sair das sombras para recrutar analistas do Roim Rachok para servir em suas respectivas unidades. Com o tempo, os participantes do programa passaram a servir em mais de 30 unidades militares. Essa mesma abrangência transferiu-se para os locais de trabalho, à medida que esses grupos deixavam o exército para atuar no mercado, inclusive em grandes empresas de tecnologia.

Por mais inovador que fosse o Roim Rachok, ele só poderia atender a uma fração das pessoas com autismo com potencial para servir nas forças armadas. Havia um problema estrutural que nenhuma organização externa poderia resolver. Enquanto os colegas de 18 anos recebiam sua notificação de serviço militar, os adolescentes com autismo eram automaticamente avisados que não poderiam servir. O Roim Rachok se aproveitou do fato de que as pessoas não aproveitadas podem tentar o serviço voluntário nas forças de defesa, mas era como colocar o pé numa porta que se fechava na sua frente. Para a maioria, aquela porta estava bem fechada.

Em 28 de julho de 2021, a porta se abriu. Naquele dia, os primeiros 53 soldados com autismo começaram seu serviço, não como voluntários, mas como recrutas. Eles faziam parte de um novo programa chamado Titkadmu (Avançar), fundado por Udi Heller, ele próprio um soldado com autismo. O caso de Heller era incomum: seus pais não revelaram seu autismo aos militares. Ele foi convocado como qualquer outro jovem de 18 anos.

Quando Heller terminou o serviço militar, seus comandantes sabiam que ele era neurodivergente. Em 2019, após o serviço regular do exército de Heller, o coronel Dan Goldfus, comandante da Brigada de Infantaria Nahal, chamou Heller de volta para uma missão: descobrir como integrar três soldados com autismo na brigada. Heller não sabia como levar adiante a missão. Ele não tinha conhecimento sobre as organizações que ajudavam jovens adultos com autismo a se voluntariarem nas forças armadas. Ele não percorrera esse caminho. Heller ficou chocado ao descobrir que as forças armadas automaticamente isentavam pessoas talentosas com autismo do recrutamento aos 16 anos, sem sequer testá-las.

"Eu comecei uma guerra", contou Heller, "contra essa política cega." Ele apresentou ao comandante da brigada um estudo recomendando mudar a política: criar um processo de avaliação personalizado de *todos* os adolescentes com autismo a fim de determinar sua elegibilidade para o serviço. Heller também sugeriu uma nova

64 O gênio de Israel

unidade que daria a esses soldados o apoio necessário para galgar os postos mais altos possíveis nas mais diversas unidades militares. Aqueles primeiros 53 soldados eram apenas o começo. Nos dois primeiros anos do programa, cinco grupos foram recrutados e mais de 300 soldados da unidade serviram nas IDF. Heller acredita que as IDF hoje empreguem, em números absolutos, mais pessoas com autismo do que qualquer outra organização no mundo. Ele pode ter razão, e isso é apenas o começo. "Este projeto abre as portas para milhares de pessoas", disse Heller ao *Jerusalem Post*. "Os pais me escrevem que seu filho agora tem um futuro."

"A maneira de mudar o estigma contra o autismo é recrutar aqueles no espectro para o exército", explicou Heller. "Há espaço para todos nas forças armadas." A palavra *gibush* geralmente se refere a unir pessoas em pequenos grupos. Será que isso pode ser feito em nível nacional?

Simon credita ao sistema educacional e ao movimento de escoteiros a possibilidade de dar aos jovens a sensação de que fazem parte de um projeto nacional. Porém, segundo ele, "é o exército a instituição que molda a maioria da população, antes que cheguem ao mundo real, e injeta um pouco desse molho que mantém a sociedade unida". Isso é *gibush* em nível nacional. Em outras palavras, o programa Roim Rachok e agora o Titkadmu estavam envolvendo mais e mais jovens – incluindo aqueles com autismo – em *gibush*.

♦

O Roim Rachok e o Titkadmu não são apenas avanços para os israelenses, eles potencialmente apontam o caminho para resolver um problema global para pessoas com deficiência em geral, e com autismo em particular: o emprego. Nos Estados Unidos, quase metade dos jovens de 25 anos com autismo nunca teve um emprego remunerado. De acordo com o Escritório de Estatísticas Nacionais do Reino Unido, com apenas 22% da pessoas com autismo empregadas, esse grupo é menos propenso a contar com trabalho remunerado do que qualquer outro grupo com deficiência. De acordo com o A. J. Drexel Autism Institute, da Drexel University, nos Estados Unidos, entre todas as categorias de deficiência, os adultos com autismo têm a maior taxa de desemprego.

Existem muitos grupos trabalhando incansavelmente para aumentar a conscientização sobre os benefícios, muitas vezes impressionantes, de empregar pessoas que estão no espectro do autismo.

"Às vezes, posso fazer em poucas horas algo que outra pessoa levaria uma semana", disse Morgan McCardell alegremente ao *CBS Mornings* em abril de 2022. "Essa é a vantagem de ser hiperfocado." Antes de ser recrutada para participar de um programa piloto na Agência Nacional de Inteligência Geoespacial (NGA), McCardell passou quase 10 anos vivendo de pensão por invalidez. A CBS entrevistou-a na mesa em que ela examinava imagens de satélite de uma base militar russa perto do Alasca.

No entanto, apesar de muita conversa sobre a necessidade de neurodiversidade e a alta satisfação dos empregadores que contratam pessoas com autismo, as sombrias estatísticas de desemprego pouco mudaram. As iniciativas para empregar pessoas com autismo em grandes empresas continuam a crescer em número, mas mesmo combinadas elas afetam uma porcentagem muito pequena de adultos com autismo. De acordo com a Autism at Work, uma iniciativa de alto nível que inclui mais de 20 das maiores empresas dos Estados Unidos, cerca de 800 adultos com autismo foram contratados por eles até o final de 2020. Um adicional de 80 grandes empregadores têm suas próprias iniciativas de contratação, mas juntos eles empregam apenas cerca de 1.500 trabalhadores com autismo.

O verdadeiro avanço, de acordo com Heller, é mostrar que "o autismo é o novo normal". Ou seja, considerar as pessoas com autismo para qualquer tipo de emprego, de acordo com suas habilidades. Com acomodações relativamente modestas para entrevistas de emprego e o ambiente de trabalho, o *status quo* poderia ser invertido – passando de uma grande maioria de pessoas com autismo desempregadas para uma grande maioria trabalhando.

Nas palavras de Heller, "as organizações envolvidas com autismo muitas vezes apresentam suas iniciativas de emprego como programas de excelência. É fácil colocar uma pequena porcentagem no topo.

Mas as pessoas com autismo podem ser excelentes em áreas específicas, mas muito regulares em outras áreas. A inovação do Titkadmu é que ele abre a porta para muitas pessoas com autismo em qualquer profissão". Como muitos de nós, as pessoas com autismo só precisam de sua primeira grande oportunidade. "É como finalmente descobrir onde eu me sinto bem", segundo Morgan McCardell.

CAPÍTULO 3

Um *boom* contínuo

Em todo o mundo, os países estão enfrentando estagnação populacional e uma queda na fertilidade, o que representa uma reversão vertiginosa nunca antes registrada na história, que tornará festas de 1 ano mais raras que funerais e as casas vazias uma tristeza comum.

— Damien Cave, Emma Bubola e Choe Sang-Hun,
"A população mundial está à beira de um longo declive",
New York Times, 22 de maio de 2021

Israel está operando em uma dimensão completamente diferente de todos os outros países desenvolvidos.

— Alex Weinreb, demógrafo,
Centro Taub de Estudos de Política Social

A juventude israelense está profundamente interligada ao mito fundador do país. Foram os jovens que, nos anos que antecederam ao Estado, se estabeleceram na terra. Com ousadia, suor e sangue, eles desempenharam um papel crucial e romântico na construção do Estado judeu do nada – drenando os pântanos, colonizando a terra e defendendo o país.

Em 1946, dois anos antes de Israel declarar independência, quase não havia projetos de desenvolvimento judaicos no Neguev, uma faixa triangular de deserto que se estende por mais da metade do território atual de Israel. Em julho daquele ano, um comitê anglo--americano anunciou uma proposta para dividir a Palestina controlada pelos britânicos em Estados judeu e árabe. O plano não incluía o Neguev no futuro território israelense e proibia a instalação de moradias judaicas lá. David Ben-Gurion, no entanto, acreditava que o deserto de Neguev era essencial para a existência e o florescimento de Israel. "É no Neguev que a criatividade e o vigor pioneiro de Israel serão testados", afirmou.

A reação da Yishuv – a comunidade sionista então presente na Palestina – ao plano anglo-americano foi rápida e, como se viu, decisiva. Na noite de 5 de outubro de 1946, algumas centenas de jovens se espalharam por 11 locais estéreis no Neguev e construíram comunidades na operação que ficou conhecida como "torre e paliçada". Eles aproveitaram uma brecha no regulamento britânico, que proibia que uma estrutura que tivesse um telhado fosse derrubada, mesmo que ela não tivesse recebido licença de construção. Então, protegidos pela escuridão, um punhado desses pioneiros montou uma torre com pedaços de madeira pré-fabricados, com uma cerca grande o suficiente para proteger algumas casinhas.

Os postos avançados não tinham estrada, água, eletricidade nem telefone, apenas algumas pessoas dispostas a ficar lá. Mas foi suficiente. Na manhã seguinte, não havia o que os britânicos pudessem fazer. Se não fosse por esses e outros postos avançados que surgiram da noite para o dia, o Neguev provavelmente não faria parte de Israel. Embora ainda pouco povoado, hoje o Neguev abriga a quarta maior cidade de Israel, Beersheba, que se tornou o principal polo de segurança cibernética do país, combinando empresas multinacionais, *start-ups*, uma grande universidade e as unidades de tecnologia da IDF.

Yossi Klein Halevi entende que Israel é "uma sociedade criada por movimentos juvenis". Os assentamentos Yishuv anteriores ao Estado de Israel eram uma sociedade centrada na juventude. Em outros países, a cultura jovem é em grande parte um mistério para os mais velhos, os quais têm pouca experiencia compartilhada com os mais jovens em função do volume de mudanças decorridas desde a sua própria juventude. Em Israel não é bem assim, afirma Halevi: "O serviço militar ajuda a criar uma experiência comum entre gerações, de tal modo que os pais sabem o que seus filhos estão passando. Há pelo menos um idioma compartilhado. Há um certo conforto e facilidade na relação entre gerações. E isso também ajudou a fazer de Israel uma sociedade muito jovem".

Um mundo que encolhe

Em 15 de novembro de 2022, uma data importante para a humanidade, a população mundial atingiu oficialmente 8 bilhões. Pouco antes, as Nações Unidas projetaram que a população global atingiria o pico de 10,4 bilhões por volta de 2080 e começaria a diminuir. Mas essa pode ser uma estimativa muito alta. De acordo com o que talvez seja o estudo populacional mais abrangente até o momento, publicado pelo Institute for Health Metrics and Evaluation (IHME) na revista *Lancet*, o pico chegará por volta de 2065, em 9,2 bilhões, e cairá para 8,8 bilhões até o final do século.

O estudo do IHME também descobriu o que o cientista Christopher Murphy chamou de um resultado "de cair o queixo": a população de 23 países – incluindo Japão, Itália, Espanha e Tailândia – cairia pela metade, no mínimo, até o final do século. Muitos países ricos lançaram programas caros para estimular a população a ter mais filhos. O parlamento alemão aprovou uma lei que garante creches para todas as crianças com pelo menos 12 meses de idade, além dos US$ 265 bilhões por ano que o governo destina a subsídios familiares. Alguns jardins de infância suecos e alemães estão abertos 24/7 para acomodar os pais que trabalham à noite.

Em 2050, espera-se que a população da Rússia seja um terço menor do que era em 2020. Em 2006, o presidente Vladimir Putin chamou a crise demográfica de "o problema mais agudo da Rússia contemporânea" e anunciou grandes incentivos em dinheiro para famílias com mais de um filho. O governo até instalou bancos curvos nos parques,

70 O gênio de Israel

como forma de estimular a proximidade entre casais. Em Ulyanovsk, a cidade onde Lênin nasceu, o governo local levou a diretiva ainda mais longe, declarando 12 de setembro "Dia Nacional da Concepção". Nessa data, os casais podem tirar um turno de folga do trabalho para cumprir seu dever patriótico. Qualquer um que desse à luz nove meses depois concorreria a um grande prêmio – um SUV. Esses incentivos tiveram um efeito limitado; em 2020, a taxa de fertilidade da Rússia era de cerca de 1,5, bem abaixo da reposição, e pode cair ainda mais. Mas o programa de promoção da fertilidade com maior pontuação em criatividade (e *chutzpah*!) não pertence a um governo, mas a uma agência de viagens em Copenhague. Em março de 2014, a agência Spies Rejser lançou uma campanha publicitária chamada "Faça pela Dinamarca". Além de várias imagens sedutoras, que incluíam espumante, ostras e lingerie, o anúncio apresentava um "psicólogo e sexólogo" dinamarquês testemunhando que as férias liberam endorfinas que fazem com que os casais "se vejam sob uma nova luz". Outro anúncio da campanha, também repleto de estatísticas e insinuações, foi intitulado "Faça pela mamãe" e apresentava potenciais avós esperançosas, acenando enquanto seus filhos decolavam para suas férias reprodutivas.

Esses esforços, no entanto, não conseguiram mexer o ponteiro demográfico. Nenhuma dessas campanhas, por mais cara ou criativa, conseguiu restaurar as taxas de fertilidade sequer para níveis de reposição. Mas todo esse esforço e esse gasto suscita a questão: *por que todo esse esforço?* O que há de errado com uma taxa de natalidade em queda?

A resposta tem a ver menos com o tamanho da população e mais com sua composição. O verdadeiro problema das baixas taxas de natalidade não é que a população encolhe, mas que envelhece. A combinação de encolhimento e envelhecimento dispara alarmes fiscais: com menos jovens, há uma "taxa de dependência" crescente, ou seja, a proporção de pessoas em idade ativa (18 a 64 anos) para pessoas em idade não ativa (menores de 18 e maiores de 65).

Mas o problema ainda maior é mais difícil de quantificar. Embora as pessoas se mantenham mais em forma e ativas por muito

CAPÍTULO 3 Um *boom* contínuo **71**

mais tempo, no cômputo geral, repetidos estudos mostram que uma sociedade em envelhecimento tende a ser menos produtiva, menos otimista, menos inovadora e menos energética do que uma jovem.

Os jovens e os inovadores

Nas décadas de 1970 e 1980, a economia japonesa estava crescendo tão depressa que muitos economistas previram que ultrapassaria os Estados Unidos em PIB *per capita*. Em 1970, um livro intitulado *The emerging japanese superstate* começou a soar o alarme. Na década de 1980, o crescente número de carros japoneses nas estradas dos Estados Unidos e a aquisição de ícones como o Rockefeller Center, em Nova York, por japoneses fez a perspectiva do Japão como o número 1 (outro título de livro desta época) uma grande preocupação de muitos norte-americanos. Mas não foi o que aconteceu. Os anos 1990 foram uma década perdida para o Japão. Embora existam muitas explicações, uma tende a ser negligenciada: o envelhecimento da sociedade japonesa.

Por mais que haja muitas pessoas criativas em todas as idades, o auge da inventividade se dá, em geral, na juventude. Estudos mostram que a produção de um cientista – incluindo o trabalho de ganhadores do Prêmio Nobel e grandes inventores – costuma aumentar entre os 20 e 30 anos, atinge o pico no final dos 30 ou início dos 40 e depois vai caindo pelos anos posteriores. Um estudo de 2014 dos economistas James Liang, Hui Wang e Edward P. Lazear, comparando o Japão e os Estados Unidos, observou que metade das dez principais empresas de alta tecnologia nos Estados Unidos foi fundada depois de 1985, e seus fundadores eram jovens, com uma idade média de apenas 28 anos. Já no Japão, nenhuma das dez principais empresas de alta tecnologia foi fundada nos 40 anos anteriores.

Mas a questão vai além do mero número de pessoas jovens. Os pesquisadores descobriram que, de 1976 a 1994, o número de jovens chefes de departamento nas empresas japonesas caiu pela metade. Os gerentes mais velhos assumiram o controle para não largar mais. Isso impediu que os trabalhadores mais jovens ganhassem a expe-

72 O gênio de Israel

riência de que precisavam para crescer e, talvez, fundar suas próprias empresas. A conclusão é que não basta ser jovem para ser dinâmico e inovador; é preciso ser jovem *numa sociedade jovem.* O mesmo estudo de 2014 analisou dados de 1,3 milhão de pessoas de mais de 82 países e descobriu que o empreendedorismo está fortemente correlacionado com a idade, tanto no nível individual quanto no social. Os autores sugerem razões para essa correlação. "Os jovens podem gerar mais ideias em decorrência dos níveis mais altos de interação social quando jovens. Podem se mostrar mais aptos a pensar de maneiras novas e, assim, romper com produtos e métodos de produção do passado. Os jovens também podem estar mais dispostos a assumir riscos, talvez por estarem menos limitados pelas despesas familiares." Embora seja difícil conhecer as razões exatas, argumentam os autores, a constatação é que o empreendedorismo diminui à medida que as sociedades envelhecem. Eles encontraram uma clara relação em forma de "U invertido" entre idade e empreendedorismo. Os países jovens (idade média de 37 anos ou menos) tinham uma taxa de empreendedorismo quase duas vezes maior que a de países velhos (idade média de 41 anos ou mais). A idade média de Israel é de cerca de 30 anos e cresce lentamente, enquanto a idade média da União Europeia é de mais de 44 anos e cresce mais rapidamente.

Os dados mostram que um jovem trabalhador numa força de trabalho jovem será, em média, mais empreendedor do que o trabalhador da mesma idade numa força de trabalho idosa. Essa percepção ajuda a explicar o sucesso do setor de inovação de Israel e sua crescente vantagem competitiva em um mundo em envelhecimento.

Vila da Alvorada *versus* Cidade do Crepúsculo

Em um ensaio na revista norte-americana *Atlantic* intitulado "A verdadeira crise da Europa", a jornalista norte-americana Megan McArdle relata um exemplo útil para entender a diferença entre sociedades jovens e envelhecidas. Ela imaginou duas cidades vizinhas e quase idênticas, exceto por uma diferença: a mediana das idades.

CAPÍTULO 3 Um *boom* contínuo **73**

Naquela que ela chamou de Vila da Alvorada, o morador médio tem 28 anos. Na outra, batizada por ela como Cidade do Crepúsculo, essa idade média é de 58 anos.

A diferença etária deu às duas cidades estruturas muito diferentes. Vila da Alvorada está repleta de pequenas cafeterias, onde empreendedores iniciantes se sentam com seus *laptops* abertos, planejando seu próximo passo. Eles estão em um estágio livre na vida, quando se sentem mais motivados a assumir riscos, trabalhar por longas horas, fazer seu nome no mundo e tentar construir algo novo. Alguns bairros são voltados aos solteiros e outros são populares entre famílias jovens.

Na cidade vizinha, é outra história: "na Cidade do Crepúsculo, os horizontes temporais são mais curtos – as pessoas não estão à procura de projetos que as tornem ricas ou famosas daqui a 20 anos". Elas estão tentando manter o que têm, em vez de construir o futuro. De acordo com estudos citados por McArdle, "as pessoas mais velhas se preocupam mais do que as mais jovens com perdas e, portanto, são especialmente avessas ao risco. Os crepusculenses também se cansam mais facilmente e precisam de mais tempo para se recuperar de algumas doenças; sendo assim, as horas trabalhadas diminuem lentamente a cada ano".

A vida em Vila da Alvorada parece diferente da vida na Cidade do Crepúsculo. As cidades universitárias parecem diferentes das comunidades de aposentados. Os países jovens são diferentes dos países mais velhos. Vila da Alvorada tem energia e perspectivas, e as pessoas gravitam em torno disso. Já a Cidade do Crepúsculo tem o *glamour* de um salão de bingo e o ritmo de um campo de golfe.

Nesta última, há muita riqueza circulando, porque as pessoas na casa dos 50 estão no auge de seu poder aquisitivo. Por outro lado, a cidade também tem muitos aposentados, vivendo principalmente de suas economias. Por esta descrição, a Europa já virou uma Cidade do Crepúsculo, ou como o cientista social de Harvard Arthur Brooks coloca, "a Europa é uma mistura de um parque de diversões com um residencial geriátrico".

As Nações Unidas estimam que até 2030 o número de pessoas com mais de 60 anos em todo o mundo crescerá três vezes mais rápido do que a população em geral. Em 2018, apenas 13 países

74 O gênio de Israel

tinham mais de 20% da população com idade superior a 65 anos; em 2050, 82 países ultrapassarão esse limiar.

Além de ter uma baixa taxa de fertilidade, a Coreia do Sul é o país que mais envelhece no mundo. Em 2040, haverá 60% mais coreanos com 70 anos ou mais do que com 20 anos ou menos. Em Israel, é quase o inverso: no mesmo ano, haverá três vezes mais pessoas com menos de 20 do que com mais de 70. E 2040 é logo ali. Embora a diferença na composição etária entre Israel e a Coreia do Sul seja muito grande, trata-se de uma tendência mais ampla. Israel já é mais jovem e está crescendo mais rápido do que todas as outras democracias ricas, uma diferença que continuará a aumentar.

Quatro é o novo três

Aya Peterburg tinha 18 anos quando foi recrutada para as IDF. Ela foi designada para o escritório do chefe de inteligência, mas queria uma posição em que pudesse trabalhar mais com gente. Um dos comandantes de uma unidade de inteligência convidou-a para se juntar à sua unidade com a função de entrevistar pessoas de alto escalão que estavam voltando para servir em posições secretas.

"Meu trabalho era conversar sobre toda a vida deles", lembrou ela. "Alguns tinham histórias difíceis. Mas não fomos treinados para ser psicólogos, fomos treinados para descobrir se eles eram honestos e confiáveis." Quando chegou aos 20 anos, ela estava comandando a unidade para a qual havia sido designada.

Após o serviço militar, Peterburg passou nove meses viajando pela Índia, e então retornou a Israel para obter um diploma conjunto de administração e direito pelo Centro Interdisciplinar de Herzliya. Depois de praticar advocacia por tempo suficiente para saber que não era para ela, juntou-se a uma *start-up* de *software* empresarial. O fundador da Sequoia Capital, um dos principais fundos de *venture capital* do Vale do Silício, ofereceu-lhe uma posição. Em 2018, ela e seu colega da Sequoia lançaram um novo fundo, o S Capital VC. "Em nosso fundo, fazemos tudo apenas nós dois", contou ela. "Não há comitê de investimento. Passamos muito tempo com cada empresa."

Peterburg contou que seu aprendizado entrevistando pessoas para cargos de inteligência foi útil ao avaliar empreendedores. "Como investidores, procuramos fundadores que possam liderar pessoas e suportar a pressão de dar com a cara na parede. Isso é o que você tem que fazer numa *start-up*."

Em 2014, pouco antes de Peterburg se juntar à Sequoia, e enquanto já estava em um trabalho de muita pressão, nasceram seus primeiros filhos: gêmeos, um menino e uma menina. Três anos depois, ela teve outro filho enquanto trabalhava na cofundação da S Capital VC: "Eu sempre digo que o fundo era o gêmeo dele".

Quando conversamos com Peterburg em 2020, seu quarto filho, outro menino, tinha cinco meses de idade. Mas seu cofundador não estava preocupado com o impacto da crescente família de Peterburg no negócio. "Ele me dizia para ter quantos filhos quisesse", ela recorda.

A maioria das pessoas do entorno de Peterburg tinha três filhos. "Se você tem dois filhos", contou uma outra mãe que trabalha com tecnologia, "às vezes ouve coisas como 'tem certeza de que quer parar em dois?'." Outros, porém, ignoraram essas preocupações, dizendo que dois é o suficiente. Mas, em geral, a sociedade israelense parece considerar dois filhos uma família pequena. Na verdade, acrescentou Peterburg, "quatro era agora o novo três".

Ainda assim, a decisão não foi simples. "Toda mãe sente culpa", comentou. Ela se perguntava se as crianças recebiam atenção suficiente, pois trabalhava muito. "Embora quisesse um quarto filho, eu me indagava se seria melhor para as crianças, porque elas teriam mais um irmão, ou pior, porque receberiam ainda menos atenção?"

De acordo com a socióloga israelense Darya Maoz, "hoje, o símbolo de *status* na sociedade secular israelense é se casar cedo e ter quatro filhos". Amit Aronson, um conhecido crítico de gastronomia, nos disse que, no meio de uma multidão secular em Tel Aviv, "a gente sabe que as pessoas bem-sucedidas em alta tecnologia 'chegaram lá' quando têm muitos filhos. Elas têm quatro filhos e estão orgulhosas por poderem arcar com isso. Iates, aviões particulares e carros de luxo não são o símbolo aqui.[...] É a quantidade de filhos".

76 O gênio de Israel

A perspectiva de Aronson mostra como os israelenses não fazem ideia do quanto são anômalos. Eles não percebem que a sua quantidade normal de filhos, três, é cerca de duas vezes a média europeia. Ou que, em qualquer lugar do mundo, mais riqueza e maior escolaridade estão associados a *menor* fertilidade. Dentro das elites seculares de Israel, há uma tendência social perceptível na direção oposta. Mesmo que envolvendo uma pequena população, é notável tal fenômeno. Ter uma família maior é raramente considerado um símbolo de *status* em outros países.

Em Israel, os ventos sociais e culturais incentivam as famílias jovens a terem mais filhos. É algo que deve ser admirado, celebrado, facilitado e incentivado. Em outros países, se há pressão, é na direção oposta. As tendências sociais e culturais são no sentido de ter menos filhos.

Em essência, Israel e o resto do mundo rico estão em caminhos diferentes: um, rumo a famílias maiores; o outro, rumo a famílias menores. Isso não é uma diferença de grau, mas de direção.

Para entender *por que* Israel divergiu do resto do mundo, é útil traçar nosso caminho de volta até a bifurcação *quando* os caminhos se separaram. Revisitar uma época em que os Estados Unidos, e até certo ponto a Europa, passavam por um momento de alta fertilidade pode lançar luz sobre onde Israel se encontra hoje.

Acima da linha

Uma imagem singular simbolizou o fim da Segunda Guerra Mundial: um marinheiro norte-americano beijando uma enfermeira, uma completa desconhecida, na Times Square, em Nova York, no dia da vitória sobre o Japão. A exuberância do que ficou conhecido como o Beijo da Vitória parece marcar o início de um *boom* que varreu quase todos os aspectos da vida norte-americana: casamento, emprego, moradia, educação, transporte e, acima de tudo, bebês.

A "erupção de nascimentos", como a demógrafa Diane Macunovich a chamou, surgiu do nada. Durante a década de 1930, em meio à Grande Depressão, as taxas de natalidade despencaram, levando a

CAPÍTULO 3 Um *boom* contínuo **77**

terríveis advertências de que o poder político e econômico do Ocidente entraria em declínio. Então, de repente, nos anos de guerra e depois, as taxas de natalidade quase dobraram. Esse "evento totalmente inesperado, arrasador e inovador", como define Macunovich, aconteceu não apenas nos Estados Unidos, mas em todo o Ocidente, ao longo dos anos 1950 e 1960.

Estimulados por uma economia forte e um otimismo em relação ao futuro, os norte-americanos compensaram o tempo perdido construindo famílias. Quando o *baby boom* acabou, em meados da década de 1960, a geração nascida após a guerra representava quase 40% da população dos Estados Unidos.

E lá estava Israel. Em 1950, a taxa de fertilidade de Israel era muito alta, de 4,5 filhos por família, mais de uma criança acima da taxa nos Estados Unidos, que atingiu um pico de 3,8 em 1957. Embora tivesse caído, ainda estava acima do nível norte-americano. O que aconteceu em Israel em seguida desafia toda a lógica demográfica.

Por mais de uma década e meia, de 1958 a 1974, a taxa de fertilidade de Israel mal variou, permanecendo perto de quatro filhos por mulher. Era como se Israel tivesse pisado no freio, interrompendo a queda na fertilidade presente em todos os outros países ricos e em grande parte do mundo em desenvolvimento. Durante esse mesmo período, a taxa de fertilidade dos Estados Unidos caiu de 3,8, no auge do *baby boom*, para 1,8, abaixo da taxa de reposição.

Quando a fertilidade de Israel retomou a queda, por volta de 1975, algo inesperado aconteceu. Em vez de continuar nos níveis dos Estados Unidos e da Europa, Israel estabilizou novamente por volta de 1990 e permaneceu com cerca de três filhos por mulher nas três décadas seguintes, nível em que permanece até hoje. O *baby boom* de Israel, no sentido de fertilidade muito acima do resto da OCDE, prevaleceu nos últimos 70 anos.

É difícil explicar o quanto Israel é atípico. Os países que respondem por mais da metade da população mundial estão com a fertilidade abaixo da taxa de reposição. Israel é o único país rico que não cruzou essa linha. Mesmo países muito mais pobres, como a Índia, estão abaixo dela. De fato, Israel parece ser o único país do mundo

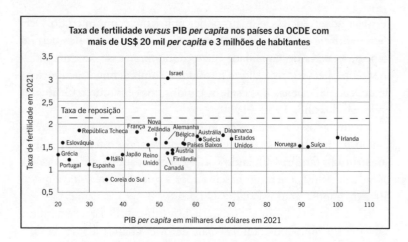

que quebrou a lei de ferro da demografia que vincula o crescimento econômico a taxas de fertilidade abaixo da reposição.

Atualmente, a taxa de fertilidade de Israel é quase o dobro da taxa dos Estados Unidos e da Europa e o triplo da de países asiáticos ricos, como Japão, Coreia do Sul e Singapura. Em termos culturais, a norma em Israel são três filhos, nos Estados Unidos e na Europa, dois, e no Japão, Coreia do Sul e Singapura, um filho.

Em todos os países exceto Israel, as taxas de fertilidade caem à medida que a renda, a escolaridade das mulheres e a participação das mulheres na força de trabalho aumentam. Mas nos últimos 25 anos, a renda da população israelense mais que duplicou, e a participação das mulheres na força de trabalho e seus níveis de escolaridade estão entre os mais altos da OCDE. Enquanto na maioria dos países as mulheres com diplomas universitários têm menos filhos que aquelas sem diploma, em Israel os níveis são os mesmos.

Algumas pessoas justificam a alta taxa de fertilidade de Israel pela fecundidade da comunidade "ultraortodoxa", também chamada de *haredim*. Essa comunidade é conhecida pelas famílias muito grandes – em média, mais de seis filhos. Mas os *haredim* representam um oitavo da população e sua taxa de fertilidade vem caindo (assim como a dos árabes israelenses, outra comunidade em Israel com taxas

CAPÍTULO 3 Um *boom* contínuo **79**

de fertilidade historicamente altas). Portanto, eles não podem ser a principal razão pela qual a fertilidade nacional permaneceu alta. Os israelenses seculares – aqueles em cafés com *laptops* e tatuagens – têm 25% mais filhos do que seus colegas na Europa e em outros países ricos. E o grupo categorizado como "tradicional, mas não muito praticante", que é uma grande parte do *mainstream* israelense, tem uma taxa de fertilidade 55% maior do que a média da OCDE. Mas você não precisa estudar as estatísticas para notar a diferença. Ela é óbvia para quem mora em Israel. Se olhar ao redor, verá muitas famílias com três filhos. Quatro ainda está na faixa "normal". A maioria (43%) das mulheres seculares nascidas em Israel tem três filhos. Se você adicionar a parcela que tem quatro ou mais filhos, essa proporção sobe para 50%. Na Europa e na América, a situação é inversa. Um ou dois filhos é a norma. Entre 70 e 90% das mulheres têm dois ou menos.

O contraste é ainda maior se você perguntar às mulheres sobre o tamanho ideal de uma família. Entre as mulheres judias seculares nativas, 55% dizem que seu ideal são três filhos. Outros 26% dizem que quatro ou mais é o ideal. Isso é muito mais do que os 18% das mulheres que preferem dois filhos. E apenas cerca de 1% votou em zero ou um filho. Novamente, essas são mulheres israelenses seculares, que têm a menor taxa de fertilidade entre os judeus israelenses nativos.

Caminhe pelos bairros israelenses, sente-se em um parque, vá à praia, olhe para os amigos – ou observe apenas os anúncios com fotos de famílias israelenses – e você verá famílias com três filhos. Não encontrará isso em nenhum outro lugar no mundo desenvolvido, o que coloca Israel numa situação em que há ganhos, mas desafios atrelados. Enquanto em outros países ricos foram implementadas políticas para tentar aumentar a taxa de fertilidade, em Israel são as necessidades orgânicas de uma sociedade de alta fertilidade que impulsionam políticas favoráveis à família. A sociedade israelense é pró-natalista de baixo para cima, e não de cima para baixo. Tudo mais deve ser feito para permitir que venham os filhos. Isso pode ser visto com muita clareza no ambiente de trabalho.

CAPÍTULO 4

As crianças estão bem

*Há uma criança por aqui? Estou escutando uma
criança. Isso é terrível, eles não têm sensibilidade aqui
no Waze. Estão botando crianças para trabalhar.*

— COMEDIANTE CONAN O'BRIEN, ao se deparar com
crianças brincando na sede do Waze, em Tel Aviv

Como vimos, muitos países de alta renda estão fazendo um
grande esforço para reduzir o custo de criar os filhos a fim de
reverter as taxas de fertilidade em colapso. Mas não se trata apenas
do custo da creche ou da educação. O maior fator é difícil de quantificar e é enfrentado marginalmente pelos "subornos infantis" oferecidos pelos governos. É a tensão entre carreira e família. Parte dessa
tensão é a luta interminável para encontrar um "equilíbrio entre vida
profissional e pessoal". Mas talvez a maior pressão sobre as taxas de
natalidade seja a escolha que as mulheres, principalmente, se sentem
forçadas a fazer entre ter uma carreira e começar uma família.

Essas tensões também existem em Israel. A combinação entre um
trabalho exigente, as despesas diárias e filhos pequenos pode exigir uma resistência quase sobre-humana, especialmente das famílias
jovens. A diferença é que Israel, talvez de forma única entre os países

CAPÍTULO 4 As crianças estão bem **81**

de alta renda, tem uma sociedade muito mais complacente com a busca de ambos os caminhos, carreira e família, simultaneamente.

♦

"Tentei convencê-la a se juntar a nós por cerca de dois anos, mas o deslocamento entre Tel Aviv e Jerusalém era demais para ela. Uma das razões pelas quais mudamos a empresa para Tel Aviv foi para recrutar Sarah." Yossi Pollak sempre procurou as melhores pessoas do país para trabalhar em sua *start-up*, mas Sarah Levy Schreier, diretora de tecnologia da empresa, foi sua contratação mais importante.

A empresa que Pollak fundou, a Sight Diagnostics, tentava resolver um grande problema na interseção entre diagnósticos de saúde, inteligência artificial e visão computacional – três especialidades israelenses. Pollak e Schreier se conheceram no Talpiot (o "programa dos gênios" nas Forças de Defesa de Israel (IDF) que descrevemos anteriormente). Pollak precisava de uma equipe que combinasse talento e foco na missão, o que geralmente encontrava em seu programa anterior. Os *talpionim*, como são chamados os integrantes do programa, têm anos de experiência tecnológica e de trabalho em projetos com equipes multidisciplinares. Pollak queria atrair o maior número possível deles. Sarah Levy Schreier não apenas estivera no Talpiot, mas fora chefe de Pollak lá.

"Eu nunca tinha ouvido falar do Talpiot", contou Schreier. Ela passou por um longo processo de seleção até ser aceita. "Mais tarde, descobri que havia 5 mil pessoas lutando por 40 vagas. Na época, foi uma decisão difícil, porque eu queria fazer muitas outras coisas. Queria cantar numa banda do exército, ou talvez treinar uma unidade de combate."

O processo de filtragem das forças armadas israelenses não é perfeito, mas muitas vezes tem um jeito estranho de descobrir habilidades que os recrutados nem sabiam ter, passando a colocá-los em um caminho diferente do que imaginavam. "Jamais imaginei que eu tinha talento para física", disse Schreier. No final, parecia um grande compromisso – seis anos – mas uma oportunidade grande demais para recusar. Então, aos 18, ela decidiu aceitar.

82 O gênio de Israel

"Fomos as três primeiras mulheres a treinar em Mitkan Adam, uma famosa base israelense de treinamento de combate", lembrou Schreier. Elas fizeram seu treinamento básico por quatro meses com dois pelotões Duvdevan (a mesma unidade em que a série Netflix *Fauda* é baseada), um pelotão Oketz (uma unidade de comando canino de elite) e o pelotão Talpiot de Schreier, que contava 37 homens e três mulheres.

Como essa base de treinamento de elite nunca tivera mulheres, as IDF improvisaram as moradias. "Todos os 160 homens compartilhavam um conjunto de banheiros e chuveiros, e tínhamos o mesmo número para nós três", ela lembrou. Elas passaram dois meses em campo, dormindo no deserto durante a semana e retornando à base nos fins de semana. A presença das mulheres levou a um arranjo inesperado. Schreier explicou que, quando os recrutas estão campo, não conseguem tomar banho. "Mas aparentemente havia uma regra das IDF exigindo que as mulheres tivessem a oportunidade de tomar banho diariamente. Então um caminhão especial do exército nos buscava no meio do deserto todos os dias, nos levava à base, nos dava 7 minutos para tomar banho e voltávamos ao campo para nos juntar ao resto do nosso pelotão."

Contudo, na parte física do treinamento Schreier e as outras duas mulheres passaram pelo mesmo regime que os homens. "Foi difícil", disse ela, "mas eu estava em boa forma. Saí do treinamento básico de combate com apenas algumas fraturas por estresse." Schreier terminou o treinamento como uma das primeiras da classe. Sua naturalidade ao descrever tudo isso foi impressionante. Por um lado, ela não tinha vergonha de expor suas realizações extraordinárias. Por outro, não estava se gabando, apenas contando sua história, sem minimizar ou exagerar.

Descobrimos que muitos empreendedores israelenses são lacônicos, estilo que pode ter sido herdado de seus dias no serviço militar. Podem parecer insensíveis aos seus feitos, tanto que é difícil fazê-los falar sobre a visão de suas empresas. Foi animador sentir a empolgação de Schreier em assumir desafios difíceis, mas significativos. Ela parecia ver seu trabalho como uma continuação do ambiente voltado a missões, como na época de seu serviço militar.

CAPÍTULO 4 As crianças estão bem **83**

"Quando eu estava no exército, era óbvio que estávamos fazendo algo importante, algo importante e difícil", disse ela. Era isso o que ela procurava no campo da inovação.

Tolerando os pequenos

Havia outra peculiaridade na carreira de Sarah Levy Schreier e no seu recrutamento pela Sight Diagnostics, algo que só poderia ocorrer em Israel. Sempre que perguntamos aos israelenses se era aceitável que eles levassem seus filhos para o trabalho ou saíssem mais cedo para pegar as crianças na escola, eles olhavam para nós como se não entendessem do que estávamos falando. Essa é a regra. E não é porque o ritmo de trabalho é lento. Pelo contrário, são pessoas que trabalham duro.

Apesar de intenso, em Israel o trabalho não é um monstro devorador de tempo que deixa só os restos para a família. O tempo de trabalho não está além dos limites da família. Há uma distinção, mas não é uma parede impermeável.

"Quando fui entrevistada pela primeira vez para um cargo na Sight Diagnostics, eu estava grávida de três meses", lembrou Schreier. "Yossi me pediu para assumir como vice-presidente de pesquisa e desenvolvimento – uma função crítica. E tive que dizer a ele que dentro de seis meses eu estaria em licença-maternidade." (Em Israel, 15 semanas de licença-maternidade remunerada são obrigatórias.) "Então expliquei isso e prendi a respiração", lembrou. "E ele disse: 'Está bem. Faz parte da vida'. Não foi nada demais."

Com Schreier, a Sight Diagnostics cresceu para 130 funcionários. O tempo todo há pessoas tendo filhos, mães tirando licença-maternidade e pais tirando licença-paternidade. "Isso ocorre por toda a empresa", disse Schreier. "Na verdade, por todo o país."

Israel não é a única nação em que a fronteira entre trabalho e família é mais permeável; os países variam nesse aspecto. De acordo com o psicólogo organizacional norte-americano Adam Grant, "os países com uma ética de trabalho protestante entendem que o

84 O gênio de Israel

trabalho deve ser focado, eficiente e profissional, e os relacionamentos ficam do lado de fora". Ao compararmos os Estados Unidos com a Índia, disse ele, "é muito menos provável que convidemos nossos colegas de trabalho para jantar ou que saiamos de férias com eles".

Israel se parece mais com a Índia nesse aspecto. Isso pode ser observado no conhecimento que os colegas de trabalho têm das famílias uns dos outros. Israel é um lugar tão pequeno e interconectado que geralmente há algum vínculo pela escola, pelos movimentos juvenis, pelo serviço militar, por parentesco ou por amizades mútuas. É comum saber quantos filhos um colega de trabalho tem e o estágio de cada um: pré-escola, ensino fundamental ou médio, ou exército. Essa consciência mútua é também uma forma de integração entre carreira e vida social.

A noção de equilíbrio entre trabalho e vida pessoal pressupõe que essas duas esferas estão em um conflito permanente, e que o trabalho leva a vantagem. Em Israel, é mais como um casamento: cada cônjuge se compromete a encontrar uma maneira, por mais imperfeita que seja, boa para ambos. No país, a sociedade não apenas permite que as pessoas construam famílias, mas as incentiva a fazê-lo. Afinal, se seu chefe tem três ou quatro filhos, ter o mesmo número é motivo de admiração, não de ressentimento ou preocupação.

Uma gota de leite

Alexandra Benjamin mudou-se da Inglaterra para Israel e decidiu ter filhos sozinha. Ela teve seu primeiro filho, Ivri, e dois anos depois deu à luz gêmeos idênticos, Ella e Alma. Ela nos contou sua experiência com uma loja de eletrodomésticos. O vendedor, que era religioso, viu que ela estava grávida e perguntou se o marido se juntaria a ela. Ela respondeu que era mãe solteira por opção.

"A reação imediata dele não foi neutra, do tipo 'Oh, que interessante'. Foi mais como 'Uau, isso é incrível'. E essa tem sido a minha experiência desde então. Atribuo isso a uma cultura pró-família."

Benjamin também ficou impressionada com os tratamentos de fertilidade, disponíveis não apenas para casais com problemas de fer-

CAPÍTULO 4   As crianças estão bem   **85**

tilidade, mas também para mulheres solteiras na mesma situação. Israel é um extremo atípico em tratamentos de fertilidade, mais de cinco vezes a média europeia.

Outro exemplo do acolhimento da sociedade israelense às mães solteiras por escolha é a mudança de Dia das Mães para Dia da Família, feita há alguns anos para incluir famílias não tradicionais. A data escolhida também foi altamente simbólica.

Quando Israel estabeleceu sua versão do Dia das Mães em 1951, um jornal infantil lançou um concurso para escolher uma data. Nechama Frankel, um menino de 11 anos de Herzliya, sugeriu uma data em memória de Henrietta Szold, que havia chefiado a Youth Aliyah, uma organização que resgatou 30 mil crianças judias da Europa ocupada pelos nazistas. Szold também fundou a organização de mulheres judias Hadassah e foi pioneira na redução da mortalidade infantil em Jerusalém no período anterior ao Estado de Israel, quando era das mais altas do mundo. Ela fundou a Tipat Halav (Uma Gota de Leite), uma rede de clínicas de bairro para mulheres grávidas e para novas mães e seus bebês. O que tornou a escolha ainda mais significativa foi que Szold nunca teve filhos.

"Acho incrivelmente bonito", disse Benjamin, que Szold "tenha sido homenageada no Dia das Mães, alguém que não teve filhos, pois denota quão importante e abrangente é a ideia de família. Como criadora do Tipat Halav, de uma certa forma ela era a mãe de todos os bebês em Israel. Isso é algo que sempre me emocionou."

O outro lado do apoio social para formar famílias e da alta taxa de natalidade em Israel é a pressão sobre os casais, especialmente sobre as mulheres, para terem filhos. Sharon Geva, historiadora e autora de *Women in the state of Israel: the early years*, disse ao jornal *Haaretz*: "Não sei se existe outro país em que as pessoas perguntem: 'Apenas dois filhos?' Por que 'apenas'?". Como explicamos no capítulo anterior, é raro em Israel, em comparação com outros países ricos, que mulheres ou casais escolham não ter filhos ou ter apenas um filho.

Mesmo em países com baixas taxas de fertilidade, pode parecer desconfortável para as mulheres (e homens) não terem filhos.

86   O gênio de Israel

De fato, a expressão "sem filhos" tem uma conotação um tanto negativa, até estigmatizante. Algumas pessoas que não podem ou optam por não ter filhos preferem "livre de filhos", transformando assim o tom de julgamento em um tom aspiracional.

Paradoxalmente, ao lado da tendência "quatro é o novo três" discutida no capítulo anterior, há um número muito pequeno, mas crescente, de israelenses se juntando à tendência "livre de filhos". Há pouca dúvida, no entanto, de que é socialmente mais difícil, seja por escolha ou circunstância, ficar sem filhos em Israel. Maya (pseudônimo), que administra um grupo no Facebook de mulheres israelenses que não querem filhos, disse à revista *online Tablet*: "É bem difícil ser aquela que não quer ser mãe em um país onde há um caminho direto do jardim de infância ao ensino médio, do exército ao casamento com filhos".

Responsabilidade na criação livre

Em busca da solução para baixas taxas de fertilidade, muitos países desenvolvidos estão subsidiando os cuidados infantis na esperança de que isso remova ou reduza a pressão financeira sobre futuros pais. Em Israel, essa política é menos necessária, em parte porque muitos pais israelenses podem contar com dois avós, facilitando a tarefa de criar famílias maiores e, ao mesmo tempo, fortalecendo os laços familiares. Geralmente, esse arranjo é recebido com uma sensação de alívio pelos novos pais e alegria pelos novos avós.

Talvez não seja coincidência que dois dos países onde os avós desempenham os maiores papéis no cuidado infantil sejam os Países Baixos e Israel, territórios pequenos onde é logisticamente mais simples fazê-lo. Os pais muitas vezes podem confiar em seus próprios pais para cuidar das crianças, pelo menos um dia por semana. Criar três ou quatro filhos quando os pais têm emprego em tempo integral, como muitos israelenses, é um desafio em todas as frentes – inclusive financeiramente. Contar com avós um dia por semana ajuda muito. Em Israel, entre todas as mulheres de 25 a 39 anos com

CAPÍTULO 4 As crianças estão bem **87**

pelo menos um filho, 71% recebem assistência dos avós, enquanto 82% das judias seculares nativas relatam receber ajuda de seus avós.

◆

De acordo com o jornalista israelense Shmuel Rosner, tudo em Israel é construído em torno das crianças. "Em outros países, a gente não vê muitas crianças em restaurantes da moda. Não há tantos *playgrounds* e há menos crianças neles. Quando você vê muitas famílias com três crianças ao redor em um encontro de sábado à noite em um bom restaurante, é mais provável que também queira três filhos."

Há outras razões que facilitam criar filhos em Israel: as crianças têm mais liberdade para sair por conta própria. Imigrantes ou residentes temporários dos Estados Unidos que chegam a Israel são muitas vezes surpreendidos pela diferença. Há uma atitude muito mais aberta em relação à autonomia das crianças em Israel.

Em suas apresentações para o público norte-americano, o urbanista Victor Dover faz três perguntas simples: *Seus pais iam a pé para a escola? E você? E seus filhos?* As diferenças entre gerações são drásticas. Na primeira geração, 86% iam a pé para a escola; na segunda, 61%; e hoje, apenas 10%.

Em Israel, deixar seus filhos irem a pé até a escola é tão comum quanto é raro em muitos outros países. Para a maioria dos israelenses, seria estranho que seus filhos fossem os excêntricos escoltados até a escola. Essas normas são poderosas. Se a norma é *não* deixar seus filhos andarem sozinhos, você pode ter problemas se for contra ela.

"Nos Estados Unidos, os pais estão sendo assediados e até presos quando deixam seus filhos saírem de casa sem um aparato segurança", disse Lenore Skenazy. Ela é autora do livro *Free-range kids: how to raise safe, self-reliant children (without going nuts with worry)* [Crianças criadas livres: como criar crianças seguras e autossuficientes (sem enlouquecer se preocupando)]. Uma mãe no Maine foi presa por deixar seu filho de 7 anos brincar sozinho em um parque à vista de sua casa. Um pai canadense está brigando na justiça para permitir que seus filhos, com idades entre 7 e 11, peguem o ônibus

88 O gênio de Israel

sozinhos para a escola. Um congressista de Utah achou necessário tentar alterar a lei federal para proteger os pais de "acusações civis ou criminais por permitir que seus filhos se desloquem até a escola por um meio de transporte que os pais acreditam ser apropriado para a idade".

E o mais peculiar é que, embora a incidência de sequestros venha caindo há décadas nos Estados Unidos, Canadá, Reino Unido e outros lugares, a percepção de "medo de estranhos" tem aumentado. "Estatisticamente, o sequestro por um estranho é tão raro nos Estados Unidos que uma criança teria que ficar sozinha em um ponto de ônibus por mais de mil anos para que isso acontecesse", afirmou Skenazy. "Enquanto isso, estamos privando nossos filhos das experiências de que precisam para se tornarem adultos confiantes, resilientes e independentes."

O psicólogo israelense Danny Hamiel descreveu a dicotomia como a diferença entre *estar seguro* e *estar a salvo*. "Estar a salvo é um sentimento ou um estado psicológico", ressaltou, observando que os pais israelenses dão aos filhos mais liberdade – como as pessoas em outros países faziam na geração anterior – porque têm essa sensação de estar a salvo.

"Em Israel, confio em meus vizinhos", continuou Hamiel, passando do geral para o pessoal. "Eu sei que eles vão me ajudar. Embora sejamos um país louco – muitas guerras, muitas coisas acontecendo – nos sentimos seguros. Acho que isso tem a ver com cultura de estarmos no mesmo barco."

A principal razão é que os pais sabem que, se seus filhos estiverem em apuros, estranhos intervirão para ajudar. Os israelenses podem não ser muito afeitos a ficar em filas, evitar discussões ou ser educados, mas se alguém estiver com problemas, eles correrão para ajudar.

Em essência, a situação em Israel é o oposto da encontrada em muitos outros países desenvolvidos. Em vez de verem estranhos como uma ameaça, os israelenses veem estranhos como uma camada de segurança da qual podem depender, porque todos fazem parte da mesma comunidade. Não é considerado uma intrusão intervir se houver uma criança, ou alguém, em dificuldades.

CAPÍTULO 4 As crianças estão bem **89**

Estávamos tomando café em um parque de Tel Aviv com Ami Dror, um empresário experiente, enquanto ele narrava a cena a que assistíamos, para comentar: "Reparem que estamos vendo grupos aleatórios de crianças brincando juntas, não apenas famílias em grupos separados. As pessoas não estão cuidando de seus filhos como falcões. Não ficam o tempo todo de olho. Há uma crença de que é bom dar mais liberdade às crianças".

Dror explicou que os israelenses assumem que todos estão cuidando dos filhos de todos. "Se eu vir duas crianças brigando, vou me aproximar – sequer vou procurar pelos pais delas – e vou mandá-las pararem. E isso é totalmente normal", contou ele. Em seguida, estabeleceu o contraste com o Ocidente: "Imaginem fazer isso em outros países? As pessoas diriam: 'Por que você está assediando meu filho?'. Mas aqui eu naturalmente faria isso, porque me sinto responsável por essas crianças. Nunca as vi antes, mas me sinto responsável por elas. Por quê? Não sei! Mas me sinto".

Há um ditado do Talmude que está profundamente enraizado na cultura judaica e é muitas vezes invocado pelos israelenses: "Israel inteiro [referindo-se ao povo judeu] é responsável um pelo outro". Embora esse ideal possa parecer pouco claro na vida cotidiana ou em meio a debates políticos divisivos, se alguém está em apuros, ele entra em ação. Uma cultura de responsabilidade mútua produz um sentimento de *estar a salvo*, que, por sua vez, se traduz em um sentimento de familiaridade. Também é mais fácil criar filhos quando você não precisa acompanhá-los o tempo todo, o que aumenta a felicidade e autoconfiança deles, dizem os estudos.

O psicólogo Peter Gray estuda os efeitos de dar às crianças mais liberdade para assumir a responsabilidade por suas próprias vidas. Ele chama esse estilo de "parentalidade confiante, a forma mais natural e menos estressante de parentalidade, tanto para pais quanto para filhos". Gray nos mostrou sua própria pesquisa sobre jovens adultos que foram criados sob esse estilo parental: "Pais confiantes não temem irracionalmente pela vida de seus filhos. Pais confiantes têm fé nas capacidades de seus filhos, e essa fé se torna uma profecia autor-realizável. O inimigo da parentalidade confiante é o medo e, infeliz-

90 O gênio de Israel

mente, o medo é desenfreado em nossa sociedade hoje". Em Israel, há menos "pais-helicópteros". (Aliás, o termo "pai-helicóptero" foi cunhado em 1969 pelo psicólogo clínico israelense e ex-professor Haim Ginott, em seu clássico *bestseller Between parent and teenager*.) O modelo de "crianças criadas livres" é a norma em Israel e explica o ambiente familiar do país. A vida israelense gira em torno de passar muito tempo com a família, não apenas depois do trabalho, mas por um momento semanal sacrossanto dedicado a esse encontro.

CAPÍTULO 5

Ação de graças todas as semanas

Durante meus primeiros 18 anos, passei algum tempo com meus pais em 90% dos meus dias. Mas, desde que fui para a faculdade e depois que deixei Boston, provavelmente vi cada um deles umas cinco vezes por ano, talvez dois dias de cada vez, 10 dias por ano. Cerca de 3% dos dias que passei com eles durante a minha infância.

— Tim Urban, autor/ilustrador, *What's our problem? A self-help book for societies*

Mesmo que você more do outro lado do país, em Israel você ainda está muito perto da sua família. E se não voltar para casa para cada sabá, ou pelo menos um a cada dois, estará em apuros.

— Noa Tishby, atriz e produtora israelense, *Sessão de terapia*

N a quarta quinta-feira de cada novembro, algo incomum acontece nos Estados Unidos. Se você pudesse olhar para cada casa norte-americana nesse dia, encontraria a mesma cena: famílias se reunindo para o almoço de Ação de Graças. Poucas tradições supe-

92 O gênio de Israel

ram tão bem as diferenças de religião, etnia, política e classe nos Estados Unidos. Famílias dispersas vêm de longe para se reunir. O melhor desse ritual culinário anual é a combinação entre a intimidade do lar e o poder de uma experiência nacional compartilhada.

De fato, em muitos países há um feriado, religioso ou não, que é o momento tradicional para as famílias se encontrarem e se reconectarem. Multidões lutam em aeroportos e rodovias congestionadas. Durante o Festival da Primavera na China, todo o país se movimenta, com o retorno das pessoas às casas em que cresceram. Em vários países, os cristãos celebram o Natal em reuniões familiares, assim como os muçulmanos o fazem durante o mês sagrado do Ramadã.

Os judeus também têm seus feriados tradicionais em família. Em todo o mundo, o jantar de Páscoa, ou Sêder, é famoso por reunir famílias grandes em uma celebração que dura várias horas. Em Israel, não é apenas a Páscoa. Todo feriado judaico é um momento para reuniões familiares, mesmo entre famílias seculares. E cada época do ano tem seus feriados. Há Sucot no outono e Shavuot na primavera, ambos feriados religiosos nacionais. Os feriados judaicos de Rosh Hashaná e Yom Kipur acontecem quando o verão israelense se aproxima.

Esses feriados multiplicam o número de vezes que as famílias israelenses se reúnem em comparação com a maioria dos países desenvolvidos. Mas a grande diferença é esta: se você olhar para a maioria das casas judaicas numa noite comum de sexta-feira, verá algo semelhante à cena norte-americana do Dia de Ação de Graças. Sexta-feira é momento do sabá, o dia sabático judaico, para o qual as famílias israelenses se reúnem como se fosse um grande feriado. (O sabá, como todos os feriados judaicos, começa ao pôr do sol do dia anterior.) Em alguns lares, o sabá é acompanhado por cânticos, bênçãos para as crianças, orações sobre o vinho e o pão e a mesa posta. Mesmo em lares seculares, é a ocasião para um jantar sem pressa, com toda a família, inclusive com os filhos que vivem fora de casa e que têm suas próprias famílias.

Em essência, na sexta-feira a força centrípeta natural que afasta os filhos adultos sofre uma reversão, trazendo-os de volta por uma

CAPÍTULO 5 Ação de graças todas as semanas 93

noite. Os filhos casados não podem ambos estar nas casas dos pais todas as semanas, mas a prática usual é estar com um ou outro, para que os pais tenham pelo menos alguns de seus filhos (e netos) de volta por uma noite.

Em muitos outros países, isso seria logisticamente impossível, porque as distâncias são grandes demais. Mas Israel é um país pequeno, ainda mais se pensarmos que mais da metade da população de Israel vive dentro de um triângulo que é cerca de um sétimo do tamanho de Nova Jersey e que inclui as cidades de Jerusalém, Tel Aviv e Haifa. É provável que todo os membros da família estejam a uma hora de carro e quase certamente a menos de duas horas de distância.

O tamanho diminuto de Israel facilita essas reuniões semanais. Só o fato de estar por perto não explica por que os israelenses têm esse miniação de graças quase todas as semanas. Sem a atração gravitacional de uma tradição festiva, isso não aconteceria. Esse feriado semanal é o sabá.

De acordo com Micah Goodman, um dos mais conhecidos intelectuais israelenses, o sabá é tão poderoso que se tornou parte da vida mesmo daqueles que parecem não ter crenças religiosas. "O que dizer de uma sociedade em que mais da metade faz *kiddush*?", perguntou ele, falando da bênção sobre o vinho oferecido no começo do jantar de sabá. "Os rituais são uma parte poderosa da cultura, já que a humanidade não inventou uma tecnologia melhor para unir as pessoas." Ele acrescentou: "Mesmo os que não fazem bênção alguma ainda reúnem a família para o jantar de sabá. É uma instituição israelense".

Esse ritual específico centrado na família parece ter protegido os israelenses da ruptura que corroeu o tecido social em outros países. Em seu artigo (mais tarde transformado em livro) *"Bowling alone"*, o cientista político de Harvard Robert Putnam documentou como os norte-americanos estavam participando com menos frequência e menos ativamente de organizações comunitárias do que faziam uma ou duas gerações antes. Também descobriu que eles faziam refeições, saíam de férias e assistiam TV na companhia de suas famílias com

94 O gênio de Israel

muito menos frequência. "Praticamente todas as formas de união familiar se tornaram menos comuns no último quarto do século XX", escreveu ele. Essa tendência só piorou no século XXI.

O ensaísta hebreu Ahad Ha'am não estava exagerando quando escreveu, no começo do século XX: "Não foi tanto o povo judeu que guardou o sabá, foi mais o sabá que guardou os judeus". De acordo com Goodman, "comunidades não criam rituais; são os rituais que criam comunidades. A definição mais simples de comunidade é um grupo de pessoas que acompanham a vida umas das outras, das maneiras mais solidárias e não instrumentais".

Ao longo dos séculos, "guardar" o dia sabático, como se diz em hebraico, tornou-se um dos ritmos mais típicos da vida judaica. Os judeus eram proibidos de dirigir, ligar ou desligar utensílios elétricos e lâmpadas, gastar dinheiro ou usar qualquer tipo de tela, incluindo telefones – qualquer coisa que queimasse energia ou distraísse da reflexão, da oração e do tempo familiar e comunitário. O sabá ajudou a criar uma comunidade porque os judeus tinham que morar em proximidade para estar a uma curta distância de uma sinagoga.

A ideia unificadora era imitar Deus, que "criou o mundo em seis dias e no sétimo descansou". Os judeus "criavam" durante toda a semana, enquanto o sabá servia para apreciar e contemplar o resultado dessa criação. O sabá deve ser um refúgio palpável das atividades terrenas, não apenas um dia de folga. "Um palácio no tempo", nas palavras do rabino Abraham Joshua Heschel. No antigo mundo pagão, já havia lugares e objetos sagrados, mas o judaísmo, segundo Heschel, inventou a santidade no tempo.

Mais de 70% dos judeus israelenses participam de um jantar tradicional de sexta-feira à noite com a família e amigos todas as semanas. Se a maioria dos israelenses é tão secular, por que eles "religiosamente" observam a tradição do jantar do sabá? E por que é tão celebrado entre os judeus seculares em Israel, enquanto o mesmo não ocorre entre os judeus seculares nos países da diáspora?

Os israelenses seculares, apesar das aparências, praticam um novo conjunto de rituais surgido nas gerações mais recentes. É uma espécie de "religião civil", como as que surgiram em outros países.

CAPÍTULO 5 Ação de graças todas as semanas **95**

Os costumes nacionais, como comer peru no Dia de Ação de Graças, assistir ao Super Bowl e fazer churrasco para observar os fogos de artifício no dia 4 de julho, podem ser vistos como parte da religião civil dos Estados Unidos. O jantar de sexta-feira à noite está no alicerce da religião civil de Israel.

Amit Aronson é um crítico de gastronomia e uma personalidade da televisão israelense. Ele pertence à elite hipersecular de Tel Aviv. No entanto, seu judaísmo é natural, embora longe do judaísmo convencionalmente definido. "A maneira como eu defino tudo isso é cultural", explicou. "Eu falo hebraico, vivo minha vida em hebraico, consumo filmes, livros, televisão, poesia – tudo em hebraico. Não preciso acender velas na sexta-feira para saber que é sexta-feira. Não chego a recitar o *kiddush*. Eu ia à casa da minha avó porque era sexta-feira. Sempre foi assim. E agora é assim para minha própria família. É só o que meus filhos conhecem sobre as noites de sexta-feira. Três gerações juntas, todas as sextas-feiras à noite."

O aspecto multigeracional desse ritual semanal é realmente atípico; sobretudo nos dias de hoje, em que vários estudos destacam a tendência crescente de jovens não passarem tempo significativo com avós, tias-avós e tios-avôs. O que é importante sobre a interação periódica entre gerações é a forma única de ensinar, aprender, orientar e nutrir em ambas as direções, para jovens e velhos.

De acordo com um artigo do *Boston Globe*, "idosos [nos EUA] vivem em lares de geriátricos, onde interagem principalmente com pessoas bem velhas, enquanto os novos aposentados tendem a comprar casas em comunidades segregadas por idade. [...] Os adolescentes, que numa era anterior às vezes passavam um tempo significativo com adultos enquanto plantavam, aprendiam ou ajudavam nos negócios da família, passam suas horas depois da escola nas redes sociais, conversando principalmente uns com os outros". E, ao contrário da vida israelense, em que as relações intergeracionais são um marco semanal em decorrência do sabá, "é possível, hoje, para alguém de meia-idade que trabalha em um escritório [norte-americano] ir dormir na sexta-feira sem ter interagido durante toda a semana com uma pessoa uma década mais jovem ou mais velha".

96 O gênio de Israel

A reportagem do *The Globe* foi baseada em um estudo da American Sociological Review que descobriu que, para a maioria dos norte-americanos, as redes familiares e de amizade genuína consistem em apenas duas pessoas íntimas. No final da década de 1990, a média era de três pessoas. Ainda mais preocupante, o número de norte-americanos que não têm amigos íntimos triplicou. E os norte-americanos com mais de 60 anos relataram que apenas 25% das pessoas com quem discutiram "assuntos importantes" tinham menos de 36 anos. Quando o estudo removeu parentes da contagem, apenas 6% dos idosos norte-americanos discutiram assuntos sérios com pessoas muito mais jovens. Um governo chegou ao ponto de oferecer incentivos financeiros para que as famílias jovens morem a no máximo quatro quilômetros de seus avós.

A instituição do jantar de sexta-feira à noite não apenas reúne famílias de várias gerações, mas também faz a ponte no diversificado mosaico cultural de Israel. Não apenas quem está *à* mesa, mas o que está *na* mesa.

"Sabe, nós israelenses somos todos bem diferentes – de onde viemos, a nossa aparência, nossos sotaques ou os sotaques de nossos pais", explicou Aronson. "Mas temos essa ideia de união. Cada um vê com suas próprias lentes. Eu vejo isso pela óptica da comida."

Comida? Aonde ele vai chegar com isso?

"Como país, celebramos os mesmos feriados ao mesmo tempo", continuou Aronson. "Mesmo que você não comemore da mesma maneira, todos estão preparando um Sêder para a Páscoa e não podem comer pão, então todos têm que ser criativos. [...] As pessoas começam a comparar suas receitas. Ou é Hanukkah e todos nós precisamos comer algo frito, ou é Rosh Hashaná e precisamos de algo doce, ou é Yom Kippur e estamos preparando uma refeição para quebrar o jejum."

A sinfonia culinária de Israel também toca semanalmente, em cada sabá. "Por que as pessoas fazem *tcholent* às sextas-feiras? Porque não se deve cozinhar no sabá. [...] É preciso preparar algo que possa ser mantido aquecido por 12 horas e depois comê-lo."

CAPÍTULO 5 Ação de graças todas as semanas **97**

O *tcholent* é comum nas cozinhas asquenazes e, em seguida, nas cozinhas sefarditas (*grosso modo*, os judeus asquenazes são originários da Europa Central e Oriental, os judeus sefarditas, da Espanha e do mundo árabe). Muitas vezes, também é referido como *chamin*. Os ingredientes universais incluem carne e batatas. As receitas asquenazes costumam misturar feijão e cevada e as receitas sefarditas geralmente adicionam arroz e grão-de-bico. Este ensopado pode ser rastreado até o período do Segundo Templo, mas, ao longo dos séculos, diferentes comunidades judaicas em todo o mundo contribuíram com suas adaptações ao antigo prato. A panela de *tcholent* é cozida na sexta-feira antes do início do sabá e mantida quente até o almoço do dia seguinte, porque os judeus não podem cozinhar durante o dia de descanso.

"Daí uma imigrante ucraniana por aqui sentiu o cheiro do *tcholent* cozinhando no apartamento de seu vizinho marroquino de baixo", continuou Aronson. "Ela bateu na porta do vizinho para perguntar o que ia na receita – especiarias como *harissa* e coentro e ingredientes que os judeus ucranianos nunca usariam. Mas ela conseguia entender o espírito, embora o sabor fosse muito estranho para ela", contou Aronson, descrevendo imagens que ele própria vira. "Ela experimentou. Talvez a primeira maneira de se comunicar com seu vizinho estranho, que fala árabe ou tem um sotaque persa, seja a preparação para o sabá semanal. Ambos têm filhos que vêm do quartel para o sabá, e estão sempre procurando novas versões de seu prato favorito. Nem é preciso falar a mesma língua, basta abrir a tampa da panela e cheirar... E assim começaram muitos relacionamentos."

♦

Nos sentamos com Aronson numa cafeteria na movimentada e muito moderna sede da Start-Up Nation Central – uma organização sem fins lucrativos que é um ponto de encontro e centro nervoso na cena de alta tecnologia de Tel Aviv. Mas os pratos que devorávamos eram tudo menos modernos – uma receita austríaco-israelense de *schnitzel* de frango e uma receita mesopotâmica de *mjadra* à base de

98 O gênio de Israel

freekeh com lentilhas pretas. A cafeteria, chamada Asif ("colheita" em hebraico), é uma mistura de restaurante, fazenda vertical na cobertura, onde cultiva ervas raras, e espaço para exposições itinerantes e oficinas de culinária. Existem cerca de 2.500 livros sobre culinária na biblioteca do Asif.

O Asif é um projeto da Jewish Food Society, fundada pela especialista em culinária israelense Naama Shefi e pela filantropa Terry Kassel, que abriga arquivos digitais de muitos milhares de receitas judaicas de todos os cantos do mundo. "Encaro isso como uma galeria de arte, como uma coleção de obras. A biblioteca é literalmente uma coleção, um *osef*", disse Shefi (*osef* vem da mesma raiz hebraica de *asif*). "E essas receitas dizem muito sobre a grande diversidade de pessoas na sociedade israelense."

Não é apenas a mistura – ou o *tcholent* – das nacionalidades. "As pessoas pensam em Israel como um deserto, mas na verdade é um território composto de muitos microclimas", explicou Shefi à revista *Vogue*. "É um lugar minúsculo, menor que Nova Jersey, mas tem montanhas verdejantes, uma bela costa, vales exuberantes – e também um deserto. Quando existe esse tipo de densidade, criatividade e imigrantes de 70 nações, ideias e receitas viajam em um ritmo muito rápido, e então elas se transformam e se combinam de maneiras muito interessantes. Jogue isso no clima mediterrâneo e o que você tem é a tempestade culinária perfeita."

Aronson disse que, se perguntasse a dez israelenses o que eles fazem para o sabá, obteria dez respostas diferentes, mas seriam variações de uma mesma ideia. "Por mais diferentes que sejam suas origens culturais, eles não se veem mais como estrangeiros. A comida é uma maneira muito fácil de transpor barreiras, pois tira a sensação de estranheza das pessoas."

Talvez essa mistura de diversidade e unidade ajude a explicar um paradoxo: por que os israelenses estão tão no topo do *ranking* mundial de felicidade, apesar de serem tão diferentes dos outros países no alto da lista?

Escondida nos Países Baixos, na província da Holanda do Sul, está a sede do World Database of Happiness (WDH), dirigida

CAPÍTULO 5 Ação de graças todas as semanas **99**

por Ruut Veenhoven na Erasmus University Rotterdam. Para seu livro sobre os lugares mais felizes do mundo, o ex-correspondente da Rádio Pública Nacional Eric Weiner descreve o WDH como "a resposta secularista ao Vaticano, Meca, Jerusalém e Lhasa, tudo em um". Durante sua visita, Weiner constatou um "segredo" da pesquisa sobre a felicidade: a homogeneidade das populações felizes. De acordo com Veenhoven, os "lugares mais felizes não se encaixam necessariamente em nossas noções preconcebidas. Alguns dos países mais felizes do mundo – a Islândia e a Dinamarca, por exemplo – são homogêneos, destruindo a crença norte-americana de que há força e felicidade na diversidade".

Se a homogeneidade torna um país mais feliz, o que dizer de Israel? Talvez Israel seja a prova de que uma população diversificada, juntamente com um calendário civil robusto e elementos culturais que unem as pessoas, poderia ser o melhor dos dois mundos. Se a variedade é o tempero da vida, eliminá-la não pode ser bom para a felicidade. Mas sem algo em comum, essas mesmas diferenças podem ser uma receita para conflitos e polarização.

Outra força amalgamante é uma nova forma de judaísmo que está surgindo em Israel. O jornalista Shmuel Rosner e o estatístico Camil Fuchs chamam esse amálgama de "judaísmo israelense" em seu livro homônimo. Em sua prática, o judaísmo israelense é diferente do judaísmo no Ocidente. Alguns costumes permanecem, outros somem. Como vimos, o jantar de sexta-feira permanece. A oração e a presença na sinagoga são menos comuns. Por outro lado, a sinagoga tem papel muito importante na vida judaica da diáspora. Para muitos judeus norte-americanos, a filiação à sinagoga é a principal conexão com a vida judaica, muito mais do que o jantar de sabá.

Alguém poderia pensar que as tradições da história judaica estão desaparecendo da cultura secular israelense, mas é justamente o contrário. "Ao longo da última década e meia", disse Rosner, "o judaísmo tornou-se cada vez mais parte da cultura secular israelense", de maneiras quase inimagináveis para judeus de outros lugares. "Vemos enxames de israelenses jovens e aparentemente hedonistas dançando

100 O gênio de Israel

e cantando as músicas que o vocalista, com *piercing* no nariz e tatuagens pelo corpo, apresenta no palco. E as letras são do livro dos Salmos ou de Ibn Gabirol, poeta judeu do século XI."

Ishay Ribo, que cresceu na tradição *haredi* e ainda usa o quipá preto dos judeus ortodoxos, é um dos mais famosos de uma leva de cantores religiosos na cena da música *pop* de Israel. Em 2021, sua música "Causa das causas" (*Sibat HaSibot*) foi a mais tocada nas rádios israelenses. No videoclipe da música, Ribo é visto sozinho no deserto, tocando violão e olhando para o céu enquanto canta: "Não temos nenhum rei, além de você, criador do universo, causa de todas as causas...". Suas canções são profundamente religiosas e, ao mesmo tempo, pedidos de compreensão entre os mundos religioso e secular. A música pede a aceitação "do preto, do branco e de todas as cores do arco-íris", dizendo que são "pessoas amadas e criadas à imagem de Deus".

A proporção da população que adere a esse híbrido religioso--secular, judaico-israelense, está crescendo, reunindo traços da comunidade mais religiosa, de um lado, e da população mais secular, de outro. "As pedras de toque culturais compartilhadas pela sociedade israelense parecem estar se tornando cada vez mais judaicas, e as fronteiras tradicionais entre as populações seculares e religiosas estão desaparecendo, sobretudo nos domínios da música e da arte", escreve Sarah Rindner, educadora israelense, no *Mosaic*. Este híbrido é uma mistura de significado, comunidade e liberdade e, para muitos israelenses, promove uma energia criativa e as oportunidades da modernidade, mantendo o calor do pertencimento que os rituais proporcionam. "Está se tornando cada vez mais natural para todos", disse Rosner, falando sobre a integração de temas judaicos na cultura secular israelense.

Uma questão de significado

William Breitbart é o fundador e diretor do Laboratório de Psicoterapia do Centro Oncológico Memorial Sloan Kettering, em Nova York. O laboratório de Breitbart desenvolveu um programa de acon-

CAPÍTULO 5 Ação de graças todas as semanas **101**

selhamento chamado psicoterapia centrada no significado (MCP na sigla em inglês) para tratar os sentimentos experimentados pelos pacientes com câncer. Essa técnica foi inspirada pelo famoso psiquiatra vienense Viktor Frankl, autor do livro clássico *Em busca de sentido*, baseado em parte em suas próprias experiências no campo de concentração de Auschwitz. Frankl observou que aqueles que sobreviveram não eram necessariamente os prisioneiros jovens e fortes. O fator-chave, segundo ele, era se eles tinham um propósito claro pelo qual viver, como se reencontrar com seu cônjuge. No seu próprio caso, ele queria terminar um livro em que estava trabalhando antes da guerra. O único bem que ele tentou salvar foi a única cópia do manuscrito, mas foi confiscada.

Frankl argumentava que não há um único "sentido da vida"; cada pessoa pode descobrir algo que dá propósito à sua existência. Breitbart e seus colegas desenvolveram uma série de leituras e exercícios destinados a desvendar o que mais importava para os pacientes. Em seguida, os pesquisadores examinaram a eficácia da MCP em quatro estudos separados, mostraram que ele "reduz o desespero, aumenta o significado e, como resultado, diminui a desesperança, a depressão, o desejo de morte acelerada, o sofrimento dos sintomas físicos e melhora a qualidade de vida" dos pacientes com câncer. Como o próprio Frankl resumiu: "Desespero é sofrimento sem sentido".

A família é uma das nossas maiores fontes de significado, e a maioria das pessoas entende instintivamente que sua família é a âncora mais forte em tempos difíceis. Em setembro de 2017, o Pew Research Center perguntou a 4.867 adultos dos Estados Unidos: "Você considera sua vida atual significativa, gratificante ou satisfatória? O que faz você continuar, e por quê?". O resultado não poderia ter sido mais claro: a família ficou em primeiro lugar por uma ampla margem (69%), mencionada duas vezes mais que a carreira (34%), a resposta em segundo lugar.

Os estudos também descobriram que, quanto mais próximos esses jovens adultos se sentiam de sua família e amigos, mais eles classificavam a vida como significativa. Outros estudos mostraram que o

102 O gênio de Israel

sentimento de pertencimento é um "forte preditor" de significado na vida, e que a família é muitas vezes a fonte central desse sentimento. Como seres humanos, ansiamos por significado e pertencimento, e os dois estão entrelaçados. A evolução nos fez ansiar por conexão social quase tanto quanto precisamos de água e comida. E assim como a sede e a fome nos impelem a encontrar sustento, a solidão e a depressão nos impelem a encontrar conexão social.

À medida que os países se tornam mais ricos e modernos, a vida centrada na família tende a desaparecer em favor de relacionamentos mais casuais. Em Israel é diferente: o país de alguma forma combina a autonomia e a liberalidade dos tempos atuais com os valores centrados na família próprios das culturas mais tradicionais. Os israelenses valorizam tanto sua independência quanto suas famílias.

Isso, é claro, também vale para muitas pessoas em outros países avançados, mas a diferença em Israel é que as famílias são maiores e mais próximas, tanto geograficamente quanto no tempo e na frequência com que ficam juntos. Além disso, a família israelense tem maior prioridade em relação ao trabalho, em comparação com outros países ricos. Mas, ao contrário das culturas tradicionais, onde pode haver uma enorme pressão sobre as crianças para que se adequem às normas familiares ou culturais, os israelenses recebem muita liberdade e autonomia para encontrar seu caminho.

Depois da família

Nos últimos 50 anos, a humanidade vem conduzindo um experimento global inédito que envolve bilhões de pessoas: *como seriam nossas sociedades sem as famílias no centro?*

Este novo mundo já está tomando forma em um ritmo acelerado. Um relatório de 2012 da Faculdade de Serviço Civil de Singapura observou que "cada vez mais, a família não é a entidade organizadora da sociedade. Uma quantidade sem precedentes de indivíduos – mais de 30% em alguns países asiáticos – está optando por evitar completamente a gravidez", bem como outras relações familiares.

CAPÍTULO 5 Ação de graças todas as semanas **103**

Ainda mais surpreendente, estudos semelhantes mostram que, entre aqueles que optam por não começar sua própria família, há um número crescente de adultos que permitem que os laços familiares estendidos enfraqueçam, esfriando as relações com irmãos, primos, tias, tios e pais. Em alguns lugares, as relações familiares em geral não são tão centrais como eram antes.

O relatório observa que a era pós-família está mais adiantada no mundo de alta renda, sobretudo na Europa, na América do Norte e nas nações mais ricas do Leste Asiático. Mas também está se enraizando em países emergentes, como o Brasil. As razões são variadas, desde pressões econômicas até o recuo da religião e o influxo da urbanização.

Se há um porta-estandarte para essa nova era, é a Suécia. Em Estocolmo, 60% das residências são habitadas por pessoas que vivem sem qualquer ligação com a família imediata ou estendida. Em seu livro *Going solo: the extraordinary rise and surprising appeal of living alone*, o sociólogo Eric Klinenberg argumenta que grandes cidades se tornaram uma espécie de paraíso para solteiros, que dominaram a arte de criar comunidades com membros não familiares. "Na verdade, somos bastante sociais e aprendemos a ficar bem quando estamos sozinhos", escreve ele. "A solidão, uma vez que aprendemos a usá-la, faz mais do que restaurar nossa energia pessoal; também desperta novas ideias sobre como podemos viver bem juntos."

No nível individual, há muitas razões para a família talvez não ser uma fonte viável de conexão e significado. Nem todo mundo tem ou quer uma família ou filhos. Quando as pessoas dizem que seus amigos ou comunidade são "como uma família", para muitos isso não é apenas uma expressão, mas uma realidade. "Amigos são os parentes que a gente escolhe", dizem. Existem muitas fontes de conexão humana, e pode ser arriscado ou insalubre depender em demasia de qualquer uma delas.

O nível social é outra história. Em comparação com países similarmente modernos, as sociedades com famílias maiores e mais próximas têm uma vantagem. Com maior conexão com outras gerações,

104 O gênio de Israel

há mais significado na vida, menos desespero, mais felicidade, maior expectativa de vida e conexões sociais mais profundas.

◆

Bruce Feiler escreveu sete livros *best-sellers* do *New York Times*, o primeiro dos quais foi *Walking the Bible*, narrando sua jornada de 16 mil quilômetros pelos cinco livros de Moisés. "Eu queria explorar as maiores histórias já contadas, nos ambientes onde elas realmente ocorreram", ele contou. Sua expedição seguiu o caminho de Abraão, das margens do Tigre e do Eufrates (hoje parte da Turquia), através do Egito e, finalmente, até Jerusalém.

Mais tarde, em sua carreira de escritor, Feiler dedicou-se a escrever sobre lições na interseção de famílias, carreiras e felicidade, com livros como *Life is in the transitions: the secrets of happy families* e *The council of dads*. Para nós, parecia que era uma grande mudança sair de histórias bíblicas para escrever sobre felicidade pessoal. Mas ele vê isso como uma sequência lógica. "Nossos cérebros são programados para processar o mundo através da história", afirmou.

No início dos anos 80, um pequeno grupo de acadêmicos começou a escrever sobre a importância da narrativa para a identidade humana. "Eles criaram um campo chamado psicologia narrativa, na época uma disciplina acadêmica marginal", explicou Feiler. Duas décadas depois, ele começou a conhecer esses psicólogos. Marshall Duke é professor de psicologia na Universidade de Emory e especialista no papel dos rituais na resiliência humana. Duke recebeu Feiler e sua esposa para um jantar de sabá em sua casa, com seus filhos e netos.

Durante um jantar tradicional de sexta-feira à noite, Duke explicou toda sua pesquisa sobre como o conhecimento de uma criança quanto a história de sua família pode ser um preditor de saúde emocional. "Quanto mais as crianças sabem sobre a história de suas famílias, mais forte é seu senso de controle sobre suas vidas, maior sua autoestima e maior sua crença no sucesso de suas famílias", relata Feiler em um de seus *best-sellers*. "Crianças que têm mais equilíbrio

CAPÍTULO 5 Ação de graças todas as semanas **105**

e autoconfiança em suas vidas o fazem por causa daquilo que [...] [Duke] chama de um forte eu intergeracional."

Há muitas ocasiões para o ritual de contar histórias: Ação de Graças, Natal, férias anuais em família, 4 de Julho, "ou qualquer outra atividade ritualizada que reúna diferentes gerações", acrescentou Feiler.

E a pesquisa de Duke destaca que a narrativa mais impactante para o desenvolvimento de uma identidade intergeracional durável tem a ver com histórias que envolvem dificuldades. "A maioria dos momentos cruciais da Bíblia ocorre em um cenário de dificuldades: quando Abraão sai da casa de seu pai e desce para a terra e nem sabe para onde está indo; ou quando os israelitas estão na Babilônia e inventam o sabá."

A história bíblica dos *Avot* (pais – Abraão, Isaac e Jacó) e *Imahot* (mães – Sara, Rebeca, Raquel e Lia) é a história épica intergeracional de uma família que se tornou o povo judeu. Ser cristão, muçulmano, hindu ou budista é ser um "adepto" de seus credos, o que significa compartilhar certas crenças. Em contraste, ser judeu é ser um "membro" do povo judeu, o que significa fazer parte da família judaica. Qualquer um pode se tornar judeu. A diferença é que, ao aderir a outras religiões, o convertido está se juntando a uma *fé*, enquanto no judaísmo ele está se juntando a uma *família* e se tornando parte da história antiga dessa família.

Isso significa que os judeus israelenses têm três vertentes de história entrelaçadas que os ancoram ao seu "eu intergeracional": as histórias de seu povo, de seu país e de sua própria família. E, para a maioria dos judeus israelenses, sua história familiar inclui a história intergeracional de como seus pais ou avós vieram, de perto ou de longe, para vincular seus destinos a Israel.

CAPÍTULO 6

História tocante

*Somos um povo que gosta de discutir entre si o tempo todo,
mas no final nossos 2 mil anos de exílio juntos
são uma história muito poderosa.*

— Tzvika Fayirizen

A gente não percebe quando está lá, mas Jerusalém fica às margens de um deserto. Às vezes, quando está frio e chuvoso em Jerusalém, você pode subir uma colina no deserto e o Sol estará tão reluzente que ofuscará seus olhos.

Micah Goodman veio até a porta para nos receber. "Vocês não vão precisar desses casacos, vamos dar uma caminhada", falou, sorrindo para seus convidados cheios de roupas. Goodman gostava dar entrevistas diante das vistas espetaculares e do ar fresco do deserto, ao redor de sua casa. Assim que começamos a caminhar, foi possível ver as montanhas na direção da Jordânia contra o céu claro do deserto. Na outra direção, uma estrada serpenteava até o Mar Morto, com as torres de Jerusalém no monte atrás de nós. Desfiladeiros secos em ambos os lados, com uma sombra verde em suas encostas que brotara depois de uma rara chuva.

CAPÍTULO 6 História tocante **107**

Goodman, que conhecemos no capítulo anterior, é um intelectual público e polímata, autor de livros sobre temas muito variados, desde comentários bíblicos até a geopolítica de Israel. Não apenas todos os seus livros foram *best-sellers*, como ele também criou um gênero: livros que trazem textos fulcrais do pensamento judaico para um público geral e secular. Clássicos como *O guia dos perplexos*, de Maimônides, nunca cruzaram a divisão entre *yeshivas* e israelenses seculares. Mas Goodman mudou isso.

Ele também foi cofundador de um novo tipo de *yeshiva* (seminário judaico) focado em israelenses na faixa dos 20 anos, após o serviço militar. O programa recruta israelenses seculares e religiosos, politicamente de direita e esquerda, que juntos estudam as grandes obras das tradições ocidentais e orientais, e também a tradição judaica.

Durante o confinamento da covid-19, era difícil conseguir um lugar nas aulas de Goodman pelo Zoom, pois elas atingiam o limite de 500 pessoas. Ele é um palestrante requisitado, devido à sua maneira divertida de apresentar os temas, com entusiasmo e humor. Ele ensina o pensamento judaico com o virtuosismo com que Richard Feynman ensinava física.

"Quando você mora em Israel, sente que algo grande está acontecendo o tempo todo", disse Goodman. "Aqui, todo israelense sente que a história acontecendo e podemos tocá-la, quase como se pudesse empurrá-la um pouco. A importância e o significado podem ter duas origens: um, você sente que há algo maior do que você, e dois, você sente que tem um papel naquela coisa que é maior do que você.

"Grandes países, como os Estados Unidos ou a China, têm grandes histórias. Mas são grandes demais para serem empurradas. Países pequenos têm histórias pequenas – então, tudo bem, eu poderia tocar na história, mas não há muito o que tocar", disse ele, encolhendo os ombros. "Israel é um país pequeno com uma grande história. Sua história é grande o suficiente para lhe dar significado e pequena o suficiente para a gente ter influência sobre ela.

"O que quero dizer quando falo em grandes coisas importantes acontecendo?", continuou. "Digamos que você abra a Bíblia e veja, uau, os judeus foram expulsos da Terra de Israel e fugiram para a Babilônia. Eles poderiam ter desaparecido. Em vez disso, voltaram e reinventaram completamente o judaísmo.

"Então essa é uma grande história. Mas é maior do que abrir o jornal esta manhã?", ele perguntou, retoricamente. "No dia a dia, estamos vivendo um drama de proporções bíblicas. Não estamos falando de reforma tributária aqui, certo?" Ele estava animado. "Vejam os grandes debates em Israel. Onde estão as fronteiras? Quem faz parte do povo judeu? O que significa ter um exército do povo – recrutamento militar universal? Um em cada cinco israelenses é árabe: como podemos viver melhor juntos em um Estado judaico?"

Outros países podem ter disputas fronteiriças com seus vizinhos; os vizinhos de Israel resistiram à sua existência durante a maior parte dos últimos 100 anos. As fronteiras de Israel aguardam definição por um acordo que aceite formalmente o país na região. A principal divisão política – a questão que domina as eleições – é, historicamente, a estratégia de Israel para alcançar a paz e a segurança.

Os temas que costumam dominar as conversas em outros países, como a economia, são pouco debatidos em Israel. Em vez disso, polêmicas fundamentais seguem em jogo desde a fundação do Estado. Estas incluem a isenção da comunidade *haredi* do serviço militar; se deve haver uma constituição formal; quem é judeu para fins de casamento, conversão e cidadania; e, é claro, muitas outras questões preocupantes sobre paz e segurança.

"Estes não são debates sobre a qualidade de nossas vidas, mas sobre a essência de nossas vidas. E a sensação é de que a decisão é nossa, só nossa", disse Goodman. "As pessoas sentem que têm um papel a desempenhar, que são necessárias. Isso é uma parte do que nos dá significado."

Agora é a sua vez

Tzvika Fayirizen tem o cabelo curto e o rosto sem rugas de um militar de carreira. No verão de 2020, ele se aposentou, após 35 anos

CAPÍTULO 6   História tocante   **109**

nas IDF, com o posto de general de brigada. Ele mora em Rehovot, um venerável subúrbio de Tel Aviv, é casado e tem cinco filhos, e aos 53 anos já é avô. Ele brinca que a palavra hebraica para avô (*saba*) é uma sigla para "autoridade sem responsabilidade".

Sua última posição foi duplamente estranha: ele comandou o Corpo Educacional das IDF e serviu na força aérea como navegador em caças F-15I, comandante de esquadrão e comandante de base da força aérea. Por que as IDF contavam com um Corpo Educacional, nos perguntamos. E por que pediriam a um ex-comandante da base aérea para liderá-lo?

Fayirizen tinha essas mesmas perguntas antes de aceitar o comando. "Não é óbvio por que as IDF deveriam se preocupar com educação", disse ele. "Não seria esse o trabalho dos pais, escolas e movimentos juvenis?" Quando ele pediu exemplos de Corpos Educacionais em outros países ocidentais, descobriu que não havia. Então por que as IDF acham que sabem mais do que os exércitos britânico, alemão, francês e norte-americano?

Essas perguntas o levaram a uma investigação pessoal de meses, antes de aceitar o novo comando, o último a coroar uma carreira distinta. Tudo se resumia ao principal contrato social entre os militares e o povo. "O acordo é que vocês da IDF me protegem e em troca eu lhe dou o povo. Somos seus.'"

E não se trata apenas de um presente de todo o povo. É o que se espera que todos os elegíveis para o serviço obrigatório ofereçam. Colocar você ou seus filhos nas mãos do Estado é algo muito claro e inequívoco no juramento dos soldados, após o alistamento. O irmão de Saul, Alex, mudou-se para Israel depois da universidade e voluntariou-se para o exército, onde serviu nos paraquedistas. Ele escreveu sobre a experiência em uma carta a um amigo nos Estados Unidos: "Na cerimônia, prometi dar minha vida (até mesmo) por este país. Foi estranho, e dizer isso realmente coloca em evidência o que eu fiz".

Já no primeiro ano do ensino médio, os jovens israelenses recebem um envelope pelo correio que os convoca para se apresentar em um centro de alistamento. "A questão é", segundo Fayirizen, "o que faz um jovem de pouco mais de 16 anos, ao ser perguntado 'Então,

110   O gênio de Israel

quer ser um combatente?' responder Sim? Não faz sentido. Somos ensinados a amar a vida. Algo aqui precisa ser explicado." Fayirizen sugere três possibilidades. "A primeira é a resposta clássica: eles se tornam camaradas em armas. Estou disposto a dar minha vida por meu irmão e sei que ele dará sua vida por mim", continuou. "Mas aquele adolescente ainda não foi para o exército, ainda não conheceu as pessoas por quem estará disposto a morrer. Então essa não pode ser a resposta completa."

Fayirizen então ressaltou o poder do compartilhamento de uma conexão com a história militar recente: "A segunda camada é o que chamamos de 'herança de batalha'. Meus quatro filhos serviram na Brigada de Infantaria Golani. O mais novo está servindo agora. Todos eles sobem ao Hermon, a montanha mais alta de Israel, bem na fronteira com a Síria e o Líbano. Os soldados que lutaram lá dizem aos novos: 'Aqui, atrás desta rocha, perdi minha mão; atrás daquela pedra, perdi meu amigo'".

Fayirizen resumiu o impacto do que ele chamou de *segunda camada*: "A mensagem dessas histórias é clara: 'Já foi a minha vez de proteger o país para que você pudesse crescer aqui; agora é a sua vez, para que eu possa envelhecer aqui'. Cada brigada tem seu lugar onde lutou e onde os novos soldados aprendem que é sua vez de proteger o país. Mas, novamente", disse Fayirizen, "tudo isso não leva um adolescente a escolher um papel de combate", porque ele não sabe em que unidade estará ao fazer seu alistamento.

A terceira resposta é exclusiva do Estado de Israel, explicou Fayirizen, usando sua própria história como exemplo. Fayirizen tem mais de dois metros de altura. Ele contou que seu avô era mais alto e mais forte do que ele. "Era um trabalhador da construção civil. Ele e meus outros avós eram sobreviventes do Holocausto."

Quando Fayirizen completou 18 anos, seu avô o levou para passear e contou sua história. Foi a primeira vez que seu avô a contou a alguém. As duas filhas dele – a mãe e a tia de Fayirizen – nunca a tinham ouvido. "Ele era um oficial do exército polonês. Quando os alemães o levaram prisioneiro, ele estava enfileirado na beira de uma vala, prestes a ser executado. Ele se jogou na vala, esperou até que

CAPÍTULO 6 História tocante **111**

matassem todos e depois escapou para a floresta." O avô de Fayirizen tornou-se *partisan*, lutando a partir da floresta pelo resto da Segunda Guerra Mundial.

"Então ele me disse: 'durante esses seis anos, tive muitos sonhos. Sonhei com comida, sonhei com minha esposa e meu filho'." O avô de Fayirizen soube mais tarde que eles foram assassinados no Holocausto. Mas até aquele dia, Fayirizen não sabia que seu avô tinha esposa e filho na Polônia antes da guerra.

Fayirizen se lembra de seu avô lhe dizendo: "Eu tinha muitos sonhos, mas havia algo que eu nem conseguia sonhar, porque um homem só pode sonhar com algo que é capaz de imaginar, e eu nunca imaginei que andaria de cabeça erguida como um judeu no Estado de Israel e que este país seria meu. Me faça um favor: faça de tudo para que isso não acabe".

Fayirizen ficou com essa *terceira camada* como a melhor explicação. "Foi assim que ele terminou nossa conversa quando eu tinha 18 anos. Acho que hoje, depois de Israel ter existido por 75 anos, todos têm a sensação histórica de que 75 anos não são nada, somos uma partícula de poeira na história."

E então Fayirizen colocou a *terceira camada* no contexto da abrangência maior da história judaica: "Somos um povo que gosta de discutir entre si o tempo todo, mas no final nossos 2 mil anos de exílio juntos são uma história muito poderosa. Mesmo que seus familiares não tenham experimentado pessoalmente o Holocausto, eles experimentaram a história de 2 mil anos de exílio. Eles sabem, mesmo em tenra idade, que este é o único lugar que lhes cabe nutrir e proteger, que seu lar é aqui. No fundo, isso é o que melhor explica por que um jovem de 16 anos e meio diria que está pronto para lutar por seu país".

Em muitos lugares, o patriotismo – sentir uma conexão pessoal e responsabilidade pelo seu país – não é necessário. É considerado pitoresco, primitivo e até imoral. As nações, acredita-se amplamente, são apenas uma construção que separa as pessoas e causa conflitos. O mundo seria melhor sem elas. O nacionalismo é o problema; o universalismo é a solução.

112 O gênio de Israel

Para os israelenses, a nação não é abstrata nem presumida. Sem ela, como foi tragicamente provado ao longo da história e no presente, não há vida. Os israelenses são educados para entender isso porque serão chamados a sacrificar anos de suas vidas, ou mais, quando chegar a sua vez de proteger o barco palpável que eles pessoalmente devem continuar a construir. E, ao fazer isso, eles ganham um senso de pertencimento não apenas a um povo e a um projeto que é maior do que eles mesmos, mas a um propósito compartilhado.

Pertencimento e propósito não são luxos. São necessidades humanas fundamentais, sem as quais pode ser difícil amadurecer, ou mesmo evitar o desespero. Por necessidade, e talvez mais do que qualquer outra nação rica e livre, os israelenses estruturaram instintivamente sua sociedade para atender a essas demandas em muitos níveis.

Quinze segundos

Ficamos olhando para um grande canteiro de obras semicircular, tentando imaginar sua promessa. A área parecia grande o suficiente para abrigar quatro ou cinco prédios de apartamentos. Não passava de um terreno baldio ao lado de uma rua recém-pavimentada. Não era difícil imaginar como seriam os prédios: do outro lado da rua havia uma fileira de apartamentos em construção.

Roni Flamer, nosso guia, brandia um grande mapa laminado do complexo, como se fosse o mestre de obras. Ele gesticulava em direção ao horizonte e apontava para a área atulhada no mapa. "Os nossos edifícios estarão a cerca de dois minutos a pé deste parque de escritórios de alta tecnologia e a quatro minutos a pé de 25 edifícios municipais, incluindo escolas e jardins de infância."

A população de Israel está crescendo rapidamente. Novos empreendimentos desse tipo estão em andamento em dezenas de outros locais. Mas viemos ver este com nossos próprios olhos. Ficava num lugar do qual as pessoas deveriam estar fugindo: a cidade de Sderot.

Sderot foi fundada em 1951, a pouco menos de dois quilômetros da fronteira de Israel com a Faixa de Gaza, um retângulo estreito

CAPÍTULO 6 História tocante **113**

e densamente povoado, um terço do tamanho da cidade de Nova York, estendendo-se ao longo do Mar Mediterrâneo e governado pelo Egito naquela época. Na esteira da Guerra da Independência de 1948, na qual o novo Estado de Israel perdeu 1% de sua população, o país foi inundado por refugiados judeus da Europa e do mundo árabe, dobrando sua população em três anos. O governo enviou muitos desses imigrantes para "acampamentos provisórios" – uma coleção de barracas miseráveis. Sderot começou como um acampamento, com 80 famílias, a maioria imigrantes do Irã, Iraque, Síria e Turquia. Em 1961, os imigrantes norte-africanos, principalmente do Marrocos, representavam quase 90% da população de Sderot. A partir da década de 1990, a população de Sderot dobrou; a cidade absorveu outra onda de imigrantes, desta vez da antiga União Soviética e da Etiópia.

Os israelenses entendem que a colcha étnica maluca de Sderot é de alguma forma normal. O multiculturalismo extremo definiu o país desde o primeiro dia. Dois em cada três israelenses são imigrantes, filhos de imigrantes ou netos de imigrantes. Não é incomum que os jovens tenham pais de diferentes países, de forma que três línguas sejam faladas na família, especialmente com os avós, cujo hebraico não é muito bom.

Como resultado da Guerra dos Seis Dias, em 1967, a população palestina em Gaza passou da ocupação egípcia para a ocupação israelense. Por uma década ou mais depois daquela guerra, os israelenses de Sderot iam a Gaza para fazer compras, frequentar cafeterias e assistir apresentações musicais. O trânsito era de mão dupla; músicos de Gaza se apresentavam ao lado de músicos israelenses nos pequenos teatros e casas noturnas de Sderot. Esse fluxo natural de pessoas permitiu que a população de Sderot, em grande parte do norte da África, se reconectasse à cultura árabe, na qual tantos deles haviam sido criados.

A calma em Sderot não durou. No final de 1987, irromperam os primeiros protestos violentos da intifada palestina, exigindo uma retirada israelense dos territórios capturados na guerra de 1967. Em 2000, após o colapso das negociações de paz entre o primeiro-

114 O gênio de Israel

-ministro israelense Ehud Barak e o líder da OLP Yasser Arafat, mediado pelo presidente dos Estados Unidos, Bill Clinton, Arafat lançou uma onda de atentados suicidas em ônibus e cafeterias de cidades israelenses. Então, em 16 de abril de 2001, o primeiro foguete Qassam foi disparado da Faixa de Gaza para Sderot.

O Qassam é um dispositivo errático de fabricação caseira. Parece um cano com barbatanas. Mas se tornou cada vez mais mortal. Os primeiros Qassams carregavam cerca de meio quilo de explosivos; a geração atual carrega uma bomba 20 vezes mais poderosa. Em 2005, sob o primeiro-ministro Ariel Sharon, Israel retirou unilateralmente suas forças de Gaza e desmantelou os pequenos assentamentos judeus lá. Menos de dois anos depois, o grupo fundamentalista islâmico Hamas assumiu a Faixa de Gaza, levando a uma grande escalada de ataques. Nos seis primeiros meses de mando do Hamas, mais de 6 mil foguetes caíram sobre Sderot.

O bombardeio começou a cobrar seu preço. Cerca de um quarto da população deixou a cidade, e nela ficaram principalmente aqueles que não tinham como se mudar. Em 2008, 2012, 2014, 2021 e 2023, Israel lançou operações militares de grande escala na Faixa de Gaza para suprimir os grupos terroristas que lançavam foguetes contra áreas civis. Durante a operação de 2014, uma média de 77 foguetes *por dia* foram disparados contra cidades israelenses ao longo de 50 dias. Um sistema de defesa feito em Israel e denominado Domo de Ferro interceptou a maioria deles, mas muitos conseguiram passar.

Quando sirenes estridentes soavam, ecoando as palavras "Código Vermelho" por toda Sderot, os moradores tinham entre 10 e 15 segundos para se proteger em um abrigo antibombas próximo. Como o *New York Times* descreveu, "os moradores se acostumaram com o desconfortável e constante som de alerta em toda a cidade, produzido quando [um radar] detecta um foguete se aproximando". Durante essas escaramuças, os israelenses viam nos noticiosos noturnos as cenas de pais agarrando seus filhos e correndo para abrigos antiaéreos. Muitas crianças do jardim de infância eram mantidas dentro do prédio da escola o dia todo, pois seria difícil para elas

CAPÍTULO 6 História tocante **115**

chegar a um abrigo antiaéreo em 15 segundos. Voluntários de todo o país foram ajudar os moradores.

Assim, não concebíamos a castigada Sderot como um lugar para onde alguém gostaria de se mudar. Então, quando ouvimos que novos bairros estavam sendo construídos em Sderot – e que havia demanda para morar neles – tivemos que ver com os próprios olhos.

"Há bairros aqui onde as pessoas compraram terrenos por 100 mil shekels [aproximadamente US $ 32.000]. Agora valem 1 milhão. Não é um mau negócio!", nos contou Alon Davidi, o prefeito de longa data de Sderot. Vimos que a cidade tinha casas atraentes de classe média, parques e avenidas arborizadas. Não parecia uma cidade miserável de pessoas que não podiam se dar ao luxo de viver em outro lugar, ou um lugar sitiado. Era difícil imaginar as pessoas que víamos nos bairros tranquilos de Sderot correndo em busca de segurança nos *bunkers*.

"As pessoas não vêm para cá apenas por moradia a preços acessíveis. Sderot é considerado um dos lugares mais desenvolvidos da região. Nossos estudantes têm as pontuações mais altas na área", disse Davidi. "Acima de tudo, há um senso de comunidade. As pessoas se ajudam".

Enquanto olhávamos para o local onde o novo empreendimento de Roni Flamer seria construído, ele demonstrava confiança que não teria problemas para vender os novos edifícios. Mas não era apenas por ser um bom investimento imobiliário, ou mesmo pelo senso de solidariedade que caracterizava Sderot. Havia outro ingrediente – uma inovação social que, se bem-sucedida, poderia ter grandes ramificações em Israel e além.

Flamer é o CEO e cofundador do OR Movement (*"or"* significa "luz" em hebraico), uma organização que nos últimos 20 anos criou comunidades nas regiões mais despovoadas no norte e no sul do país. Até 2022, o OR Movement havia estabelecido 74 comunidades, totalizando 50 mil pessoas – nove novos empreendimentos, 52 em *kibutzim* e 13 em cidades da classe trabalhadora. Mas Flamer sentiu que a organização ainda estava muito longe de alcançar seu objetivo de tornar Israel o melhor lugar para viver. A chave para cumprir

116 O gênio de Israel

essa ambição era criar uma nova maneira de construir comunidades, sobretudo em um ambiente urbano.

Flamer nos levou para ver um terreno baldio nos arrabaldes de Sderot, à vista da fronteira de Gaza. "Este bairro será o primeiro de um novo modelo que incorpora tudo o que aprendemos nos últimos 20 anos", contou ele. Por fora, pareceria um complexo comum de apartamentos. Mas havia diferenças sutis, projetadas para a construção de comunidades.

"O empreendimento terá parques, espaços comuns, áreas de lazer para crianças, espaços de *coworking*, cafeterias e espaços alugáveis para residentes que querem começar um negócio", explicou Flamer. "Tudo precisa estar ao alcance de chinelo, ou seja, perto o suficiente para ir a pé de chinelo."

Em essência, Flamer se deparou com um conceito novo e pulsante no planejamento urbano, chamado de "cidade de 15 minutos". A ideia é que tudo que você precisar esteja a 15 minutos a pé ou de bicicleta de sua casa. Como explicou a revista *New York*, "A cidade virtuosa se fragmentará numa coleção de aldeias que atrai os moradores a ficarem onde estão". Durante a pandemia de covid-19, a prefeita de Paris, Anne Hidalgo, fez da cidade de 15 minutos seu principal projeto, fechando muitas ruas para carros. De fato, as restrições impostas durante a pandemia deram um grande impulso à busca pela "hiperproximidade". Como afirma Padden Murphy, chefe de políticas da empresa de espaços urbanos REEF Technology: "Estamos entrando no *big bang* da proximidade".

O plano do OR Movement era levar a "cidade de 15 minutos" para outro patamar. O novo bairro em Sderot seria um piloto para criar algo quase inédito nos países ricos: uma verdadeira comunidade entre moradores de apartamentos que normalmente não teriam conexão uns com os outros.

"Os israelenses são bons em comunidade porque pensam em termos de grupos, não apenas de indivíduos", assegurou Flamer. "Para muitos, ao escolher um lugar para morar, a comunidade está no topo da lista." E por que em Sderot, entre tantos lugares? "Ninguém quer ser atacado, mas viver com uma ameaça em comum une as pessoas.

CAPÍTULO 6 História tocante **117**

E se recusar a deixar que essa ameaça destrua uma cidade dá às pessoas uma sensação adicional de contribuição e significado."

Roni Flamer nem sempre teve esse espírito público. Ele começou o OR Movement com três amigos do ensino médio – sua *hevre*. Aos 17 anos, os quatro se juntaram a uma excursão escolar à Polônia, para visitar o campo de concentração de Auschwitz. "A verdade é que", admitiu Flamer, "não viajamos pelas razões certas. Achamos que seria divertido viajar e ter uma semana de folga da escola. A nossa era uma escola de meninos. E essa era uma chance de viajar com meninas. E para quem é encrenqueiro, é mais fácil se safar em um país estrangeiro."

A viagem mudou a vida dos quatro meninos. Eles não conseguiam entender como o Holocausto poderia ter acontecido com pessoas que, para eles, na condição de israelenses, pareciam tão fortes e capazes de sobreviver a tudo. Então Flamer se lembrou de uma declaração que saiu da sua boca:

"'Quando terminarmos o exército, estabeleceremos uma organização e a chamaremos de Luz (Or) e faremos de Israel o melhor país do mundo para se viver.' No começo, meus amigos riram disso. Mas algo na escuridão da Europa e do Holocausto aflorou de dentro de nós o sentimento de que devemos trazer luz. Então, nós nos comprometemos: a gente não luta contra a escuridão, a gente lança luz. Foi assim que o OR Movement nasceu."

No mundo moderno, as cidades estão associadas à perda de comunidade. A canção-tema da série de televisão *Cheers*, de longo sucesso nos anos 80, *"Where everybody knows your name"* [Onde todos conhecem seu nome], simboliza o anseio por uma conexão comunitária perdida. Nos últimos dois séculos, houve uma migração global constante para as cidades, impulsionada pela cultura, pela conveniência e pelo comércio. Mas o preço a pagar é que, ao contrário do que ocorre numa cidade pequena, ninguém sabe seu nome.

Existe uma maneira de ter o melhor dos dois mundos? Ter um verdadeiro senso de comunidade *e* os benefícios da vida urbana? Se isso for possível, será uma grande contribuição para a felicidade humana e a coesão social. Experimentos sociais como os de Sderot

118 O gênio de Israel

– juntamente com o senso compartilhado de história de inúmeros causos de família como a de Tzvika Fayirizen – combinam-se para mostrar que tocar na história não é apenas um exercício intelectual, mas se manifesta em um nível prático. O que significa tocar na história? É viver numa cidade que está à beira do caos e da guerra e decidir não apenas ficar lá, mas construir algo inovador. A história de Sderot é uma metáfora para Israel como um todo. Os israelenses sentem instintivamente que sua missão não é apenas sobreviver, mas criar algo melhor que contribua para o mundo. É por isso que o sentimento dos israelenses de que podem, e devem, empurrar a história vai muito além do pedaço de terra nos arredores da bombardeada Sderot.

CAPÍTULO 7

Povo da história

Os grandes líderes contam a história do grupo,
mas o maior deles, Moisés, ensinou o grupo a se
tornar uma nação de contadores de histórias.

— Rabino Jonathan Sacks

Não fazemos ficção científica.

— Danna Stern

"Olhe em volta. As histórias estão por toda parte neste país. É como lidamos com tudo. É como entendemos as coisas. É catártico falar sobre elas, especialmente com os caras da unidade." Lior Raz estava nos contando sobre uma época, em 2010, quando ele e seu colega Avi Issacharoff, ambos se aproximando dos 40 anos, batiam papo numa base do exército perto de Ramallah, durante sua prestação anual de serviço como reservistas. "A unidade" era a Unidade 217, popularmente conhecida como Duvdevan, um programa de contraterrorismo de elite dentro das Forças de Defesa de Israel

120 O gênio de Israel

(IDF). Foi quando os dois amigos começaram a trocar histórias que ainda os assombram.

Issacharoff falou sobre um incidente ocorrido em janeiro de 1994. Ele e sua equipe da Duvdevan foram convocados para o quartel-general da divisão de Hebron das IDF, cerca de 14 km a leste da Linha Verde que separava Israel, antes de 1967, da Cisjordânia. Recém-chegados de uma operação em Idhna, outra cidade da Cisjordânia, imaginavam que o dia tinha acabado. A ideia era voltar para casa, em Jerusalém, naquela noite.

Mas o comandante informou que soubera de alguns suspeitos de terrorismo que deveriam ser presos em Hebron, um dos quais era procurado pelas IDF há algum tempo. "Vão rápido", disse o comandante a Issacharoff e sua equipe. "Cerquem a casa e ordenem que se rendam."

A principal missão da Duvdevan é operar à paisana em áreas urbanas palestinas, misturando-se e conversando com a população em árabe, sempre no dialeto e sotaque locais, como se fossem moradores, para evitar suspeitas. Como verdadeiros atores, esses soldados estudam de tudo, de laços sociais e famílias poderosas de um bairro até sua história, rituais e ritmos diários. Duvdevan significa "cereja" em hebraico, como uma cereja no bolo das capacidades militares convencionais das IDF.

Tal como acontece com muitos soldados duvdevanos, Issacharoff tinha alguma experiência com a língua árabe. Sua avó havia imigrado para Israel vinda de Qamishli, uma cidade curda situada na fronteira da Síria com a Turquia. Ao crescer, ele aprendeu árabe e curdo como segundas línguas.

Quando sua equipe chegou à casa em Hebron, Issacharoff se posicionou de forma a ver o terraço do prédio em que quatro dos suspeitos estavam sentados e conversando. Ele acendeu a luz de seu M16, direcionou o feixe para eles e, em árabe, instruiu-os a levantar as mãos e se render. Momentos depois, viu um clarão de fogo. O alvo principal da missão havia acertado a parte de trás da sua perna esquerda.

Issacharoff caiu no chão, mas ainda conseguiu devolver fogo. Por cerca de 15 minutos, o tiroteio foi e voltou até que seu rifle

CAPÍTULO 7 Povo da história **121**

parou de funcionar. Outro membro da equipe Duvdevan correu até Issacharoff, jogou-o nas costas e carregou-o de volta até o quartel-general das IDF. Os médicos estancaram o sangramento, mas sua recuperação exigiu meses.

A história de Raz era ainda mais dolorosa. Seu pai havia imigrado do Iraque para Israel (ele mais tarde serviria no Shin Bet e no Mossad, os serviços de inteligência nacional e estrangeiro de Israel, respectivamente) e sua mãe, do Iêmen. "Eu aprendi a falar árabe antes de falar hebraico", contou. Na manhã de 21 de outubro de 1990, enquanto Raz servia na Duvdevan, sua namorada, Iris Azulai, de 18 anos, voltava para casa do supermercado, em Jerusalém, quando um terrorista palestino a esfaqueou até a morte.

Omar Said Salah Abu Sirhan, de uma aldeia perto de Belém, teve um ataque de fúria em um bairro tranquilo de Jerusalém, atingindo Iris e vários outros com um facão. Ele tentou assassinar um menino de 13 anos antes de ser baleado nas pernas por um policial de folga. Quando o oficial foi prendê-lo, Abu Sirhan gritou: "*Allahu Akbar*" e o esfaqueou até a morte. Ele foi preso e condenado à prisão perpétua.

Um ano depois de Raz e Issacharoff terem se encontrado perto de Ramallah, o governo israelense fez uma controvertida troca de prisioneiros com o Hamas. Israel libertou 1.027 prisioneiros palestinos em troca de um único soldado israelense, Gilad Shalit, que havia sido sequestrado na fronteira com a Faixa de Gaza pelo Hamas. Duzentos e oitenta desses prisioneiros estavam cumprindo penas de prisão perpétua. De acordo com a liderança do Hamas, os prisioneiros libertados foram responsáveis pelo assassinato de 569 israelenses, incluindo Iris Azulai. Omar Said Salah Abu Sirhan, o assassino de Iris, tornou-se um homem livre. (Hoje ele supostamente trabalha para a televisão do Hamas. Casado, mora em Gaza com sua nova família.)

Vinte anos se passaram antes que Raz pudesse falar sobre o assassinato. O catalisador foi um projeto que começou naquela noite, na convocação dos reservistas de 2010, quando ele e Issacharoff começaram a pensar em um programa de televisão inspirado em suas experiências na Duvdevan.

122 O gênio de Israel

"Todo israelense tem uma história", Raz nos contou. O programa que eles imaginaram se tornou o *Fauda* e foi ao ar pela primeira vez na rede YES de Israel em fevereiro de 2015. (*Fauda* significa "caos" em árabe, e é a senha de rádio da Duvdevan quando uma operação secreta é exposta.) Foi um sucesso instantâneo em Israel – a série mais vista no país. A Netflix comprou-a quando começou a atrair audiências recordes na América do Norte, América Latina, Europa, Ásia e vários países árabes, como Líbano e Kuwait. *Fauda* conquistou fãs até no mercado palestino.

Na cena de abertura do primeiro episódio, um líder duvdevano é baleado na parte superior da perna por um personagem com o mesmo nome do homem que atirou em Issacharoff em Hebron em 1994. O terceiro episódio explora a relação entre um dos agentes da unidade e sua namorada; ela é morta em um ataque terrorista. O episódio é dedicado à namorada falecida de Raz, Iris Azulai.

"Costumamos dizer em hebraico que esta série foi escrita com sangue. O sangue dos nossos amigos, da minha namorada. Há muitas histórias nesta série que são baseadas em histórias verdadeiras que aconteceram conosco. É isso que é diferente na televisão israelense", disse Raz.

Os cocriadores de *Fauda* não tinham experiência formal ou conhecimento de cinema ou televisão. Eles não precisavam estudar cenários de combate ao contraterrorismo para tornar sua história tão realista. Criados por imigrantes que fugiram de países árabes, eles falavam árabe e compreendiam essa cultura. Estavam aptos a dramatizar com precisão personagens de ambos os lados da luta.

A indústria televisiva de Israel se transformou em um viveiro de programação aclamada pela crítica. Em pouco mais de 15 anos, o conteúdo da TV israelense passou a ser um produto de exportação, com dinâmicas similares às da indústria de tecnologia de Israel. Entre as séries de televisão israelenses que se tornaram sucessos internacionais estão *Homeland*, *Sessão de terapia* e, mais recentemente, *Fauda* e *Teerã*. Existem várias explicações para esse sucesso, mas uma se destaca: a tradição de contar histórias.

♦

CAPÍTULO 7   Povo da história   **123**

O povo judeu foi forjado a partir de uma história que começou com a família de Abraão e Sara, uma história que é sagrada também para o cristianismo e o islamismo. Como conta a Bíblia hebraica, logo depois que os judeus entraram pela primeira vez na Terra de Israel, eles se dirigiram a Jerusalém para levar os primeiros frutos de sua colheita para o Templo. Cada judeu deveria recitar o seguinte:

Meu pai era um arameu errante, e ele desceu ao Egito e morou lá. Poucos, eles se tornaram uma grande nação, poderosa e numerosa. Mas os egípcios nos fizeram sofrer, sujeitando-nos a trabalhos pesados. Então clamamos ao Senhor, o Deus de nossos antepassados, e o Senhor ouviu nossa voz e viu nossa miséria, labuta e opressão. Assim, o Senhor nos tirou do Egito com mão forte e braço estendido, com grande terror e com sinais e maravilhas.

Todas as religiões são transmitidas por histórias porque as histórias percorrem o bem-conhecido caminho em nossos corações e mentes humanos. O que é diferente na história judaica é que ela é contada em primeira pessoa. *Meu* pai. *Nós* clamamos. Deus *nos* tirou do Egito.

O Sêder da Páscoa é quase universalmente praticado por judeus em todo o mundo, incluindo a maioria dos judeus seculares. E certamente entre quase todos os judeus israelenses. E o Sêder é um ato de lembrança, de reencenar a história do êxodo do Egito. Como o Talmude diz: "Cada pessoa deve se enxergar como se tivesse deixado o Egito pessoalmente".

"As histórias dão ao grupo uma identidade compartilhada e um senso de propósito", disse Jonathan Sacks, o falecido rabino-chefe do Reino Unido. "Churchill contava a história da coragem indomável da Grã-Bretanha na luta pela liberdade. Gandhi falava sobre a dignidade da Índia e o protesto não violento. Martin Luther King Jr. contava como uma grande nação não vê cor." Mas há uma diferença, ele completou: "Os grandes líderes contam a história do grupo, mas o maior deles, Moisés, ensinou o grupo a se tornar uma nação de contadores de histórias".

124 O gênio de Israel

Andrew Marr, um destacado jornalista da BBC (que não é judeu), descreve o alcance da narrativa judaica: "Os judeus sempre tiveram histórias para o resto de nós. Eles tiveram sua Bíblia, uma das grandes obras imaginativas do espírito humano. Eles foram vítimas do pior que a modernidade pode fazer, um espelho da loucura ocidental. Acima de tudo, eles tiveram a história de sua sobrevivência cultural e genética desde o Império Romano até os anos 2000, tecendo e prosperando em meio a tribos incompreensíveis [...] e hostis".

Israel é um país construído sobre uma história. É a conclusão final da história do exílio, do retorno de um povo à sua terra e sua língua antigas e à soberania sobre seu próprio destino. Cada país tem sua história, mas apenas alguns têm um mito animador sem o qual não existiriam.

O Estados Unidos é um desses países. Não se trata de um mero pedaço de território que se separou de outro país. Foi fundado sobre novos princípios que ainda expressam o que significa ser norte-americano. Da mesma forma, é impossível ser israelense sem, de alguma forma, absorver a história do país. Isso é verdade mesmo para os israelenses cuja identidade está em tensão com, ou mesmo em oposição a, essa história.

Israel é um ambiente particularmente rico em narrativas porque, como nação de imigrantes, quase todas as famílias têm sua história de origem. Outras famílias têm uma história de muitas gerações vivendo na terra.

Outra razão para Israel ser uma espécie de placa de Petri para histórias é ser um país confuso e contencioso. Os israelenses vivem e trabalham próximos uns dos outros. Conflitos irrompem diariamente. Como a executiva de televisão israelense Danna Stern aponta, "Somos muito abertos. Somos muito verbais. Nós compartilhamos demais. Entramos em detalhes. Não há senso de privacidade e não há limites entre o trabalho e a casa. Misture todos esses ingredientes e você terá uma receita para amor e conflito". As preferências dos espectadores israelenses refletem o fervor dentro do país: "Os israelenses são provavelmente o público de TV mais neurótico do mundo", disse o ator israelense Ron Leshem.

CAPÍTULO 7 Povo da história **125**

"Nós não fazemos ficção científica", disse Stern. "Fazemos histórias hiperlocais sobre nossas vidas e a vida da nação." E embora sejam locais – como *Fauda* e *Shtisel*, da Netflix, *Vale de lágrimas*, da HBO, *Srugim* e *The Band's Visit*, da Amazon Prime, e *Hatufim*, do Hulu (refilmado nos Estados Unidos pela Showtime como *Homeland*), eles se concentram em temas universais, como amor, medo, redenção e tensão familiar.

A fórmula israelense está funcionando. No final de 2019, o *New York Times* publicou um *ranking* do que identificou como "Os 30 melhores programas de TV internacionais da década", e *Hatufim*, de Gidi Raff, foi escolhido o número 1. Havia mais programas israelenses na lista do *Times* do que programas do Canadá, da Espanha ou da Índia. *The Band's Visit* foi um passo além. Foi adaptado para o teatro e se tornou um dos únicos quatro musicais na história da Broadway a ganhar o que é chamado de "Big Six" Tony Awards: Melhor Musical, Melhor Livro, Melhor Trilha Sonora, Melhor Ator, Melhor Atriz e Melhor Direção.

E ainda há as adaptações. Os estúdios norte-americanos têm uma longa história de compra de filmes e programas de televisão internacionais, ou outros formatos, para adaptá-los ao público norte-americano. A maior fonte é, tradicionalmente, o Reino Unido, que forneceu as primeiras versões de *Survivor*, *Big Brother* e (em uma época anterior) *All in the family*. Israel está agora em segundo lugar, atrás do Reino Unido, em adaptações compradas pelos Estados Unidos, e concorre diretamente com o Reino Unido em adaptações roteirizadas. De acordo com o *New York Times*, Israel se tornou "uma espécie de entreposto global para a TV criativa, o que levou produtores de outros países a procurar parceiros israelenses para empacotar seus programas para os mercados internacionais".

Por qualquer métrica, Israel é o lar de um dos ecossistemas de artes criativas mais dinâmicos do mundo. Na década que começou em 2010, os israelenses produziram mais de 350 longas-metragens e 2.500 horas de séries de televisão com roteiro original. A maior parte desse conteúdo é em hebraico, para um mercado de apenas 2 milhões de lares.

126 O gênio de Israel

Em termos *per capita*, isso representa mais conteúdo original produzido do que no Reino Unido, Canadá, Alemanha ou França. Bem mais a leste, temos Bollywood, na Índia, que é um gigante da TV e do cinema, atendendo a uma população de mais de 1 bilhão de pessoas e 200 milhões de lares que assistem televisão – cem vezes o tamanho do mercado de Israel. No entanto, quando se trata de comparar o volume de conteúdo, o pequeno Israel está cabeça a cabeça com Bollywood.

Israel é o lar de cerca de 120 empresas de produção independentes, oito escolas de televisão e cinema credenciadas e reconhecidas internacionalmente e mais de 10 festivais de cinema anuais (incluindo um em Sderot, a apenas 1,6 km da Faixa de Gaza). Contudo, é uma indústria ainda jovem.

Blockbusters a preço de banana

Quando Danna Stern mostrou pela primeira vez o orçamento de *Fauda* para a equipe de aquisições da Netflix, os norte-americanos ficaram surpresos ao saber que o custo de produção de toda a primeira temporada da série foi de apenas US$ 2,5 milhões. Este é o orçamento aproximado para produzir um único episódio de uma série típica da Netflix. Gidi Raff, criador e *showrunner* de *Hatufim*, fez a mesma observação: o custo para produzir toda a primeira temporada da sua série custou menos que um episódio da adaptação de *Homeland* pela Showtime.

Issacharoff e Raz encontraram as mais diversas saídas para manter os custos baixos, renunciando, por exemplo, a dublês profissionais caros: "Nossos amigos do exército realizaram as acrobacias como um favor", contou Raz. Como a televisão e o cinema israelenses têm historicamente um minúsculo potencial de mercado comercial (refletindo o pequeno tamanho do mercado de língua hebraica), não havia fundos para financiar *blockbusters*. Porém, longe de ser um risco, os israelenses transformaram essa limitação numa vantagem.

CAPÍTULO 7 Povo da história **127**

Hagai Levi é o criador do *BeTipul* (*Sessão de tratamento*), que foi ao ar pela primeira vez em Israel em 2005. Levi é filho de dois terapeutas e estudou psicologia na universidade. O formato de *BeTipul* é um dos mais inovadores da história da TV: toda a série foi filmada numa sala – a clínica do terapeuta – e acompanha cada paciente durante um período de nove semanas de tratamento.

"Eu não tinha dinheiro para fazer uma série, então precisei encontrar uma forma barata de produzi-la", contou Levi. "Com uma única sala, fica barato." Todas as noites da semana naquela temporada de nove semanas, o terapeuta atendia um paciente diferente. Assim, o espectador poderia optar por acompanhar a sessão de terapia semanal de seu paciente favorito no mesmo dia, todas as semanas, como se fizesse parte da consulta semanal desse paciente.

Um periódico de psicologia descreveu *BeTipul* como "a convergência mais significativa dos domínios do drama e da terapia até hoje". Previamente, de acordo com a historiadora e escritora Shayna Weiss, "quando a psicanálise era retratada na TV ou no cinema nos Estados Unidos e na Europa [...] muitas vezes o foco era nas partes mais chamativas, como revelações chocantes sobre o passado de alguém. *BeTipul* rompe com esse padrão e se concentra quase exclusivamente no processo de terapia".

BeTipul foi a primeira série israelense a ser comprada e adaptada internacionalmente. *In treatment*, da HBO, que foi quase uma tradução palavra por palavra da primeira temporada do programa em hebraico, teve anos marcantes em Emmys, Globos de Ouro e Writers Guild Awards. Desde então, foi assistida em mais de 20 mercados internacionais (adaptada para o Brasil como *Sessão de terapia*).

"Temos orçamentos tão pequenos que, se eu quiser convencer o público a assistir [*Hatufim/Homeland*] em lugar de *Breaking bad*, realmente temos que ser especiais", disse Gidi Raff. Assim como Danna Stern, Raff destacou que ser local é o segredo: "O que os programas israelenses de maior sucesso fizeram foi ser extremamente israelenses. Ao ser bem, bem local e ao dar uma roupagem o mais pessoal possível, de alguma forma você encontra os temas universais que um público internacional pode desfrutar".

128 O gênio de Israel

De acordo com Keren Margalit, criadora de sucessos da televisão israelense: "Não temos dinheiro para nada. Quando a gente não pode ir mais longe, não pode investir pesado em efeitos especiais, precisa olhar para dentro. Mergulhar bem, bem fundo e encontrar personagens reais. Acho que muito da televisão israelense se desenvolveu a partir desse entendimento".

Os israelenses também tratam o desenvolvimento de maneira bem diferente. As ideias de programação não são submetidas a vários grupos focais para determinar se farão sucesso no mercado. Não há "episódios-piloto" em Israel, em que o estúdio testa a reação de um determinado público e, em seguida, cria o resto da série para satisfazer esse mesmo público.

◆

Samuel "Shmulik" Maoz lutou na guerra de Israel de 1982 com o Líbano, passando 30 dias como artilheiro em um tanque com quatro soldados. Ao final da guerra, ele queria contar sua história. Tentou escrever um roteiro, mas levou 25 anos. (Ele ficava tão estressado ao escrever que costumava vomitar.)

Maoz não tinha experiência como criador, escritor nem diretor – ele passou toda a sua carreira pós-exército como cinegrafista – e nenhum tipo de financiamento. Então, ele teve que inovar. Todo o filme foi feito sob a perspectiva de quem estava dentro de um tanque – ele usou o chassi de um trator antigo – e o orçamento total foi de apenas US$ 1,4 milhão.

O filme foi lançado em 2009 com um título simples: *Líbano*. O *New York Times* o chamou de "uma obra surpreendente de cinema". O crítico de cinema britânico Roger Clarke observou que a "compreensão intensamente pessoal do assunto é projetada através de uma lente sombria de claustrofobia: nunca saímos do tanque durante todo o filme, e ficamos cercados pela tripulação de quatro recrutas, congelados de medo ou brigando entre si, e especialmente com seu comandante".

Líbano ganhou o prêmio de maior prestígio no Festival Internacional de Cinema de Veneza – o primeiro para um filme israelense.

CAPÍTULO 7 Povo da história **129**

Foi aplaudido de pé por 20 minutos. Os filmes israelenses ganharam inúmeros prêmios no Festival de Cinema de Tribeca, Sundance e outros, e as séries israelenses aparecem com destaque em quase todos os grandes festivais de televisão. Como disse Avi Issacharoff, há muitas pessoas como Maoz escrevendo ou dirigindo TV e filmes israelenses por acaso: "Eles não escolheram essa carreira. Eles chegaram nela porque tinham uma história para contar". Depois de deixar as forças armadas, Issacharoff trabalhou como jornalista e Raz, em uma sucessão de biscates, inclusive como guarda-costas de Arnold Schwarzenegger; mas Issacharoff e Raz também tinham histórias para contar.

Embora "qualidade" seja algo subjetivo, Danna Stern nos disse: "Tentamos fazer programas que estimulem uma conversa com significado". A experiência de Keren Margalit com um filho com autismo levou-a criar a série *Yellow peppers*, sobre uma família com um filho com autismo que vive numa pequena aldeia no deserto do Neguev. Foi adaptada para o inglês com o título *The A word*, tendo como cenário o Lake District, na Inglaterra – e foi a primeira série em língua estrangeira a ser adaptada pela BBC.

Yellow peppers provocou um diálogo nacional em Israel sobre o autismo e criou um gênero. *On the spectrum* – licenciada pela HBO Max – era uma série sobre três adultos com autismo vivendo sozinhos. Ganhou o maior número de prêmios de todos os tempos na versão israelense do Emmy. A quantidade de candidatos procurando vagas em empresas de tecnologia israelenses através de uma fundação que seleciona empregos para trabalhadores com autismo disparou em 1.000% após a primeira exibição da série.

E mesmo que as séries e filmes israelenses tenham atraído o interesse de compradores globais, o compromisso com a qualidade temática local continua sagrado. "Não vamos escalar uma pessoa porque achamos que ela pode ter mais apelo internacional. Não é isso que estamos fazendo aqui", disse Danna Stern. "Estamos fazendo ótimos programas de televisão para nós mesmos. E depois os vendemos para o mundo."

Isso ajuda a explicar o recente crescimento de temas religiosos ortodoxos na televisão. "Até pouco tempo, era possível contar todos

130 O gênio de Israel

os personagens religiosos com as duas mãos", escreveu o jornalista Liel Leibovitz no jornal *Sapir*. Porém, desde o sucesso de *Srugim*, um programa de televisão feito por e sobre judeus religiosos, em 2008, "dezenas de atores, diretores, escritores, músicos e artistas israelenses passaram a produzir mais obras que refletem suas jornadas espirituais". E, como disse Leibovitz, é uma via de duas mãos: a comunidade *haredi* também está "trocando cada vez mais sua reticência por um envolvimento total com a cultura". Com os serviços de *streaming*, programas como *Srugim*, *Shtisel* e *The new black* encontraram grandes audiências não judaicas em todo o mundo.

"Cada vez mais, os israelenses pensam no judaísmo não como uma rejeição obstinada ao progresso", escreveu Leibovitz, "mas como um retorno legítimo a uma tradição que continua a ser um motor da criação, do crescimento, da mudança e da esperança." Há até uma escola de televisão e cinema em Jerusalém, Ma 'Aleh, "dedicada a explorar a interseção do judaísmo com a vida moderna". É uma escola com orientação religiosa cujos graduados ganharam prêmios em festivais seculares de cinema e TV nos Estados Unidos, no Reino Unido e na Europa.

Filmes e programas de televisão internacionais de grande sucesso tendem a ser escapistas. Tratando de super-heróis ou ficção científica, sua atração é que eles estão longe da vida real. Qual é o trabalho do entretenimento se não nos transportar para outro lugar e nos afastar do dia a dia?

À vezes, porém, há uma necessidade de escapar do escapismo. O mundo real também pode ser cativante. A questão não é qual é melhor, realidade ou fantasia? A questão é que Israel é especialista em produzir fatias de realidade. E há uma relação surpreendente entre proximidade com a realidade e felicidade.

◆

O jovem professor parecia perfeito para o papel, exceto por ser atlético demais: magro e de óculos, com uma intensidade silenciosa e um leve sotaque. "Este curso não é apenas sobre informação..."

CAPÍTULO 7   Povo da história   **131**

O professor fez uma pausa para dar ênfase. "Trata-se de transformação." Assim ele começou a primeira aula da disciplina de Psicologia Positiva 1504, que se tornou – com 855 alunos matriculados – um dos cursos mais populares da história de Harvard. Ao longo de 22 palestras, o professor prometeu explorar o que chamou de "questão das questões": como podemos ajudar a nós mesmos e aos outros – indivíduos, comunidades e sociedades – a nos tornarmos mais felizes?

O caminho de Tal Ben-Shahar para alcançar o pico da felicidade não era óbvio. Ao crescer em Israel, era obcecado por jogar *squash*. Aos 17 anos, foi campeão nacional em Israel e venceu o campeonato universitário dos Estados Unidos. Parecia que Ben-Shahar estava vivendo numa boa – a caminho de garantir o sustento fazendo o que amava. No entanto, ele notou que o enorme esforço necessário para enfrentar o próximo desafio apagava a alegria de vencer. O jogo começou como uma fonte de alegria. Agora, ele se sentia culpado sempre que não estava treinando.

Ben-Shahar passou a se interessar por um dos grandes paradoxos da vida: se estamos fazendo o que amamos e conseguindo o que queremos, por que ainda estamos infelizes? Como devemos viver nossas vidas se, como disse o grande filósofo estivador Eric Hoffer, "a busca pela felicidade é uma das principais fontes de infelicidade"?

Após o serviço militar, Ben-Shahar formou-se em filosofia e psicologia em Harvard e em seguida doutorou-se em comportamento organizacional na Harvard Business School. Sua tese foi sobre autoestima. Eis a versão no Twitter da sua tese: "Temos dois tipos de autoestima: uma depende do elogio e da avaliação de outras pessoas; a outra, de nós mesmos".

Quando ele tinha 33 anos, Harvard o convidou para lecionar. Seu famoso curso sobre felicidade começou como um seminário para oito alunos, dois dos quais desistiram. No ano seguinte, o curso teve 300 alunos e no ano seguinte quase 900. "Foi tudo pelo boca a boca", explicou Ben-Shahar. "Os alunos contaram aos amigos que o curso os ajudava a se tornarem mais felizes."

132 O gênio de Israel

Perguntamos a Ben-Shahar, como especialista em felicidade e israelense, por que ele achava que os israelenses eram felizes. Ele começou meio brincalhão. "Há três segredos para a felicidade, e vou revelá-los a vocês. O primeiro segredo é encarar a realidade. O segundo é encarar a realidade. E o terceiro segredo, já adivinharam, é encarar a realidade."

O que a realidade tem a ver com a felicidade? "É que, quando a gente enfrenta a realidade, aprende a lidar melhor com ela", explicou Ben-Shahar. "E os israelenses vivem na realidade. Quando jovem, você tem a experiência do exército, que é muito real, às vezes tão real a ponto de ser desconfortável. Mas isso coloca a vida em perspectiva. Você passa por situações difíceis. Foi difícil, mas, veja, você sobreviveu. Isso é a realidade."

Micah Goodman acha que a proximidade com a realidade torna os israelenses menos propensos a teorias da conspiração e mais confiantes nas instituições do Estado em meio a uma crise. Para os israelenses, a ideia de um "Estado paralelo", secretamente tramando contra uma população desavisada, não é muito crível. Quando uma nação está lutando contra um inimigo comum, não há separação entre as pessoas que estão lutando e o Estado que as está organizando. A maioria dos israelenses se envolve de tantas formas, direta e indiretamente, com serviços nacionais, especialmente em tempos de paz, que o governo deixa de ser uma abstração: faz parte do cotidiano de quase todos.

Esse senso de unidade é expresso no nome de uma canção muito popular intitulada "Eu não tenho outro país". Seu primeiro verso diz: "Não tenho outro país / Mesmo que minha terra esteja em chamas / Uma única palavra hebraica pode / Atravessar as minhas veias, entrar em minha alma".

O patriotismo israelense não é extraordinário. Muitas vezes é tingido por protestos, tristeza e esperança. A canção continua: "Não vou ficar em silêncio porque meu país /se transformou [lit. 'mudou sua face'] / Vou cantar em seus ouvidos / Até que ele volte a seus dias de glória".

CAPÍTULO 7 Povo da história **133**

A canção, escrita em 1986 e gravada muitas vezes, inclusive por um grupo de artistas nos primeiros dias da pandemia, captura a tendência israelense de, em tempos de dificuldade, apelar para o senso de solidariedade que caracterizou as difíceis décadas da fundação do Estado. Mas a palavra "até" carrega consigo a confiança e a esperança de que o retorno do país à sua melhor versão é uma questão de "quando", não de "se". Nunca é tarde demais, porque desistir não é uma opção. Os israelenses veem seu país como um projeto contínuo, e fazer parte de um projeto é uma forma de contato com a realidade, como coletividade e como indivíduos.

Pode parecer paradoxal que a maneira israelense de se aproximar da realidade seja por meio de histórias. Histórias reais do serviço militar como etapa comum na vida, do mundo enclausurado das comunidades ultraortodoxas de Jerusalém, de famílias que vivem com autismo no deserto de Neguev, para citar alguns temas da televisão local. Os israelenses têm autoconfiança, nascida da experiência, de que podem lidar com uma realidade imprevisível. Na verdade, eles parecem ser atraídos por isso. O otimismo com pés no chão é uma parte importante do segredo israelense para a felicidade.

CAPÍTULO 8

Nação da vacinação

O ingrediente mais importante das vacinas é a confiança.

— Barry Bloom, Escola de Saúde Pública T. H. Chan, Harvard

Israel não é um lugar disciplinado. Isso pode ser percebido em estradas, supermercados e em órgãos governamentais. Há uma atitude até certo ponto arrogante em relação às regras em tempos de paz. Os altos impostos sobre renda e comércio contribuem para uma economia "cinzenta", com muitas transações feitas em dinheiro, sem recibo. É uma cultura que se revolta com a ideia de que algumas pessoas podem dizer aos outros o que fazer. Tudo e todos são questionados. A combinação de falta de hierarquia, tendência ao improviso e certo conforto com a bagunça indica que os israelenses são difíceis de treinar para empregos que exigem e atenção aos detalhes, como o serviço de hospitalidade em bons hotéis e restaurantes. Uma cadeia internacional de hotéis de luxo em Israel chegou ao ponto de se recusar a contratar qualquer israelense que já tivesse trabalhado no setor de hospitalidade local, preferindo, em vez disso, treinar sua equipe a partir do zero.

Nada funciona como um relógio. Exceto quando funciona. É como se os israelenses tivessem uma personalidade dividida. Há o *balagan* (algo

CAPÍTULO 8   Nação da vacinação   **135**

entre "caos" e "bagunça") na vida cotidiana. E há também o modo-crise, no qual os israelenses sabem como trabalhar juntos de forma transparente e obstinada. O *misimatiut* (orientação de missão) que eles aprenderam durante o serviço militar garante foco, frieza e disciplina. Uma diferença fundamental entre o modo-cotidiano e o modo-crise é o nível de confiança. No modo-cotidiano diária, a atitude é "Por que devo ouvi-lo? Quem disse que você sabe mais do que eu?". Isso funciona quando não há muita coisa em jogo, mas não durante uma crise, quando uma ação concatenada se faz necessária. Os israelenses aprendem que, para ter sucesso em uma crise, eles devem agir juntos, e que o trabalho em equipe requer confiança nos líderes e uns nos outros. No modo-crise, eles são capazes de suspender a desconfiança de qualquer um que afirme estar acima deles. São capazes de presumir que o mesmo burocrata ou político do governo em quem não confiavam é agora digno de confiança, porque eles compartilham uma missão.

No mais das vezes, a crise em questão tem a ver com a segurança nacional. Essa capacidade de passar para o modo-crise também ficou evidente quando a ameaça era um vírus invisível. Em resumo, Israel se beneficiou da capacidade de passar a confiar na sua liderança política, além da confiança que já existia no sistema de saúde e na ciência médica, em um momento em que, internacionalmente, havia falta de confiança nos três.

◆

Ran Balicer procurava algo para fazer. Aos 25 anos, ele acabara de deixar o posto de médico-chefe do 77º Batalhão de Tanques, uma unidade famosa na história israelense por salvar o país da invasão síria na Guerra do Yom Kippur, em 1973. Corria o ano de 2002, e ele havia assumido o cargo de vice-diretor da área de epidemiologia do corpo médico das forças armadas. Não é exatamente o centro da ação. Para o alto escalão, o planejamento epidemiológico era como trabalhar na redução do colesterol em meio a uma briga de facas.

Como parte de seu treinamento, Balicer teve que fazer uma apresentação para seus novos colegas. Procurando um tópico, ele se

136 O gênio de Israel

deparou com um evento obscuro de cinco anos antes: o surto de 1997 da gripe aviária H1N1 em Hong Kong, um vírus da gripe que normalmente infectava pássaros e saltou para um humano. Infectou apenas 18 pessoas, mas seis delas morreram. Todo o mercado de aves de Hong Kong teve que ser fechado e os rebanhos, abatidos. O surto foi rapidamente esquecido.

Balicer não conseguia entender por que ninguém prestava atenção nisso. "Falei para mim mesmo: 'Quem disse que isso não vai voltar?' O mesmo vírus, mas contagioso, como a gripe. Se um agente extremamente letal se tornar transmissível, 1918 pode se repetir."

A pandemia da gripe espanhola de 1918 é algo de que muitos ouviram falar, mas não tinham ideia da gravidade. Esse vírus infectou cerca de 500 milhões de pessoas – um terço da humanidade à época – e matou aproximadamente uma em cada dez delas. Mais soldados norte-americanos morreram de gripe do que em toda a Primeira Guerra Mundial. Crianças de 5 anos e jovens de 20 a 34 anos foram duramente atingidos. A expectativa de vida nos Estados Unidos caiu 12 anos. A pandemia veio em três ondas, sendo a mais grave a onda intermediária, no primeiro semestre de 1918. Mas continuou presente de forma moderada nos 38 anos seguintes.

Mais de 80 anos depois, a maioria das pessoas acreditava que a doença havia se alastrado porque as pessoas não tinham acesso à medicina moderna. Hoje seria diferente, com certeza. Na verdade, a caixa de ferramentas para combater uma pandemia não havia mudado muito. Até que uma vacina surgisse, o que poderia levar anos, a principal linha de defesa ainda era pensar em máscaras e isolar os doentes.

Havia alguns medicamentos que poderiam ajudar no tratamento ou prevenir a infecção, mas o que aconteceria se o mundo inteiro precisasse deles ao mesmo tempo? "Seriam os mais ricos em primeiro lugar, não os primeiros afetados", disse Balicer. Haveria uma disputa desesperada por um suprimento insuficiente.

A solução clara para um país seria o armazenamento de grandes quantidades de medicamentos antivirais. Mas os governos não tendem a planejar além do próximo ciclo eleitoral. Que ministro quer gastar dinheiro de verdade agora em algo que não sabe se e quando

CAPÍTULO 8 Nação da vacinação **137**

vai ocorrer? Ele teria que encontrar uma razão financeira para justificar tais gastos.

Sentado em seu pequeno escritório, Balicer abriu uma planilha do Excel e fez alguns cálculos. Os custos de uma epidemia, mesmo que "menor", podem ser bem altos. De fato, apenas um ano depois, em 2003, a epidemia de Sars no Canadá custaria ao país mais de US$ 1 bilhão, embora o vírus tenha infectado apenas 251 pessoas e causado 44 mortes.

Analisando os números, Balicer descobriu que, para cada dólar gasto armazenando medicamentos, o governo israelense economizaria US$ 3,68 e muitas vidas. E esse cálculo considerou apenas os custos de dias de trabalho e do sistema de saúde, não o valor das vidas perdidas. Se fosse acrescentado o custo de fechar a economia durante um *lockdown*, os números seriam surpreendentes. De fato, quando da pandemia de covid-19, quase duas décadas depois, o crescimento econômico de Israel encolheu cerca de 6%.

Balicer decidiu tentar publicar seu trabalho como um artigo científico. Mas ele nunca havia escrito para um periódico científico. Seu chefe sugeriu que ele contatasse os mais conhecidos, como o *New England Journal of Medicine*, o *Journal of the American Medical Association* (*Jama*) e o *British Medical Journal* (*BMJ*). Estas eram algumas das mais prestigiadas revistas médicas do mundo, com pouca probabilidade de aceitar o primeiro artigo de um jovem médico. Mas ele foi incentivado a seguir em frente.

Enquanto escrevia, Balicer percebeu que não era um trabalho acadêmico completo, apenas um cálculo aproximado. Mas ele notou que o *BMJ* tinha um recurso chamado "Editoriais" – artigos curtos endossados pelo editor. Isso talvez fosse suficiente para seu modelo financeiro um tanto simplificado de estoque de medicamentos antivirais. "Só soube mais tarde que a gente recebe um convite para escrever um editorial, e que esses convites eram endereçados a grandes formuladores de políticas. Mas eu enviei e eles aceitaram!", contou Balicer, ainda incrédulo.

De posse do editorial publicado, de uma planilha do Excel e do apoio não apenas de seu superior imediato, mas também de Itamar

138 O gênio de Israel

Grotto, seu chefe dois escalões acima, Balicer apresentou sua ideia ao diretor do corpo médico. O diretor ficou intrigado e disse: "Vamos levá-lo para Avi [Yisraeli], o diretor-geral do Ministério da Saúde", que disse: "Isso é interessante, vamos levá-lo para o Ministro da Saúde". O Ministro da Saúde ficou intrigado e disse: "Vamos levá-lo ao Ministro da Fazenda". O Ministro da Fazenda na época era Benjamin Netanyahu.

Seis anos antes, em 1996, Netanyahu havia assumido o cargo de primeiro-ministro, o mais jovem até então (tinha 46), mas em 1999 ele se tornou tão politicamente tóxico que não apenas perdeu o cargo, como se aposentou temporariamente da política. Em 2002, Netanyahu mantinha um séquito dentro do partido Likud e pretendia desafiar o primeiro-ministro Ariel Sharon. Ele fez um acordo com Sharon: carta branca no Ministério da Fazenda em troca de não se opor às políticas de defesa e externa de Sharon. Focado em recuperar o cargo de primeiro-ministro, Netanyahu se tornou o reformador econômico mais radical que o Ministério da Fazenda já vira.

Balicer não tinha certeza de como a obscura questão da preparação para uma pandemia entraria na ambiciosa pauta de Netanyahu. O Ministério da Fazenda era conhecido por vetar novos programas, especialmente sob Netanyahu, conhecido por favorecer a redução de impostos, o corte de gastos e a privatização de empresas estatais. Mas Balicer estava determinado a continuar a bater na porta de órgãos do governo com sua planilha e ver até onde chegaria. "Eu era muito jovem, não tinha noção", lembrou ele. "Pensei que, se provasse que a ideia era boa, as pessoas estariam abertas a ela."

Embora a ideia de Balicer gerasse gastos que não combinavam com política de Netanyahu – na verdade, era o contrário –, Netanyahu também havia servido na principal unidade de comando de elite de Israel, Sayeret Matkal, que se reporta ao chefe de gabinete das IDF. Como participante de muitas operações de risco, a ideia de se preparar para todas as contingências, sobretudo as improváveis, mas catastróficas, lhe era familiar. Tão importante quanto isso, durante seus dias de estudante no MIT, Netanyahu havia estudado o poder do crescimento exponencial. Então, quando foi informado

CAPÍTULO 8 Nação da vacinação **139**

sobre a inevitabilidade de uma pandemia e da necessidade de um estoque de medicamentos, ele disse: "Interessante. Vamos discutir com o governo".

Uma enorme mesa oval de madeira marrom clara e lustrosa domina a sala de reuniões do governo. À mesa para esta reunião estava o governo mais inchado da história israelense: 26 ministros. Resumos, artigos, cadernos e garrafas d'água para todos os ministros cobriam a mesa. Os ministros folheavam vagarosamente os cadernos cheios de memorandos, em muito maior número do que poderiam ler.

No meio, de um lado da mesa, na cadeira enorme reservada para o primeiro-ministro, estava Ariel Sharon. Baixo e encorpado, ele ocupava toda a cadeira. Transpirando energia, Sharon era em parte um homem do campo; em outra parte, um general; e numa terceira parte, um político. Ele era um tomador de decisões e líder nato, e um dos primeiros-ministros mais poderosos da história de Israel. Não é o tipo de pessoa por quem você gostaria de ser pego despreparado.

Balicer sentou-se perto do canto, entre Grotto e Avi Yisraeli. Ele estava mais animado do que nervoso. Estar na sala e assistir a todos esses ministros falarem sobre sua ideia era uma experiência nova. Talvez ele sussurrasse algo ao fundo – mas os superiores é que falariam.

Sharon chegou ao fim da pauta. "OK, o que é isso de estocar medicamentos para a gripe aviária?", perguntou, olhando por sobre os óculos de leitura que o faziam parecer menos o general e mais o severo professor. Yisraeli se levantou e começou a explicar. "O corpo médico das IDF fez um estudo sobre como devemos nos preparar para uma emergência nacional causada por uma pandemia", disse. Yisraeli conhecia seu cliente. Usar as palavras "emergência nacional" era como apertar um botão vermelho.

"Sharon era um general, e generais se preparam para o improvável por natureza", explicou Balicer. Lidar com emergências é o que os generais fazem. A emergência geralmente é chamada de guerra, mas há outras. Seja o que for, a mentalidade é estar sempre preparado.

Sharon começou a metralhar Yisraeli com perguntas. *Qual é a probabilidade disso acontecer? Qual é a pior das hipóteses? Para que servem os medicamentos? Quanto vai custar? Quanto vai economizar?*

140 O gênio de Israel

Yisraeli gesticulou para Balicer falar. Balicer ficou chocado. Não lhe ocorreu que seria chamado para falar com o primeiro-ministro em uma reunião de governo. "Tem certeza absoluta de que quer que eu fale?", cochichou com Yisraeli, que continuava gesticulando para que ele se levantasse. Os ministros se voltaram na sua direção. O primeiro-ministro olhou para ele.

"Algum dia uma gripe aviária vai se transformar em algo mais contagioso, mais mortal, ou ambos", respondeu Balicer. "É provável que não comece aqui, mas seríamos atingidos como parte de uma pandemia global, como a gripe espanhola de 1918. Já aconteceu antes e acontecerá novamente – um dia qualquer, sem aviso prévio. Os hospitais começariam a lotar. O sistema ficaria sobrecarregado. A economia entraria em colapso. Se tivermos medicamentos prontos, isso poderia reduzir muito o custo humano e econômico da pandemia e ganhar tempo até que uma vacina seja desenvolvida."

Agora todos na sala prestavam atenção. "Temos que lembrar que haveria uma luta internacional desesperada para obter medicamentos antivirais durante uma pandemia", continuou Balicer. "O preço seria altíssimo, mas isso não é o pior. Não há capacidade de produção suficiente em tempos normais para lidar com a demanda de uma pandemia." Seu argumento era que não haveria remédio suficiente para todos, independente de preço. "Nosso modelo matemático mostra que, em comparação com os custos de uma pandemia, o preço de um estoque é uma pechincha. Apenas olhando para os custos do sistema de saúde e dias de trabalho perdidos, há quase uma proporção de quatro para um na economia para cada shekel que gastamos."

Esses argumentos pareciam satisfazer Sharon, o general. Mas então o Sharon agricultor entrou em campo. "As galinhas estão todas em gaiolas", observou. "Como elas pegam gripe aviária de outro país?"

"Bem, primeiro-ministro", respondeu Balicer, "parece que somos a terra prometida não apenas para as pessoas, mas também para as aves. Duas vezes por ano, 500 milhões de aves passam por aqui a caminho da África, Europa e Ásia. Israel é um dos primeiros lugares com risco de um surto de gripe aviária."

Enquanto Sharon se aprofundava em suas perguntas sobre a indústria avícola, o Ministro da Agricultura estava agora na berlinda. Após a discussão detalhada, Sharon olhou para o Ministro da Saúde e disse: "OK, vamos votar o plano". E assim foi. Balicer não podia acreditar no que estava acontecendo. Ele estava apenas seguindo sua ideia para ver aonde ela chegaria, como se tivesse vontade própria. Era como um balão que continuava subindo e subindo, mas não explodia. O que começou como um exercício de treinamento se tornaria um programa de 300 milhões de shekels (US$ 67 milhões). Isso é muito remédio para um país pequeno.

O que Balicer não sabia era que, no futuro, ele retornaria àquela sala em um papel fundamental no combate a uma pandemia de verdade. Ele também não poderia ter imaginado que, ao fazer isso, novamente cruzaria com o jovem Ministro da Fazenda.

RNA salvador

"Passe a ligação", disse Albert Bourla a seu secretário. Era o primeiro-ministro israelense, ligando novamente. Ele olhou para o relógio. Eram 8 da noite na sede global da Pfizer em Nova York; eram 3 da madrugada em Israel. Era março de 2020, auge do primeiro confinamento israelense durante a pandemia de covid-19.

Como CEO de uma das primeiras empresas a correr para desenvolver uma vacina contra a covid-19, Bourla recebia ligações de muitos países, inclusive de chefes de Estado. Mas para Bourla, falar com o primeiro-ministro de Israel era diferente. Ele podia sentir as reverberações da história, a história da sobrevivência de seus próprios pais, contra todas as probabilidades, pela carnificina do Holocausto, o renascimento do Estado judeu. Ele agora estava em posição de ajudar Israel – e por meio de Israel, o mundo – a emergir de uma pandemia que já havia ceifado mais de 1 milhão de vidas.

Bourla cresceu em Tessalônica, uma pequena cidade na Grécia que Alexandre, o Grande, batizou com o nome de sua irmã 2.300

142 O gênio de Israel

anos atrás. A comunidade judaica está lá há quase o mesmo tempo. O apóstolo Paulo conta que visitou a sinagoga local. Quando os judeus foram expulsos da Espanha em 1492, a comunidade judaica em Tessalônica cresceu e ocupou a maior parte da cidade. A família Bourla foi nessa onda e consegue traçar sua herança de cinco séculos até lá.

Ao crescer, Bourla ouviu histórias sobre como seus pais sobreviveram ao Holocausto. Quando os nazistas ocuparam a Grécia, em 1941, a família Bourla foi forçada a sair de sua casa para viver com outras quatro famílias judias no gueto. Em fevereiro de 1943, os alemães bloquearam todas as saídas do gueto, e ninguém podia sair. Acontece que o patriarca da família Bourla e dois de seus filhos estavam fora do gueto. O pai disse a seus filhos para escapar e se esconder, e que ele voltaria para o gueto para ficar com a mãe e dois irmãos mais novos. Os dois irmãos assistiram de longe enquanto sua família marchava para a estação de trem junto com o resto da comunidade judaica. Quase 50 mil judeus gregos, incluindo a maioria da família Bourla, morreriam em Auschwitz. Os irmãos sobreviveram à guerra em Atenas, se passando por cristãos, com identidades falsas. Um dos irmãos era o pai de Albert Bourla, Mois.

A família de Mois Bourla era pobre – seu pai era funileiro –, mas Albert também ouviu histórias sobre outra família, uma das mais ricas da cidade. Esta família era proprietária de fábricas de seda em diferentes cidades, a maior delas localizada em Tessalônica. Havia sete crianças na família, cinco meninos e duas meninas. A garota mais velha se apaixonou por um importante oficial grego e se casou. Isso era quase inédito na comunidade judaica naquela época. Ela se converteu ao cristianismo e seu pai a deserdou.

Quando os nazistas chegaram, essa família rica foi despojada de suas fábricas e propriedades e forçada a se mudar para o gueto. Quando ficou mais claro que os judeus seriam deportados para um futuro desconhecido na Polônia, o pai da família estendeu a mão para a filha que ele havia cortado e pediu-lhe para esconder sua irmã adolescente. Era Sara, mãe de Albert Bourla.

Como Sara não tinha nenhum documento e era muito conhecida em Tessalônica, tinha que ficar escondida 24 horas por dia. Mas era

CAPÍTULO 8 Nação da vacinação **143**

uma adolescente obstinada e às vezes saía. Numa dessas vezes, ela foi reconhecida, denunciada e jogada na prisão. Era bem sabido que todos os dias ao meio-dia um caminhão chegava e levava alguns dos prisioneiros para serem executados ao amanhecer da manhã seguinte. A irmã mais velha de Sara convenceu seu marido bem-relacionado, Kostas Dimandis, a pagar o principal oficial nazista da cidade para obter a libertação de Sara. O funcionário pegou o dinheiro e concordou, mas a irmã de Sara não confiava no funcionário. Todos os dias, ela ia para a prisão ao meio-dia para ver os prisioneiros sendo carregados no caminhão. Um dia, ela viu sua irmã entre eles.

Sob grande risco para si mesmo, Dimandis telefonou diretamente para o oficial nazista e o desafiou. "Quando os oficiais gregos não cumprem sua palavra, eles cometem suicídio", disse ele ao oficial. "O que os oficiais alemães fazem?" Na manhã seguinte, ao amanhecer, Sara e os outros prisioneiros estavam alinhados para serem baleados e o pelotão de fuzilamento já estava a postos, metralhadoras em punho. Albert Bourla conta a história: "Uma motocicleta militar BMW com dois soldados, um sentado no *sidecar*, parou e entregou alguns papéis a um oficial. O oficial removeu duas mulheres da fila e as colocou de volta no caminhão. Enquanto se afastavam, elas podiam ouvir os sons das metralhadoras disparando. Uma dessas mulheres era a minha mãe".

Após a guerra, Mois Bourla e seu irmão retornaram a Tessalônica, onde Mois foi apresentado a Sara por um casamenteiro. Em 1961, Albert nasceu, o primeiro de dois filhos. Ao contrário de muitos sobreviventes do Holocausto, seus pais não escondiam suas histórias da guerra. A reação de seus pais ao fato de serem um dos poucos remanescentes de uma comunidade destruída foi celebrar a vida. Albert cresceu como um grego orgulhoso e um judeu orgulhoso. Ele se formou em medicina veterinária pela Universidade Aristóteles em sua cidade natal e conseguiu um emprego na divisão de produtos para animais da Pfizer.

Em 1996, Bourla deixou Tessalônica para começar sua carreira na Pfizer, morando em oito cidades diferentes em cinco países. Em 2018, ele se tornou o diretor de operações da empresa e em 2019, o CEO. Foi um crescimento constante, de uma pequena cidade na Grécia para o topo da Pfizer, uma empresa de US$ 210 bilhões com 78 mil funcionários.

Em 10 de janeiro de 2020, o sequenciamento genético de um novo coronavírus que apareceu em Wuhan, na China, foi publicado *on-line*. Em 11 de março de 2020, a Organização Mundial da Saúde declarou o surto de covid-19 como uma pandemia. Cerca de uma semana depois, a equipe de desenvolvimento e fabricação de vacinas da Pfizer disse à Bourla que eles poderiam produzir uma vacina até meados de 2021. O tempo médio para desenvolver uma vacina era de 10 a 15 anos. e a vacina mais rápida já desenvolvida foi para a caxumba, em 1967: levou quatro anos.

Bourla agradeceu pelo trabalho rápido. Mas, então, surpreendeu a todos na sala. "Não é bom o suficiente", disse ele. "Precisamos que uma vacina esteja pronta para este inverno, quando a próxima onda de covid chegará, junto com a temporada regular de gripe." E assim, nos meses seguintes, a Pfizer dedicou US$ 2 bilhões ao desenvolvimento de sua vacina contra a covid-19, incluindo muitos testes em humanos envolvendo 44 mil voluntários. Quando os resultados chegaram, a vacina provou ser 95% eficaz.

Mas o caminho ainda era longo. "O ingrediente mais importante em todas as vacinas é a confiança", disse Barry Bloom, professor da Escola de Saúde Pública T. H. Chan de Harvard, que combate doenças infecciosas há mais de 40 anos. Citando outro gigante da área, Walter Orenstein, Bloom acrescentou um truísmo que todo epidemiologista conhece: "Vacinas não salvam vidas. A *vacinação* salva vidas".

De certa forma, desenvolver uma vacina é a parte mais fácil. É um problema técnico e científico. Fazer com que as pessoas *tomem* a vacina é um problema humano, e a hesitação em se vacinar cresceu em muitos países à medida que a vacina começava a se tornar uma realidade.

Apesar do sucesso esmagador dos ensaios clínicos, Albert Bourla e a Pfizer enfrentavam um paredão de medo. Devido a sinais confusos de governos, autoridades de saúde pública e comunidade científica,

CAPÍTULO 8 Nação da vacinação **145**

a confiança diminuiu na gama de instituições que diziam que a vacina era segura. Em alguns lugares, a luta contra a pandemia havia se tornado política. A covid-19 era assustadora, mas muitas pessoas pareciam ter ainda mais medo da vacina.

A Pfizer tinha uma janela de oportunidade limitada para provar que as vacinas poderiam acabar com a pandemia e devolver a sociedade à vida normal. Só havia uma maneira de fazer isso. Ver para crer. Como Bourla disse: "Sabíamos que seria bom para a humanidade se tivéssemos um país onde pudéssemos demonstrar que as vacinas podem conter rapidamente a covid e reabrir a economia".

Bourla tinha uma boa ideia de qual país seria esse. Tinha que ser um lugar onde o governo fosse confiável o suficiente para que as pessoas se mobilizassem. O público teria que sair de braços abertos (literalmente), apesar das incertezas.

Para que isso acontecesse, o país precisaria de um governo e de um sistema de saúde capaz de promover uma vacinação rápida, contínua e simples. O país tinha que ser digitalmente experiente, em parte porque isso era fundamental para tornar o processo eficiente, mas também para que a Pfizer pudesse obter os dados necessários para lidar com muitas perguntas não respondidas.

Não apenas a Pfizer, mas o mundo precisava saber: quão bem a vacina funcionaria fora das condições artificiais de um estudo clínico? Por quanto tempo a vacina seria eficaz? Ela realmente precisava ser armazenada a uma temperatura tão baixa? Por quanto tempo poderia ser usada depois de descongelada nos centros de vacinação? As pessoas vacinadas seriam capazes de transmitir a doença, mesmo que não ficassem doentes?

Um dos principais candidatos ao país em questão era a pequena Estônia, no nordeste da Europa, no Golfo da Finlândia, não muito longe da cidade russa de São Petersburgo. O menor dos três estados bálticos, com apenas 1,3 milhão de pessoas, O país tinha uma reputação de inovadora. O Skype havia sido fundado na Estônia e o país tinha uma cena vibrante de *start-ups*. O país talvez tivesse o governo mais avançado digitalmente. Pagar impostos leva três minutos *on-line* e a criação de uma empresa não é muito mais demorada.

146 O gênio de Israel

Até votar em eleições pode ser feito a partir de *smartphones*. A Estônia oferece cidadania virtual a qualquer pessoa de todo o mundo. A Islândia era outro dos principais candidatos, com vários dos mesmos atributos da Estônia. Ambos os países tinham populações muito homogêneas.

É o Bibi, de novo

"Boa noite, primeiro-ministro", Bourla começou a ligação com Benjamin Netanyahu (Bibi, como era conhecido). "Não é muito tarde por aí?"

"Não importa, sem problema", disse o líder israelense em seu barítono característico, marcado pelo cansaço. "Como você acha que a vacina funcionará contra a nova variante do Reino Unido?"

Bourla havia se acostumado com o fato de que Netanyahu conhecia o jargão epidemiológico, perguntando sobre detalhes que apenas os ministros da saúde, ou mesmo aqueles alguns degraus abaixo, conheciam. Era como se Netanyahu fosse seu funcionário. Mais tarde, enquanto tentavam fechar o acordo, o primeiro-ministro israelense se recusaria a deixar que os advogados elaborassem os detalhes em reuniões separadas que poderiam durar dias. Para economizar tempo, ele insistiu que ele e Bourla se juntassem aos advogados nas discussões, para suavizar quaisquer pontos de discórdia.

Mas a intensa enxurrada de ligações acontecera nos meses anteriores, quando Netanyahu tentou convencer Bourla de que Israel deveria ser o primeiro país a receber a vacina da Pfizer em escala nacional. "Queremos comprar vacinas suficientes para proteger toda a nossa população", disse ele, em sua primeira ligação. "Pagaremos o dobro do preço que a União Europeia está pagando, antecipadamente." Netanyahu sabia que seria criticado por pagar demais. Mas na sua cabeça valia a pena. O tamanho da economia de Israel era de cerca de US$ 400 bilhões. Isso significava que cada dia de paralisação custaria ao país cerca de US$ 1 bilhão em atividade econômica

CAPÍTULO 8 Nação da vacinação **147**

perdida, segundo seus cálculos. A vacina, mesmo a um preço inflacionado, custaria algumas centenas de milhões de dólares, no total. Uma pechincha, se significasse que ele poderia abrir a economia de Israel mais cedo. De qualquer forma, Netanyahu sabia que o preço não era o trunfo. Outro país poderia aparecer e oferecer mais do que ele. Mas Israel tinha cartas que outros países não possuíam.

"Israel tem uma combinação de vantagens que você não encontrará em lugar algum", disse Netanyahu a Bourla, vendendo sua ideia. "Somos do tamanho perfeito – pequenos o suficiente para cobrir rapidamente, mas grandes o suficiente para fornecer uma história de sucesso inegável. Também somos extremamente diversos geneticamente. Os israelenses vêm da Etiópia, Rússia, Europa, de todo o Oriente Médio, da América do Norte e do Sul e Austrália. Você não encontra esse tipo de diversidade na maioria dos grandes países, muito menos em um país pequeno como Israel.

"Nossa capacidade de executar uma campanha de vacinação é incomparável", continuou ele. "Temos quatro fundos de saúde muito eficientes cobrindo todo o país, e sabemos como nos organizar e nos unir durante uma crise. Quando estamos em modo de crise, nos mantemos unidos.

"Mas, acima de tudo", disse Netanyahu, jogando sua melhor carta, "temos dados. Não apenas quantidade, mas qualidade. Muitos países podem fornecer dados daqui para frente. Mas não acho que você encontrará outro país que possa combinar os dados de milhões de pessoas vacinadas com seu histórico médico de mais de duas décadas."

Bourla atendeu dezenas de telefonemas de Netanyahu e de seu assessor próximo, Ron Dermer, embaixador de Israel nos Estados Unidos. "Foi meio estranho estar envolvido, porque eu não sabia nada sobre vírus ou pandemias", lembrou Dermer. Mas Netanyahu queria um alto funcionário israelense que estivesse no mesmo fuso horário de Bourla acompanhando as negociações, para interceder a qualquer momento, se necessário; nenhuma das 24 horas de cada dia seria desperdiçada.

148 O gênio de Israel

No final, Bourla foi persuadido. "Fiquei impressionado com a obsessão do seu primeiro-ministro", disse Bourla, mais tarde, em uma entrevista na televisão israelense. "Ele me ligou 30 vezes. Perguntava sobre a vacinação de crianças, sobre a abertura de escolas, sobre mulheres grávidas. Francamente, ele me convenceu de que estava por dentro do assunto."

Bourla também estava ciente de algo ainda mais importante: "Eu sabia que os israelenses têm muita experiência com crises, pois vivem cercados, em grande parte, por nações hostis. Assim, senti que poderiam conseguir e que havia um líder capaz de garantir que isso acontecesse. Então apostamos em Israel". A Pfizer concordou em fornecer 8 milhões de doses, o suficiente para vacinar toda a população adulta de Israel (com duas doses cada), a um custo de US$ 237 milhões, em troca de acesso a dados médicos relacionados à covid-19, pré e pós-vacinação.

Mesmo os críticos mais contundentes de Netanyahu reconheceram que ele merecia crédito por fazer algo que nenhum outro líder mundial conseguira. Gideon Levy, colunista do jornal israelense *Haaretz*, deu crédito a Netanyahu por desempenhar "um papel decisivo na obtenção de vacinas" e escreveu que os oponentes do primeiro-ministro "precisam reconhecer isso. Até Satanás faz algo louvável de vez em quando, e isso deve ser dito a seu respeito".

Mas Netanyahu não teria conseguido sem alguns fatos do seu lado. E os fatos eram, além do tamanho e da diversidade de Israel, aspectos muito mais profundos da sociedade israelense.

Em 20 de dezembro de 2020, Benjamin Netanyahu se tornou o primeiro israelense a receber a vacina contra a covid-19 da Pfizer, ao vivo, na televisão. Mas agora havia um desafio não menos assustador. A vacina havia chegado, mas os israelenses a tomariam?

Com os primeiros 20% da população, em grande parte aqueles em maior risco, seria relativamente tranquilo, sabia o primeiro-ministro. Mas e os 20% seguintes? E os próximos? E os próximos? Metade da população não seria suficiente. O fato de Israel ter uma população jovem era uma faca de dois gumes. Por um lado, significava que o país como um todo era menos vulnerável ao vírus. Por

CAPÍTULO 8 Nação da vacinação **149**

outro lado, um quarto da população (jovens com 16 anos e menos) era, em princípio, inelegível para a vacina. Parecia não haver como contornar isso. Israel teria que vacinar quase inimagináveis 80% da população com mais de 16 anos para obter uma imunidade ampla. E rápido.

No dia em que Netanyahu recebeu seu lote de vacinas, a taxa diária de novos casos em Israel era de 290 por milhão – cerca de metade da dos Estados Unidos. Em 5 de janeiro, o dia em que um terceiro *lockdown* nacional foi anunciado, a taxa de Israel mais do que dobrou, para 772 por milhão, superando os Estados Unidos, e aumentava rapidamente. Israel estava experimentando sua terceira onda, de longe a pior. Desta vez, cerca de 80% das infecções eram da nova variante B.1.1.7, descoberta no Reino Unido. Essa variante era muito mais infecciosa. Israel agora enfrentava seu maior desafio desde o início da pandemia. Como Netanyahu disse na conferência anual de líderes mundiais em Davos, realizada de forma *on-line*: "Estamos numa corrida armamentista, mas desta vez é entre a vacinação e a mutação". Fazer a campanha de vacinação era "como fazer o acompanhamento das munições durante uma guerra. É preciso conseguir as vacinas e depois distribuí-las de uma maneira que muda continuamente", disse ele.

O que Netanyahu não disse é que as tropas nesta guerra não estavam uniformizadas, mas Israel podia contar com elas. As raízes das organizações de saúde que realizaram a campanha remontam a mais de um século. Israel vinha lançando as bases necessárias, fundadas nos laços íntimos entre o povo e seu sistema de saúde, desde muito antes da formação do Estado.

Chamem o pessoal dos dados

Alguns anos depois de seu triunfo inicial – ou sorte de principiante – em convencer o governo israelense a estocar medicamentos para uma hipotética pandemia, Ran Balicer decidiu que era hora de deixar o serviço militar. "Como epidemiologista que adora dados e queria

150 O gênio de Israel

mudar o mundo, era óbvio aonde eu precisava ir." Não era um hospital ou o Ministério da Saúde. "Eu escolhi a Clalit", contou Balicer. A Clalit é a maior rede de clínicas de atendimento sob plano de saúde de Israel e uma das maiores do mundo. Cobre pouco mais da metade da população. Era "a mão que balança o berço", nas palavras de Balicer. Segundo uma piada, se você jogasse uma pedra, atingiria uma clínica da Clalit. Vá para o lugar mais remoto de Israel e haverá uma casa, uma árvore e uma clínica.

"Como alguém que ama dados, percebi que havia muito potencial inexplorado ali", lembrou Balicer. Isso parece óbvio, mas no início dos anos 2000 o campo da ciência de dados não existia. A principal ferramenta para extrair *insights* dos dados, um tipo de inteligência artificial chamada aprendizado de máquina, estava na infância. Para Balicer, no entanto, os dados estavam no centro do futuro da saúde.

Em sua opinião, o paradigma da medicina estava falido. Era reativo. Geralmente, você só vai ao médico quando se sente mal. A essa altura, para muitas condições de saúde, grande parte do dano já pode ter ocorrido. Se essa mesma condição – incluindo os dois maiores assassinos: doenças cardíacas e câncer – fosse detectada mais cedo, muito sofrimento e morte poderiam ser evitados.

A nova fronteira era substituir a medicina reativa pela medicina preditiva. "Há duas maneiras de prever o futuro", explicou. "Ou você arranja uma bola de cristal muito boa ou usa dados." E a Clalit tinha muitos dados.

Para perseguir sua visão da medicina preditiva, ele fundou o Instituto de Pesquisa Clalit. A ideia era chamar médicos, epidemiologistas e especialistas em saúde pública e treiná-los para navegar no mundo da ciência de dados.

Como os dados poderiam prever o futuro? "Digamos que você tenha registros médicos completos dos últimos 20 anos, abrangendo 1 milhão de pessoas", explicou Balicer. "Você coloca todos esses dados no computador e pergunta: existe algum padrão, alguma marca que aparece assim que um câncer ou doença cardíaca está começando a se desenvolver? Me diga qual doença deseja prever e eu tenho o maquinário pronto, aqui e agora." Ele bateu no *laptop*.

CAPÍTULO 8 Nação da vacinação **151**

"E podemos criar um modelo preditivo em tempo real. Ao procurar nos dados os sinais de uma doença, é possível prever os problemas que as pessoas de hoje poderão ter em cinco anos e já tomar medidas para evitá-los."

Quando Balicer começou com essa abordagem, em 2009, precisou de dois anos para produzir o primeiro modelo preditivo. Quando a covid-19 surgiu, sua equipe levou algumas semanas. Eles tinham isso em mãos *antes* que o vírus chegasse a Israel.

Balicer e sua equipe já não eram mais o obscuro "pessoal de dados". Eles estavam na linha de frente da guerra contra um vírus mortal. E sabiam com uma precisão surpreendente como isso aconteceria.

Em um artigo publicado em março de 2020 – quando um pequeno número de casos havia sido descoberto em Israel – Balicer incluiu um gráfico que mostrava o número de casos graves de covid-19 em três ondas de intensidade crescente, a mais alta tocando a linha vermelha pontilhada que indicava que todas as unidades de terapia intensiva de Israel ficariam sobrecarregadas. Israel estava, então, no início da primeira onda. O resto do gráfico previa o que aconteceria quando o país promovesse *lockdowns* e os suspendesse.

A precisão das previsões era incrível. Mas os modelos da equipe de Balicer não estavam apenas fazendo previsões, eles foram capazes de reduzir a taxa de mortalidade em Israel. Usando um modelo que eles desenvolveram e que foi compartilhado em todo o país, a Clalit foi capaz de classificar pacientes individuais em categorias de risco. Todos na categoria 5 – o grupo de maior risco – recebiam um telefonema avisando-os do perigo, orientando-os sobre como se proteger e pedindo que usassem o atendimento *on-line*, em vez de visitar uma clínica. E funcionou. Depois que o modelo foi implementado, os casos graves na categoria de maior risco caíram quase pela metade e na categoria de risco elevado, em quase um quarto.

Essa conquista salvou vidas. Um estudo de outubro de 2020 comparando as taxas de letalidade de casos (TLCs – a porcentagem de casos que se tornam fatais) na Itália, Espanha, Coreia do Sul, Israel, Suécia e Canadá descobriu que Israel tinha a menor em todas as categorias de idade. A diferença foi particularmente pronunciada na

152 O gênio de Israel

faixa etária de 60 a 80 anos: a TLC de Israel era menos da metade do segundo melhor país, a Coreia do Sul, e menos de um quarto da taxa dos piores desempenhos, Suécia e Itália. Em termos de "excesso de mortalidade" geral, que mede as mortes em comparação com o ano anterior, a taxa de Israel ficou pelo menos 50% abaixo daquelas dos Estados Unidos, do Reino Unido, da Itália e da Espanha. Embora muitos fatores provavelmente tenham contribuído para a baixa taxa de mortalidade de Israel, Balicer afirmou que o impacto do sistema de alerta orientado por dados de sua equipe foi "significativo".

Sem os dados de saúde que as clínicas de plano de saúde de Israel coletaram no último quarto de século, nenhuma ciência de dados poderia produzir a medicina preditiva que salvou vidas neste caso, e continua a fazê-lo em todo o sistema de saúde de Israel.

Se Israel não tivesse esse raro acervo de dados – e não menos importante, uma disposição e capacidade de compartilhá-lo e usá-lo – não teria se tornado o banco de ensaio para o lançamento da vacina da Pfizer. Foi aí que as histórias de Albert Bourla, Benjamin Netanyahu e Ran Balicer se juntaram.

País-modelo

"O acordo básico que estou disposto a fazer", disse Netanyahu a Bourla, "é troca de vacinas por dados. Não conheço outro país no mundo que seja capaz de fazer isso." E era verdade, de várias maneiras. Não eram apenas décadas de dados de saúde de milhões de pessoas, que poderiam ser comparados com o desempenho da vacina no mundo real. Era algo ainda mais raro: a disposição da liderança e dos cidadãos de *compartilhar* dados críticos de desempenho com a Pfizer, uma empresa farmacêutica.

No Acordo de Colaboração de Evidências Epidemiológicas do Mundo Real, como foi chamado, a Pfizer se comprometeu a colocar Israel na linha de frente, fornecendo vacinas suficientes para inocular toda a população adulta o mais rápido possível. Em troca, Israel concordou em fornecer uma grande quantidade de dados epidemio-

CAPÍTULO 8 Nação da vacinação **153**

lógicos agregados. Esse arranjo permitiria que a Pfizer e o mundo obtivessem a informação mais esperada: a eficácia real da vacina. A Pfizer também precisava das características específicas daqueles que contraíram a doença apesar de estarem totalmente vacinados – as chamadas infecções invasivas (*breakthrough*). Era fundamental saber o quão bem a vacina funcionava e em quem estava sob maior risco de *não* funcionar.

Netanyahu estava orgulhoso com o acordo de troca de vacinas por dados. "Israel será um modelo para o mundo", disse ele. "Israel compartilhará com a Pfizer e com o mundo inteiro os dados estatísticos que ajudarão a desenvolver estratégias para derrotar o coronavírus."

O acordo estipulava que nenhuma informação de saúde em nível individual seria compartilhada e que a pesquisa relevante seria publicada em uma revista médica de destaque. Israel também cumpriria sua lei de privacidade de dados de saúde, semelhante à HIPAA nos Estados Unidos.

Os dados médicos são os dados mais confidenciais que existem e, pelo menos nos Estados Unidos, compartilhá-los com grandes empresas ou com o governo é controverso. Uma pesquisa de 2019 com 1.010 norte-americanos descobriu que apenas 16% estavam dispostos a compartilhar seus dados médicos com empresas farmacêuticas e 9%, com o governo. Apenas 36% dos norte-americanos estavam dispostos a compartilhar seus dados médicos com seu plano de saúde.

Não surpreende que um fator crítico para determinar o nível de conforto de uma pessoa com o compartilhamento de dados médicos é a confiança. Em uma pesquisa de 2018 no Reino Unido e na França, 94% disseram que a confiança era importante para eles quando se tratava de compartilhar dados. E em Israel, as clínicas que atendem sob plano de saúde estão entre as instituições mais confiáveis do país; elas são os repositórios dos dados médicos de todos.

Neste caso, porém, não foram as clínicas que fizeram o acordo de compartilhamento de dados com a Pfizer, foi o governo nacional e especificamente uma pessoa: Benjamin Netanyahu. Os políticos, em

154 O gênio de Israel

Israel e na maioria dos lugares, estão entre os membros menos confiáveis da sociedade. Em praticamente qualquer outra democracia rica, dificilmente um político que usasse na campanha de reeleição o fato de ter compartilhado os dados da população para conseguir vacinas teria sucesso. Mas em Israel era o contrário. Netanyahu esperava usar o acordo na campanha eleitoral. Como era possível?

Todos juntos

Yonatan Adiri foi diretor de tecnologia sob o falecido presidente Shimon Peres e depois fundou uma *start-up* de saúde digital, a Healthy.io. Para explicar o elemento de confiança na campanha de vacinação, ele deu uma aula de história.

"Bem antes do nascimento do Estado, os fundadores tomaram uma decisão fundamental: os cuidados de saúde tinham que ser universalmente acessíveis", explicou ele. "Por lei, todos devem pertencer a um dos quatro fundos de saúde sem fins lucrativos, e os fundos não podem negar cobertura."

No final da década de 1980, no entanto, o sistema havia se deteriorado. Sobrecarregados com uma burocracia sufocante, os tempos de espera aumentaram e a qualidade caiu. Em 1995, essa crise levou a uma reforma estrutural. Os membros foram autorizados a mudar de um fundo de saúde para outro. Os fundos não podiam competir em preço – os cuidados de saúde eram, em sua maioria, gratuitos – então eles tinham que competir em qualidade, custo-benefício e conveniência.

Então, em 2012, veio a revolução que redefiniu a concorrência: o sistema se tornou móvel. Como fundador de uma *start-up* de saúde baseada em aplicativos, Adiri foi se empolgando ao descrever o quão longe esses fundos de saúde anteriormente indigestos chegaram. "Os aplicativos móveis do sistema de saúde israelense são fantásticos. Eu diria que eles poderiam enfrentar os 10 principais aplicativos que você encontra na Google Play Store ou na App Store. E são organizações sem fins lucrativos patrocinadas pelo Estado ", destacou ele.

CAPÍTULO 8 Nação da vacinação **155**

Cada fundo de saúde agora via seu braço digital como a chave para a vantagem competitiva. Os fundos veiculavam anúncios de TV mostrando os serviços que ofereciam por meio do aplicativo. Um anúncio mostrava um casal em um restaurante. Enquanto o marido pedia ao garçom mais um minuto para examinar o cardápio, sua esposa grávida marcava uma consulta para um *check-up* pelo aplicativo. Outro anúncio mostrava uma mãe fazendo um *check-up* virtual ao vivo com um médico, no meio da noite, sem que sua filha doente tivesse que sair da cama. O anúncio mostrava a mãe usando um dispositivo criado por uma *start-up* israelense e fornecido pelo fundo de saúde para verificar os sintomas de sua filha, dando ao médico todas as informações necessárias para diagnosticar e emitir uma prescrição eletrônica que poderia ser usada em qualquer farmácia.

Um aspecto fundamental é que os fundos de saúde recebem pelo número de membros, não pelo número de exames ou procedimentos solicitados. Esse arranjo significa que seu incentivo é manter seus clientes fora do hospital, concentrando-se em cuidados primários, preventivos e remotos. O fundo de saúde também tem interesse em que os usuários se mantenham saudáveis e fora do hospital, o que ajuda a construir confiança no sistema.

Embora os fundos de saúde não estivessem deliberadamente se preparando para uma pandemia, sua ênfase no atendimento descentralizado – distribuído em clínicas de bairro e casas individuais – acabou sendo uma grande vantagem, tanto para o tratamento de casos de covid-19 quanto para a campanha de vacinação.

"Uma das razões pelas quais os cuidados de saúde israelenses são tão eficazes", segundo nos contou Ran Balicer, "é que são bastante pessoais e voltados à comunidade". Quanto melhor as pessoas conhecerem seu médico e a clínica do bairro, e quanto mais fácil for manter esse envolvimento, mais cedo os problemas serão detectados e menos pessoas precisarão ir ao hospital. Essa orientação comunitária também leva à confiança.

"A melhor maneira de lidar com a hesitação é que as pessoas vejam que todos ao seu redor estão sendo vacinados e ouçam de uma

156 O gênio de Israel

autoridade confiável, citando dados de qualidade, que é seguro e eficaz", disse Balicer. "Essa confiança não pode ser produzida no último minuto; precisa que ser construída ao longo dos anos."

Operação "Ofereça um Ombro"

A campanha de vacinação de Israel começou em 20 de dezembro de 2020. Até 15 de janeiro de 2021, mais de 80% dos israelenses com mais de 60 anos haviam recebido pelo menos uma dose. Assim, em menos de um mês, Israel vacinou a grande maioria das pessoas em maior risco, além de mais de um terço da população com idades entre 16 e 60 anos.

O mundo assistiu com admiração. Como o *Telegraph* noticiou, "[Israel] não apenas está à frente de todos os outros, como o ritmo de sua vacinação é surpreendente. Isso suscita a pergunta: como conseguiram? E o que outros países podem aprender com isso?".

Algumas pessoas presumiram que a explicação era Israel ser um país pequeno, onde tudo fica mais perto. Mas os fatos não confirmaram essa teoria. Surpreendentemente, muitos países pequenos estavam pior do que os grandes. Até 1º de março, as pequenas e eficientes Suíça e Dinamarca haviam administrado menos de 10 doses de vacina a cada 100 pessoas. Os Estados Unidos e o Reino Unido, por sua vez, estavam muito à frente dessas nações, tendo administrado cerca de três vezes mais – 32 e 27 doses a cada 100 pessoas, respectivamente. Mas Israel estava em outro nível. Com 87 doses por 100, Israel conseguiu vacinar mais do dobro de seus cidadãos do que os Estados Unidos e o Reino Unido, e quase 10 vezes mais do que países como Suíça e Dinamarca.

Outra parte desse mistério foi como a campanha israelense conseguiu alcançar tantos jovens adultos. Em 16 de março, três meses após o início da campanha de vacinação, 9 em cada 10 israelenses com mais de 40 anos estavam vacinados. Mas e aqueles com menos de 40 anos? Muitas pessoas com menos de 40 anos não se sentiam pessoalmente ameaçadas pelo vírus. Além disso, naquela época quase

CAPÍTULO 8 Nação da vacinação **157**

toda a população em risco havia sido vacinada, então protegê-las parecia menos urgente.

Nesse quesito, a campanha de vacinação começou a ficar criativa. A prefeitura de Tel Aviv começou a oferecer de graça pizza, homus e *kanafeh* – um bolo doce popular no Oriente Médio – para quem passasse por dois centros de vacinação improvisados. Uma semana depois, a prefeitura estacionou um centro de vacinação móvel do lado de fora de um bar muito frequentado. Desta vez, o acordo era uma dose em troca de uma dose: bebida de graça, sem agendamento necessário. Uma cidade recrutou DJs para atrair um público mais jovem.

Outro elemento importante foi o endosso dos principais rabinos *haredim*. Este trabalho coube a Ran Balicer, que participava de uma reunião semanal de médicos *haredim* para responder suas perguntas. "Nunca suei tanto em um *briefing*; eles estavam muito bem-informados", lembrou Balicer. No final, saíram convencidos, e pouco tempo depois alguns dos principais rabinos emitiram uma decisão oficial de que, de acordo com a lei judaica, todos deveriam ser vacinados. Daquele momento em diante, as taxas de vacinação nas comunidades *haredim* – que estavam bem atrás da maior parte do país – aumentaram para cerca da média nacional.

Os israelenses se uniram para afastar um inimigo comum. "É realmente uma guerra [...] e Israel tem experiência em batalhas", afirmou Allon Moses, diretor do departamento de doenças infecciosas do Hospital Hadassah, de Jerusalém. "É muito semelhante a uma batalha: você tem um inimigo, tem a munição certa... e só precisa disparar", disse ele ao *Telegraph*. Como nos explicou Ran Balicer: "Sabemos como mudar de marcha em caso de emergência. Sendo assim, quando o apito soa, nossas equipes sabem como criar um plano em grande escala".

Em outros países, as campanhas de vacinação ficaram amarradas por regras complexas que determinavam quem seria vacinado primeiro. Em Israel, a velocidade teve precedência sobre a priorização. As vacinas estavam disponíveis para profissionais de saúde, pessoas com saúde em risco e aqueles com mais de 60 anos. Mas não

158 O gênio de Israel

havia problema se alguém aparecesse e dissesse que estava cuidando dos pais idosos. Eles acreditariam na sua palavra e diriam para você entrar. Todos estavam sendo vacinados rapidamente, não havia problema em "furar a fila". (Aliás, os israelenses não são bons em ficar na fila.) Também era importante não desperdiçar nenhuma vacina que, uma vez descongelada, precisaria ser usada ou jogada fora. Quando ficavam sem "clientes" no final do dia, os profissionais de saúde ofereciam vacinas a qualquer pessoa que aparecesse, independentemente da idade.

♦

Benjamin Netanyahu tem sido, durante sua longa carreira, um dos líderes que mais dividem opiniões na política israelense. Em cinco eleições em menos de quatro anos, a maior divisão da política israelense foi: a favor ou contra Bibi.

Metade do país tendia a confiar em Netanyahu; a outra metade desconfiava dele, até desprezava. Diante desse quadro, seria de se imaginar que Netanyahu não tivesse a menor chance de obter apoio generalizado para uma campanha de vacinação. Especialmente porque havia razões concretas para os israelenses hesitarem.

A primeira possível razão para a desconfiança era o fato da vacina da Pfizer se basear numa nova tecnologia calcada em mRNA que nunca havia sido usada numa vacina. A segunda era que a vacina havia sido desenvolvida e testada em questão de semanas, em vez de anos. Para completar, havia um terceiro fator, que, ao contrário dos outros dois, era um obstáculo exclusivo do caso israelense: ser a cobaia do mundo.

Enquanto outros países poderiam olhar para Israel – e o fizeram – para ver se a vacina era tão segura e eficaz quanto alegado, os israelenses não teriam nenhuma garantia do tipo.

De certa forma, ser um pioneiro é uma forma de confiança. Como a Clalit, segundo maior fundo de saúde de Israel, o Maccabi mantinha registros médicos eletrônicos há décadas. Varda Shalev

CAPÍTULO 8   Nação da vacinação   **159**

foi a fundadora e CEO do Maccabitech, o centro de inovação de *big data* do fundo. "As *start-ups* de outros países às vezes me procuram querendo comprar nossos dados. Eu respondo que não é assim que trabalhamos – não somos um *shopping center*", contou Shalev. "Vemos o trabalho com uma *start-up* como uma parceria. Fazemos parte de uma comunidade."

Shalev nos contou que sempre procura por um "ganha-ganha--ganha", ou seja, o paciente, a *start-up* e o Maccabi se beneficiam. O espírito de cooperação é contagiante, disse ela: "Muito antes da covid, perguntávamos aos nossos clientes: você já está fazendo exame de sangue, urina ou outros testes, então será que nos permitiria levar um pouco mais para o nosso Biobanco e usar isso para fins de pesquisa? Bem mais de 50% respondem que sim. Nenhuma pergunta sobre quem lucrará, nenhuma pergunta sobre privacidade, nenhum pedido de compensação... nada. As pessoas aqui só querem ajudar".

Essa mentalidade perdurou durante a covid-19, quando uma grande empresa farmacêutica fez um acordo com um líder polarizador para oferecer uma tecnologia de vacina não testada e lançada no mercado em tempo recorde. Por que os israelenses abraçaram tão voluntariamente a ideia de serem os primeiros? Por que eles foram em tão grande número para as filas para serem vacinados? Por que deram ouvidos a um líder contra o qual talvez recém tivessem saído às ruas para protestar?

O que eles fizeram diz muito sobre a sociedade israelense. A pandemia foi um experimento natural em inúmeros países e culturas. Quais deles acabariam se despedaçando e quais acabariam se unindo? Neste teste, a sociedade israelense demonstrou algo fundamental: uma profunda corrente de solidariedade que permite aos israelenses alternar entre agir como indivíduos e como um coletivo, criando um equilíbrio único entre ambos.

CAPÍTULO 9

Não há lugar como o lar

Quando eu estava crescendo, a maioria dos turistas que visitavam Israel vinha ver a Terra Santa. Hoje eles vêm para ver a Nação Start-Up. Israel costumava ser um lugar em que as pessoas vinham visitar o passado. Agora também é um lugar para ver o futuro.

— Micah Goodman

"Até que ponto os CEOs estão assustados com ataques ciberné-ticos?" Essa foi a abertura de um artigo da Bloomberg News cobrindo o Fórum Econômico Mundial anual em 2015. "Assustados o suficiente para que dezenas deles aparecessem para um café da manhã em Davos com Nadav Zafrir, ex-comandante da unidade de tecnologia e inteligência, a 8200, das Forças de Defesa de Israel (IDF) e fundador do Comando Cibernético das IDF. [...] Zafrir parece a versão cinematográfica de um contraterrorista."

Em seguida, o artigo cita os figurões de Davos – o CEO do Citigroup; o presidente e CEO da Loews; o cofundador do Carlyle Group; e os principais investidores de risco do Vale do Silício – cativados por Zafrir enquanto ele era entrevistado em um bate-papo ao lado da lareira por Thomas Friedman, do *New York Times*. Este café da manhã em Davos foi organizado pela Start-Up Nation Central, uma organização sem fins lucrativos sediada em Tel Aviv que liga o ecossistema tecnológico de Israel a empresas, governos e ONGs de todo o mundo que procuram inovadores israelenses para resolver seus desafios mais urgentes. De acordo com pesquisas da Start-Up Nation Central, nos cinco anos anteriores a 2023, o setor de segurança cibernética israelense arrecadou cerca de 10% de todo o capital da área no mundo. Esse volume é superior ao arrecadado por todo o setor cibernético europeu no mesmo período.

Zafrir é "o cara" em três setores de rápido crescimento: *fintech*, segurança cibernética e capital de risco. Os investidores da Team8 de Zafrir incluíam o fundo soberano de Singapura, Barclays, Walmart, Moody's, Airbus, AT&T, o fundo de *venture capital* de Eric Schmidt e a Bessemer.

Embora segurança cibernética e segurança na nuvem possam parecer uma preocupação apenas dos tipos de CEOs e investidores que aparecem em um café da manhã em Davos, é mais preciso considerá-las como parte da infraestrutura básica que permeia nossas vidas diárias – como o abastecimento de água, a rede elétrica e a internet. É a infraestrutura que possibilita todas as outras.

Os sistemas de saúde são especialmente vulneráveis. Um *ransomware* malicioso chamado WannaCry paralisou o Serviço Nacional de Saúde do Reino Unido em maio de 2017. Até 70 mil dispositivos – incluindo aparelhos de ressonância magnética, refrigeradores de armazenamento de sangue e equipamentos de sala cirúrgica – foram afetados. No total, o ataque WannaCry, que exigiu US$ 300 por computador para obter uma chave de descriptografia, afetou cerca de 200 mil computadores em 150 países.

Em setembro de 2020, durante a pandemia, um ataque de *ransomware* atingiu a Universal Health Services, dos Estados Unidos – uma empresa que opera em 38 estados. Um de seus médicos enviou um SOS: "Todos, exceto um de nossos laboratórios de cateterismo, estão desativados e nosso hospital-irmão não tem laboratórios de cateterismo. Eles estão transferindo pacientes para nós. Sem serviços de anestesia. Também destruiu os consultórios ambulatoriais. Estou aqui tentando descobrir o que está acontecendo com meus pacientes".

162 O gênio de Israel

Dezenas de empresas da Fortune 500 agora eram clientes de *start--ups* da Team8. Com toda essa tração, Zafrir e sua esposa, Maya, decidiram desenraizar sua família (três filhos pequenos) e levá-los para Nova York, para ficar mais perto de seus clientes. Às vezes era difícil estar em Tel Aviv, a 10 mil quilômetros da capital financeira do mundo e ainda mais longe do Vale do Silício.

Logo depois que a família de Zafrir se estabeleceu, a vida nos Estados Unidos ficou muito confortável: "Minha filha estava começando o ensino médio. Estava indo muito bem. O pessoal que orientava os alunos na escolha da faculdade nos disse que ela estava destinada à Ivy League, ou seja, a uma dentre as oito mais prestigiadas do país. Meu filho, que é alguns anos mais novo que ela, trilhava o mesmo caminho". Quatro anos depois, Zafrir virou sua vida de cabeça para baixo novamente. Desta vez, foi para aproximar seus filhos de um tipo diferente de ação. "Quero que meus filhos sirvam no exército", ele disse. Assim, levou a família de volta para Israel.

No segundo ano do ensino médio, os adolescentes israelenses recebem um comunicado conciso das IDF com a data em que devem se apresentar em um centro de recrutamento para fazer vários testes. Pouco depois, eles podem ver sua pasta *on-line*, onde constam as diferentes unidades para as quais são elegíveis, algumas das quais exigem mais testes. Eles podem indicar as opções preferidas, o que pode ou não influenciar seu encaminhamento final.

Zafrir caiu na realidade: "Eu sabia que, se não voltássemos logo, meus filhos ficariam cada vez mais confortáveis com suas vidas, que era uma mistura de vida boa e uma disputa de egos. [...] Ainda que pudessem se formar em Harvard, nunca teriam realmente servido a algo maior do que a si próprios".

Portanto, a atração da vida israelense levou Nadav Zafrir de volta ao país. Do ponto de vista comercial, essa não foi uma decisão fácil, uma vez que muitos dos clientes e investidores da empresa estavam sediados nos Estados Unidos.

É difícil imaginar um CEO de tecnologia de qualquer outro lugar decidindo se mudar para que seus filhos pudessem servir nas forças armadas. Isso diz muito sobre aspectos que distinguem a sociedade

CAPÍTULO 9 Não há lugar como o lar **163**

israelense: o compromisso instintivo com uma causa maior, como contribuir para o país; a necessidade essencial de fazer parte de um grupo; o reconhecimento de que há algo saudável na sociedade israelense que não deve ser desperdiçado.

No passado, muitos dos principais empreendedores de Israel eram atraídos por ímãs opostos: a atração de viver no mercado-alvo (geralmente os Estados Unidos) e a atração de não perder os pontos fortes da sociedade israelense. O capitalista de risco israelense Chemi Peres pensou muito sobre os três anos que passou morando no Vale do Silício durante um *boom* tecnológico anterior. "A qualidade de vida – vida pessoal e vida profissional – era maravilhosa. E, no entanto, todas as noites durante esses três anos eu ficava acordado pensando que havia algo de errado. Eu sabia que aquela não era minha casa, nem minha comunidade, nem meu país."

A era da pandemia acelerou o realinhamento desses ímãs. O ímã israelense ficou mais forte, e a atração de viver em mercados estrangeiros ficou mais fraca. É uma tendência também visível entre os israelenses que trabalham como altos executivos em algumas das maiores corporações do mundo.

O caso de Zafrir e sua família é um bom exemplo de por que os israelenses gostariam de dar a seus filhos as experiências únicas que tiveram ao crescer e começar a vida. Isso faz parte da crescente atração do ímã israelense. A outra parte é o lado dos negócios. A necessidade dos israelenses se mudarem para a cidade-mãe, mesmo daqueles que cresceram dentro de grandes empresas de tecnologia estrangeiras, está diminuindo.

A terra das multinacionais

Michal Braverman-Blumenstyk cresceu em Yad Eliyahu, um bairro da classe trabalhadora em Tel Aviv. Sua mãe era professora e seu pai, dono de uma lavanderia. "Como parte da geração pioneira, meu pai tinha certa noção do que significa ser israelense – alguém forte intelectual e fisicamente. Ele disputava corridas e jogava xadrez comigo e me estimulava a correr riscos", lembrou ela. Quando pequena, costu-

164 O gênio de Israel

mava brigar com garotos três anos mais velhos. Mas seu pai não estava preocupado. "Ele dizia: 'Esqueça, da próxima vez você vai ganhar'."

Braverman-Blumenstyk cumpriu o serviço militar numa unidade de guerra eletrônica da força aérea, período em que conheceu seu futuro marido. Após o serviço militar, ambos decidiram estudar nos Estados Unidos, ele odontopediatria e ela ciência da computação. Ela estava a caminho do doutorado na Universidade de Columbia, mas depois de tirar licença por um ano para trabalhar no setor privado, estava viciada. "De repente, quando comecei a desenvolver produtos e interagir com os usuários, pensei: 'Uau, isso é satisfação imediata'", conta.

Assim, para consternação de Columbia e de seus pais, Braverman-Blumenstyk abandonou seu programa de doutorado e, alguns anos depois, voltou para Israel para trabalhar em uma série de *start-ups*. Ela acabou na Cyota, uma empresa de segurança cibernética que foi pioneira no uso de inteligência artificial e que acabou sendo comprada pela RSA, a empresa de transmissão de segurança de dados líder do setor nos Estados Unidos. Um dos fundadores da Cyota, Naftali Bennett, mais tarde serviria como primeiro-ministro de Israel.

Após a aquisição, Braverman-Blumenstyk tornou-se a líder da RSA Israel. A RSA acabou por estabelecer uma *joint venture* com a Microsoft, e depois disso o futuro CEO da Microsoft, Satya Nadella, pediu a Braverman-Blumenstyk que se mudasse para a sede da empresa em Redmond, Washington, e lançasse lá o principal centro de segurança cibernética da Microsoft. Ela não apenas se recusou a se mudar, como argumentou que o centro cibernético global da Microsoft deveria se situar em Israel:

> Eu disse a Satya, em termos de espaço cibernético, o fato de eu estar em Israel é uma grande vantagem. Onde mais no mundo você encontra, numa área de 10 quilômetros quadrados, uma série de centros cibernéticos multinacionais, *start-ups* e cientistas de IA que se conheçem? Mesmo que sejamos concorrentes, trocamos ideias. Toda essa interação cria um ambiente único, onde a inovação simplesmente se desenrola.

CAPÍTULO 9 Não há lugar como o lar **165**

Nadella cedeu e Braverman-Blumenstyk permaneceu em Israel, assumindo um papel global como diretora de tecnologia da divisão de segurança de nuvem e IA da Microsoft. No início de 2020, ela também se tornou chefe da Microsoft Israel. Braverman-Blumenstyk defendeu a permanência em Israel com base no interesse global da empresa. Atrair e manter os melhores talentos era fundamental para a Microsoft e, como mãe trabalhadora, ela acreditava que Israel era um lugar melhor para criar famílias. "As mulheres israelenses", explicou ela, "são menos obrigadas a escolher entre ter filhos e começar uma carreira." Na Universidade de Columbia, ela já se destacava como uma das três mulheres no departamento de ciência da computação, mas depois fez algo inédito. Assim como em Israel, quando estava atarefada demais, levava seu bebê para a aula.

"Levar crianças para o trabalho é a norma em Israel", relata. Assim, quando a Microsoft Israel construiu sua nova sede, Braverman-Blumenstyk insistiu em dar um toque israelense – "salas para a família" com estações de trabalho e uma grande área de lazer no mesmo espaço aberto. Em Israel, os locais de trabalho não são tratados como zonas livres de crianças.

Braverman-Blumenstyk fica muito animada ao discutir sua contribuição para a diversificação da crescente força de trabalho tecnológica de Israel. Ela é defensora de trazer mais *haredim* e árabes para o setor de tecnologia. Ela acha que a força de trabalho israelense na área de tecnologia pode ser dobrada, de um em cada dez trabalhadores hoje para um quinto do total.

Sua experiência no comando da Microsoft em Israel também a colocou na vanguarda de uma tendência em franca evolução. Quando escrevemos o livro *Start-Up Nation*, em 2009, havia menos de 150 empresas multinacionais com operações em Israel. Em 2023, o número havia crescido para mais de 400, de acordo com o Start-Up Nation Finder, representando 35 países da América do Norte, América do Sul, Europa, África e Ásia.

As empresas incluem gigantes da tecnologia como Microsoft, Amazon, Google, Apple, IBM, Infosys, Intuit, Salesforce, Meta e Intel e empresas farmacêuticas e de ciências da vida, como Pfizer,

166 O gênio de Israel

Moderna, Medtronic e Merck. Israel é uma escolha lógica para a criação de operações de P&D em inovação de multinacionais de tecnologia e saúde. Mas mais recentemente, as montadoras Mercedes-Benz e GM, a fabricante de equipamentos pesados John Deere e empresas globais de consumo como Coca-Cola, PepsiCo, Walmart e Procter & Gamble fizeram a mesma escolha.

Esses gigantes globais estão construindo operações em Israel não para acessar seu mercado local (que é minúsculo) ou para servir como um centro logístico para alcançar outros mercados regionais (podem fazer isso mais facilmente a partir de países próximos, como os Emirados Árabes Unidos). Eles estão se estabelecendo em Israel para resolver problemas por meio de inovações não convencionais baseadas em tecnologia.

A nova oportunidade para estrelas de tecnologia israelenses como Braverman-Blumenstyk, que querem se transformar em altos executivos corporativos em multinacionais, é poder fazer isso sem desistir de sua vida comunitária enraizada em Israel. Ao insistir em viver em Israel, eles passam a fazer parte do ímã que atrai outras multinacionais a ali se estabelecerem. De repente, o "laguinho" do ecossistema tecnológico do país acabou ficando bem maior.

Também temos observado cada vez mais essa dinâmica com *start-ups* adquiridas por empresas globais. Nas duas primeiras décadas do *boom* de *start-ups* de Israel, quando empresas israelenses eram adquiridas, elas se realocavam, geralmente para a região da baía de San Francisco ou para a cidade de Nova York. Daí, porém, veio o efeito Waze.

Devo ficar ou devo ir?

O Waze é a *start-up* de navegação projetada para ajudar os condutores de carros a evitar engarrafamentos e fazer o trajeto mais rápido possível até seu destino. Mas os fundadores do Waze seguiram um caminho diferente da maioria das *start-ups* israelenses, que tendiam a desenvolver tecnologias que ficaram enterradas dentro de grandes empresas como Qualcomm, Intel, IBM e Microsoft. Em geral, vender diretamente aos consumidores não era uma especialidade israelense. Sua força estava na inovação inicial, não em *design*, ven-

CAPÍTULO 9   Não há lugar como o lar   **167**

das e distribuição em mercados distantes que os empreendedores israelenses não entendiam completamente.

O Waze começou sua vida em 2006 como uma organização sem fins lucrativos, chamada FreeMap. Era um aplicativo alimentado por pessoas por excelência, que levava a revolução de *crowdsourcing* da Wikipédia à navegação. Antes da Wikipédia, as enciclopédias eram cuidadosamente compiladas por empresas que as vendiam aos consumidores. Antes do Waze, as empresas de mapeamento faziam o mesmo. Os fundadores do Waze – Ehud Shabtai, que teve a ideia original e mais tarde se juntou a Uri Levine e aos irmãos Amir e Gili Shinar – tiveram uma ideia maluca: e se os mapas pudessem ser *crowdsourced* pelos próprios condutores?

À medida que os condutores usassem o aplicativo, as ruas apareceriam no mapa por onde eles tinham dirigido. A ideia parecia não fazer sentido por causa do problema da galinha e do ovo: era necessário que os condutores usassem o aplicativo para que o mapa fosse desenvolvido, mas por que os condutores usariam o aplicativo se não houvesse mapa? A sorte – ou o brilhantismo – do Waze foi sua capacidade de explorar a paixão dos pioneiros, aqueles indivíduos que não se importam se um produto não é perfeito, ou mesmo funcional, desde que possam fazer parte da sua construção.

O elemento social não era menos importante. Ao usar o aplicativo, você podia ver seus colegas usuários do Waze – chamados *wazers* – se movendo pelo mapa também. Hoje, com milhares de usuários ao seu redor, isso parece fácil, mas no começo foi uma revelação. Um dos aspectos que fisgou o interesse do CEO Noam Bardin na empresa foi quando sua esposa disse que ver outros *wazers* lhe dava a sensação de que ela "não estava sozinha".

Pouco a pouco, os mapas se acumularam, primeiro em Israel e lentamente em outros países. Em lugares como Costa Rica e Malásia, *wazers* ajudaram a produzir os primeiros mapas navegáveis de algumas partes do país. Quanto mais condutores o usavam, mais útil o mapa se tornava. Chegou um momento em que havia usuários suficientes para mostrar engarrafamentos e permitir que o aplicativo orientasse os condutores sobre eles.

168 O gênio de Israel

Em julho de 2012, o Waze anunciou que tinha 20 milhões de usuários, metade dos quais se juntara nos seis meses anteriores. *Wazers* tinham usado o aplicativo para dirigir por mais de 5,1 bilhões de quilômetros. O Waze teve um impulso inesperado em setembro daquele ano, quando o Apple Maps foi lançado, porque esse aplicativo incluía uma série de erros bizarros, como aeroportos-fantasmas e cidades faltando ou no lugar errado. O CEO da Apple, Tim Cook, emitiu um pedido público de desculpas pelas "frustrações" que o aplicativo causou, apontando aos usuários alternativas como "Bing, MapQuest e Waze". Essa menção aumentou os *downloads* do Waze em 40%. Foi um momento tão importante que anualmente a empresa comemorava o "Dia do Tim Cook" para marcar o evento.

Facebook, Apple e Google se alinharam como pretendentes para comprar o Waze, que não estava à venda. A empresa nem tinha um banqueiro de investimentos na época. No final, a Google venceu a disputa com o que, na época, parecia uma quantia enorme para uma *start-up* israelense – mais de US$ 1 bilhão. O TechCrunch, um popular *site* de notícias do Vale do Silício que cobre o mundo das *start-ups*, deu como manchete: "Afinal, o que é Waze e por que a Google acabou de pagar mais de 1 bilhão por isso?". Foi especialmente intrigante, porque o Google Maps já liderava o mundo dos mapas *on-line*. Por que comprar outro aplicativo de mapa?

A diferença era social. Nenhum dos gigantes da tecnologia existentes – Google, Microsoft e Apple – tinha um componente social. Já com o Waze, como pontuou o *New York Times*, "a multidão é o mapa e, com tal, pode exalar energia". Cerca de um terço dos usuários do Waze estava compartilhando informações sobre lentidão no trânsito, radares de velocidade e bloqueio de estradas. E essa participação permitia que o Waze atualizasse rotas em tempo real.

O Waze "criou uma cultura em que você pode realmente ajudar os outros", disse Bret McVey, *designer* gráfico de Omaha, Nebraska, que contribuiu com cerca de 280 mil alterações nos mapas do Waze em um ano. Os editores de mapas mais dedicados obtiveram acesso direto aos funcionários do Waze 24 horas por dia para fazer atualizações urgentes, como o bloqueio de estradas. E milhões de usuários frequentes relata-

CAPÍTULO 9   Não há lugar como o lar   **169**

vam as condições da estrada em tempo real. Nenhum outro aplicativo tinha esse nível de participação, imediatismo e impacto no usuário.

O Waze estabeleceu um novo padrão para empreendedores israelenses ambiciosos. De acordo com o *Business Insider*, "De uma hora para outra, toda a 'Nação *Start-up*' resolveu abandonar as vendas rápidas e construir empresas de bilhões de dólares".

Sete anos após a venda de 2013, durante uma pandemia global, o cofundador do Waze, Uri Levine, afirmou que "a aquisição do Waze pela Google deu origem a 50 outros unicórnios israelenses". ("Unicórnio" é uma gíria de *start-up* para empresas privadas avaliadas em mais de US$ 1 bilhão.) No imaginário popular, o Waze foi a primeira *start-up* israelense a dar o salto acima dessa cifra. Na verdade, houve outras antes do Waze, mas eram empresas com tecnologias profundamente incorporadas a grandes empresas, não algo que milhões de pessoas usassem todos os dias. Levine entende que o Waze inspirou outras *start-ups* a mirar mais alto.

É verdade que o Waze demonstrou aos empreendedores israelenses que eles poderiam construir empresas autônomas maiores – em vez de *start-ups* para serem rapidamente vendidas – e esse foi um desenvolvimento importante no amadurecimento da economia tecnológica de Israel. Porém, ainda mais importante, mas menos compreendido na época, os executivos do Waze insistiram em manter a empresa em Israel. "O Facebook se recusou e a Google se comprometeu", informou o jornal *Haaretz*. Em entrevista ao *Business Insider*, Levine disse: "O que tornou a Google bastante atraente para nós foi, antes de mais nada, que a empresa permaneceu em Israel".

Após a experiência do Waze, um número crescente de empresários israelenses começou a traçar uma linha vermelha: eles só concordariam em vender, mesmo diante da opção de ganhar uma bolada capaz de mudar vidas, se o adquirente estrangeiro permitisse que os executivos israelenses continuassem a morar em Israel, criar suas famílias em Israel, ter seus filhos servindo no exército e dar a seus funcionários a opção de ficar e construir o país. Permanecer em Israel tornou-se inegociável.

A contagem de unicórnios deixou de ser importante a partir da desaceleração do mercado global em 2023. Ainda assim, é uma medida

170 O gênio de Israel

útil para comparar o surgimento de *start-ups* entre países e ao longo do tempo. Em 2023, Israel tinha 80 unicórnios, o que colocava o país em quarto lugar no mundo, atrás apenas dos Estados Unidos, da China e da Índia. Israel tem cerca de 5% dos unicórnios do mundo, o que é 44 vezes a sua participação relativa na população global.

Estimativas de valor de mercado (*valuations*) também podem ser uma medida de onde os empreendedores estão mirando. Alan Feld, apelidado de "barômetro tecnológico de Israel" pelo jornal especializado em negócios *Globes*, é o fundador e sócio-gerente da Vintage Investment Partners. A Vintage administrava mais de US$ 3,6 bilhões em 2023, e sua conferência anual é um evento importante que reúne os principais gestores e CEOs de fundos de *venture capital* de Israel. Feld ressaltou que, ao mesmo tempo em que empreendedores israelenses procuravam atingir o *status* de unicórnio, no auge do *boom* do *venture capital* de 2021 houve quem chegasse a decacórnio – níveis de avaliação de US$ 10 bilhões. O *boom* não durou, mas a mudança de atitude pode ser mais duradoura, mesmo que adormecida à força pela estagnação do mercado. "Não é verdade para todos, mas uma massa crítica suficiente de empreendedores decidiu construir empresas maiores e mais duradouras, o que acho extremamente empolgante."

Uma medida mais consistente do tamanho e maturidade de uma empresa são suas receitas reais. Em 2013, havia apenas uma empresa de tecnologia em Israel produzindo mais de US$ 1 bilhão em receita anual. Uma década depois, havia quase uma dúzia nesse nível e muitas mais ganhando mais de US$ 100 milhões por ano. De 2018 a 2023, alguns dos maiores investidores de empresas privadas do mundo – como Insight Partners, Blackstone e General Atlantic – abriram escritórios em Israel.

O estilo de vida e os fatores sociais contribuíram para que Israel abrigasse uma maior concentração de centros de inovação para empresas multinacionais do que qualquer país do mundo. Mas Israel está agora dando à luz suas próprias multinacionais, no exato momento em que a revolução da IA está entrando em um novo capítulo – o que o investidor de *venture capital* Chemi Peres chama de "a quarta década da alta tecnologia israelense".

CAPÍTULO 9 Não há lugar como o lar **171**

A década de 1990, de acordo com Peres, foi principalmente de desenvolvimento de tecnologias a serem vendidas para multinacionais. Os anos 2000 foram definidos pela transformação das tecnologias israelenses em negócios autônomos reais. Os anos 2010 foram a "década dos unicórnios". "Essa foi uma década de crescimento acelerado e insustentável para alcançar escala e *status* de unicórnio", disse Peres. O que nos leva à década de 2020: "Estamos conectados ao mundo, temos dados, IA e automação. Estamos agora entrando na quarta década, em que as empresas estão prontas para se tornarem grandes *players* globais. As empresas israelenses estão trabalhando atualmente para ingressar no clube Fortune 500". Ou seja, empresas multinacionais dos principais setores de tecnologia, com sede em Israel.

O desenrolar da quarta década

O engenheiro japonês não conseguiu se conter. Ergueu a mão e, interrompendo o palestrante, perguntou: "com licença, professor, você está insinuando que é possível detectar um veículo com uma única câmera?". A suposição na época era que, assim como as pessoas usam dois olhos para perceber profundidade, um carro precisaria de duas câmaras. O professor viera de Israel para dar uma palestra técnica a um seleto grupo de engenheiros da Toyota sobre o que, em novembro de 1998, soava como ficção científica: visão computacional.

O jovem professor respondeu: "claro, acho que é possível. Você não consegue dirigir um carro com apenas um olho?", e continuou com sua palestra. O professor Amnon Shashua não tinha ideia de que essa pergunta do público o levaria a fundar a maior empresa de Israel e a desempenhar um papel fundamental na revolução tecnológica da nossa era: a inteligência artificial. Em 1998, ele estava concentrado em tornar a visão computacional automotiva compacta, eficiente e barata para que ela pudesse ser padrão em todos os carros e salvar vidas.

Shashua nasceu em Ramat Gan em 1960. Quando criança, ele construía engenhocas – dispositivos de comunicação, amplifica-

172 O gênio de Israel

dores, um gravador, um *walkie-talkie*. " Tudo girava em torno da eletrônica", ele contou. No ensino médio, frequentou uma escola técnica perto de casa que acabara de abrir um novo curso: ciência da computação. "Eu estava fascinado. Até então, pensava que a única maneira de fazer as coisas era com *hardware*. Mas ali eles mostravam como resolver problemas com *software*. Fui fisgado."

Ele começou a aprender linguagens de programação na escola, e durante os verões trabalhava em um banco. O estabelecimento tinha um computador que usava cartões perfurados – não tinha tela. Seu supervisor lhe disse para alimentar os cartões de máquina em lotes de dez. Shashua perguntou: "Tudo bem, mas por quê? Qual é a razão?". O supervisor respondeu: "Eu não sei, mas é isso que tem de ser feito".

Ao completar essa tarefa boba, Shashua descobriu o algoritmo. "Fui até meu chefe e expliquei a ele. Eu tinha 13 anos. E ele disse: 'OK, você está no lugar errado'". O banco transferiu Shashua para outro departamento. O novo chefe de Shashua pediu que ele programasse o computador para reajustar pela inflação os pagamentos de empréstimos. "Era bem empolgante. Eu ganhava um dinheirinho, tinha responsabilidade e resolvia problemas usando a minha mente, em lugar de minhas mãos." E tudo isso foi oito anos antes do lançamento do primeiro computador pessoal.

Em 1978, aos 18 anos, Shashua foi convocado para o serviço militar. Ele pensou em servir numa unidade de inteligência. "Mas meu caminho estava decidido: eu faria um doutorado e me tornaria professor de ciência da computação." Então, ele escolheu fazer algo diferente. Foi para a tropa blindada, onde se tornou comandante de uma companhia de tanques. "Foi um período fascinante. Você aprende a trabalhar sob estresse, ter responsabilidade, resolver problemas e trabalhar com pessoas." Ele lutou na Guerra do Líbano de 1982.

Depois do exército, ele queria ir direto para a Universidade de Tel Aviv para estudar ciência da computação, mas suas notas não eram boas o suficiente. Ele foi até o chefe do departamento para falar de sua experiência prática, mas foi informado de que regras são

CAPÍTULO 9 Não há lugar como o lar **173**

regras, sem exceções. "Então é aqui que entra minha experiência no exército", pensou Shashua. "Perguntei ao chefe do departamento: 'Quem é o seu chefe?'. Ele foi pego de surpresa. Respondeu: 'É o diretor da escola'". O diretor da escola ficou impressionado com a tenacidade de Shashua e decidiu lhe dar uma chance. "O exército treina a gente a vencer a resistência burocrática. Foi o que eu fiz."

Após a formatura, enquanto pensava no próximo passo em seus estudos, ele se deparou com um artigo do professor Shimon Ullman sobre o olho humano. "De repente, eu estava lendo sobre um computador biológico. O campo era parte inteligência artificial, parte percepção, parte visão computacional." Candidatou-se ao Instituto Weizmann de Ciências, onde trabalhou com Ullman por dois anos. Em 1987, Shashua escreveu seu primeiro trabalho acadêmico com Ullman. Era sobre como o computador ocular decidia o que era importante. "Foi muito bem recebido. Essa foi a minha passagem para o MIT."

Shashua terminou seu doutorado em três anos e foi para um pós--doutorado com Tomaso Poggio, um dos principais professores do MIT. Poggio conseguiu um cargo docente para Shashua no MIT. Mas havia um porém. "Eu havia prometido à minha esposa, Anat, que voltaríamos a Israel depois de cinco anos. Quando chegou a hora, eu queria ficar e lecionar no MIT. Ela disse: 'Por mim, você pode até ser garçom, mas vamos voltar para Israel'." A atração da vida israelense os levou de volta para casa.

Chegado em Israel, Shashua começou um pós-doutorado na Universidade Hebraica de Jerusalém, e mais tarde ingressou no corpo docente, onde ainda hoje atua. Ele também abriu uma empresa. Shashua recrutou alguns de seus alunos e amigos e fundou a CogniTens, uma empresa baseada na tecnologia de digitalização óptica 3D que ele desenvolveu no laboratório de Poggio, no MIT. Shashua estabeleceu uma rede de contatos com empresários durante sua primeira experiência com uma *start-up*, mas o mais significativo começou em um evento social.

Anat Shashua tinha uma grande amiga de infância, Idit, e de vez em quando Anat e Idit levavam seus maridos para os encontros. "Na

174 O gênio de Israel

verdade, eu não conhecia o marido de Idit, Ziv, mas ele era um cara do mercado e eu tinha muitas perguntas, como acadêmico criando uma *start-up*. Ele ficou cada vez mais interessado." Ziv Aviram administrava várias empresas. Um dia em 1998, Shashua telefonou para Aviram quando ele estava voltando do Japão. "Precisamos tomar um café."

Após a palestra na Toyota, onde um engenheiro o interrompeu com a famosa pergunta, Shashua foi cercado por engenheiros que queriam saber mais sobre sua ideia de detectar um carro com uma única câmera. Eles explicaram que uma empresa concorrente estava trabalhando para fazer isso com duas câmeras, o que era muito mais caro e complicado. Eles ofereceram a Shashua US$ 200 mil para construir um protótipo funcional.

Shashua e Aviram mergulharam no mundo da segurança rodoviária. Era um grande problema não resolvido. "Falei a Ziv: a indústria está errada. Eles estão olhando para radares e sistemas de duas câmaras. Se pudermos fazer isso melhor e mais barato com uma câmara, os órgãos de trânsito exigirão que as empresas a comprem, porque ela salva vidas. Todos os carros virão com uma. E teremos uma enorme vantagem, porque trabalharemos em uma solução que ninguém acredita que funciona. Em seguida, navegaremos em um oceano azul. Temos US$ 200 mil. Vamos começar uma empresa." Aviram disse que pensaria a respeito. No dia seguinte, ele concordou.

O ano de 1999 foi ótimo e terrível para começar uma empresa. A "bolha da internet" estava em pleno andamento, e todos esses fundos de investimento estavam apoiando empresas de internet. Qualquer coisa automotiva era antiquada. Aviram bolou uma maneira criativa de arrecadar dinheiro – não de fundos de risco, mas por meio de corretoras para pequenos investidores individuais. Em uma semana, a empresa, então batizada Mobileye, tinha mais US$ 1 milhão.

Foram necessários oito anos até que o primeiro produto estivesse rodando. Em 2007, GM, BMW e Volvo lançaram o chip EyeQ da Mobileye – o cérebro por trás da câmera – em seus carros. A partir daí, o crescimento foi exponencial. Demorou mais cinco anos para

CAPÍTULO 9 Não há lugar como o lar 175

que o milionésimo chip fosse despachado, e em 2015 – apenas três anos depois – o décimo milionésimo chip. Em 2014, a Mobileye abriu o capital na Bolsa de Valores de Nova York. Foi o maior IPO israelense, levantando US$ 1 bilhão com um valor de mercado de US$ 5,3 bilhões.

Em 2016, as principais montadoras começaram a pensar no próximo passo: um carro sem motorista. A BMW sabia que não poderia construir essa tecnologia por conta própria, então formou uma parceria com a Intel e a Mobileye. A Intel também estava pensando em como poderia participar do futuro dos veículos autônomos. Ambas as empresas precisavam da Mobileye, que a essa altura tinha uma vasta experiência e os dados de milhões de carros.

Em 2017, a estreita relação de trabalho entre a Intel e a Mobileye resultou no que Shashua chamou de "fusão reversa". A Intel comprou a Mobileye por US$ 15,3 bilhões, de longe a maior quantia já paga por uma empresa israelense. Shashua impôs duas condições para a venda: que a empresa ficasse em Jerusalém e que a divisão de direção autônoma da Intel ficasse sob a responsabilidade da Mobileye, e não o contrário. Também naquele ano, Ziv Aviram se aposentou, deixando Shashua como presidente e CEO.

Como parte da Intel, a Mobileye cresceu ainda mais depressa. Pulou de cerca de 800 para mais de 3 mil funcionários. Em 2021, a Mobileye anunciou que seus chips estavam em 100 milhões de carros, evitando um número incontável de acidentes e salvando vidas. A Mobileye capturou 80% do mercado de prevenção de colisões. E em 22 de outubro de 2022, a Mobileye fez história novamente ao abrir o capital pela segunda vez na bolsa de valores Nasdaq.

Em julho de 2023, a Mobileye estava avaliada em mais de US$ 32 bilhões, aproximadamente o valor combinado da segunda e da terceira maiores empresas israelenses. A receita da Mobileye ficou perto de US$ 2 bilhões em 2022. Dos seus 3.500 funcionários em todo o mundo, cerca de 90% trabalhavam na sede, em Jerusalém. Quando o Waze se tornou o primeiro unicórnio de produtos ao consumidor, era impossível imaginar que apenas uma década depois uma empresa sediada em Jerusalém valeria 32 vezes mais.

Sua vez, humano

Era 1985, em Hamburgo. O novo campeão mundial de xadrez, Garry Kasparov, de 22 anos, estava no centro, cercado por 32 computadores. Ele deu a volta no círculo de novo e de novo, jogando contra um de cada vez. Demorou cinco horas, mas ele venceu todos. Se os computadores pudessem pensar e falar, poderiam ter dito em seu próprio nome: "Voltaremos".

Em 1996, Kasparov enfrentou um computador de 1.360 quilos fabricado pela IBM. Chamava-se Deep Blue. O computador venceu o primeiro jogo, a primeira vitória de um computador sobre o campeão mundial de xadrez. Mas um jogo não é uma partida. Kasparov derrotou o computador no jogo seguinte. Os dois jogos posteriores terminaram empatados, seguidos por duas vitórias de Kasparov. A humanidade triunfou.

Porém, apenas um ano depois, os dois se enfrentaram novamente. Deep Blue entrou no ringue com o dobro do poder. Tinha literalmente estudado cada movimento de Kasparov. Os olhos do mundo estavam na disputa. Um cartaz acima da mesa dizia "Kasparov × Deep Blue: a revanche".

Kasparov começou forte no primeiro jogo. estava a caminho de uma vitória, quando o computador fez algo estranho. Fez um movimento ridículo e fatal. Os operadores da IBM concederam derrota em nome da máquina aparentemente burra poucos movimentos depois. Mas no jogo seguinte o computador fez uma jogada brilhante, que fez Kasparov enterrar a cabeça nas mãos. O campeão desistiu dez movimentos depois. Ele nunca mais ganhou do computador. Falando em nome da humanidade, um âncora de notícias norte-americano comentou no ar: "Nós humanos estamos tentando pensar em nossa próxima jogada". Um jovem Amnon Shashua acompanhava tudo isso de longe.

Muitas habilidades humanas progridem lentamente, enquanto a IA continua avançando. Tendo conquistado o xadrez, a IA seguiu em frente. Em 2016, um programa chamado AlphaGo, produzido pela empresa britânica DeepMind, tomou de assalto o jogo de Go, der-

CAPÍTULO 9 Não há lugar como o lar **177**

rotando Lee Sedol, um de seus jogadores de maior destaque. Go, um jogo de estratégia comparável ao xadrez, foi inventado na China há mais de 2.500 anos. Este foi outro marco para a IA, uma vez que esse antigo jogo de tabuleiro não poderia ser conquistado pelo método de "força bruta" de experimentar todos os movimentos possíveis. No xadrez, depois de dois movimentos, há 400 outros possíveis. No Go, esse número é de 130 mil. Pouco mais de um ano depois, a empresa construiu o AlphaGo Zero, que foi treinado não na disputa com humanos, mas jogando sozinho. Em três dias, o AlphaGo Zero venceu o AlphaGo por cem jogos a zero.

♦

Por mais impressionantes que fossem esses números, Shashua estava interessado em outro jogo. "As pessoas falavam sobre inteligência artificial há muitos anos, mas nunca ficava claro como ela poderia ser transformada em um negócio", além de simplesmente vencer o ser humano em um jogo. A importância dos veículos autônomos, e a razão pela qual houve uma corrida global para construí-los, é que seria uma das primeiras aplicações da inteligência artificial a remodelar uma indústria muito grande no mundo real. E, de acordo com analistas do setor, a Mobileye era líder global no desenvolvimento dessa tecnologia. Embora os carros ainda não sejam totalmente autônomos, é provável que você tenha um chip Mobileye em seu carro que pode salvar a sua vida e a de sua família.

Contudo, como líder em IA aplicada, Shashua não parou de pensar nessa tecnologia para os carros. Juntamente com a Mobileye, Shashua cofundou outras quatro empresas de IA, em quatro setores diferentes. Em 2010, Shashua e Aviram fundaram a OrCam, que desenvolveu uma câmera encaixável que pode ajudar as pessoas com deficiência visual a se deslocar no dia a dia. Oito por cento da população é "legalmente cega", o que significa que não são totalmente cegos, mas sua visão é tão limitada que não pode ser corrigida por óculos. Eles conseguem enxergar que um ponto de ônibus ou uma

178 O gênio de Israel

placa está lá, mas não conseguem ler. Não podem enxergar o valor de uma nota de dinheiro nem ler um jornal ou um livro.

O pequeno dispositivo da OrCam, que pode ser afixado em qualquer par de óculos, é capaz de ler todas essas coisas em voz alta para que seu usuário as escute. É capaz até de reconhecer rostos e dizer ao usuário quem são. O *site* da empresa mostra vídeos de pessoas que choram quando usam o dispositivo pela primeira vez e percebem que podem fazer tarefas simples que transformarão suas vidas, como reconhecer os itens em uma mercearia.

Ajudar pessoas com deficiência visual é apenas o começo. De acordo com Aviram, que é o CEO da OrCam, a empresa pode se tornar tão grande quanto a Mobileye, já que o potencial é "infinito".

Em seguida, Shashua aplicou a IA ao setor bancário. Ele cofundou o primeiro banco digital de Israel, chamado One Zero, o primeiro banco autorizado a funcionar no país em décadas. Sem agências ou caixas, o banco promete usar a IA para um assessoramento financeiro melhor, mais personalizado (e mais humano) a todos, não apenas aos ricos.

Depois disso, Shashua fundou a Mentee, empresa fabricante de um robô humanoide para ajudar nas tarefas domésticas. Parece ficção científica, mas ganhou vida real depois que a IA entrou em uma nova era.

Prenúncio de algo maior

Em 22 de novembro de 2022, a empresa OpenAI lançou um *chatbot* chamado ChatGPT. Localizado em um *site* simples, em poucas semanas se tornou um fenômeno global. A internet já estava inundada de *chatbots*. O que havia de especial neste, que fez com que parecesse a maior revolução desde que Steve Jobs ergueu o primeiro iPhone, 15 anos antes?

O ChatGPT foi alimentado por um novo tipo de IA, em desenvolvimento por cientistas da computação há alguns anos, mas nunca acessível de maneira intuitiva ao público em geral. Anteriormente, as IAs haviam sido treinadas da mesma forma que o

CAPÍTULO 9 Não há lugar como o lar **179**

Deep Blue aprendeu a jogar xadrez: estudando milhões de jogos de xadrez humanos.

O ChatGPT era diferente. Foi construído despejando porções crescentes de toda a internet numa panela, como uma sopa gigante de informações. Essas sopas foram chamadas de "grandes modelos de linguagem" (*large language models* – LLMs), porque continham bilhões, possivelmente trilhões, de palavras. O LLM por trás do ChatGPT foi chamado de GPT-3.

Os LLMs formam uma nova espécie chamada "IA generativa", capaz de produzir arte, música, prosa, poesia, moda, livros, Power-Points, vídeos explicativos, *sites* inteiros, aplicativos e assim por diante, por mais desajeitados que sejam. O que é ainda mais poderoso, mas não tão conhecido do grande público, é que os LLMs conseguem escrever código de computador. Essa habilidade permite que eles raciocinem e resolvam problemas, uma vez que muitos deles podem ser expressos na forma de código.

Como eles são alimentados com quantidades gigantescas de informações e exigem grande poderio computacional, os LLMs custam dezenas de milhões de dólares apenas para serem executados e bilhões para serem desenvolvidos. Parecem ser território de grandes empresas e países. Embora a OpenAI tenha começado como uma pequena *start-up*, ela recebeu um investimento de US$ 10 bilhões da Microsoft, e ficou sob o guarda-chuva de uma gigante da tecnologia. Anteriormente, a IA era construída sobre o que era chamado de "big data". Os LLMs superaram de longe o "big data". Mas de que forma uma pequena *start-up* de um país minúsculo poderia jogar nesta arena?

Isso nos leva à quinta e talvez mais ambiciosa empresa de Shashua: a AI21 Labs. Fundada em 2017 com um investimento de algumas dezenas de milhões, não bilhões, de dólares, a *start-up* construiu um LLM que – de acordo com alguns especialistas do setor – rivalizava com o GPT-3. Chamado Jurassic-1, foi construído sobre centenas de bilhões de parâmetros, qualificando-se para disputar o grande mercado dos LLMs. Embora não tenha sido lançado como um *chatbot* público, como o ChatGPT, o Jurassic-1 entrou no mercado competindo diretamente com a OpenAI e um pequeno punhado de outras empresas que oferecem seus LLMs para empresas que buscam incorporar IA em seus produtos. A próxima iteração da AI21 Labs, sem surpresa chamada Jurassic-2 (ou J2), fez um trabalho 18% melhor na geração de resumos do que o produto da OpenAI, de acordo com avaliadores humanos.

O conjunto de empresas de Amnon Shashua – Mobileye, OrCam, oneZero, Mentee e AI21 Labs – todas as quais giram em torno da IA, fazem parte de uma força israelense mais ampla neste setor. Perguntamos a Shashua como ele via o ecossistema de *start-ups* de Israel no cenário global de IA. Israel seria um concorrente significativo neste campo? "Qual é o ponto forte de Israel na ciência da computação?", respondeu ele, com outra pergunta. "IA é *software*." Se você olhar para os concorrentes da OpenAI, poderá contá-los em uma mão. E a AI21 é um deles.

"Não é uma coincidência que a AI21 esteja em Israel", continuou Shashua. "Produtos avançados de *software* realmente representam o ponto forte do conjunto de habilidades israelenses." No início de 2023, havia 66 *start-ups* geradoras de IA em Israel e mais de 2 mil usavam várias formas de IA, de acordo com o Finder da Start-Up Nation Central (um banco de dados interativo que rastreia todas as empresas de tecnologia em Israel). E Shashua pensou que, se o governo colocasse uma quantidade relativamente pequena de financiamento para subsidiar o caro processo de treinamento para modelos de IA, outras empresas como a AI21 Labs apareceriam.

O desafio, segundo Avi Hasson, "era que nosso governo não estava fazendo os investimentos para dar esse salto". Hasson tinha um ponto de vista único. Ele era ex-aluno da Unidade 8200 das IDF, ex-sócio da Gemini Israel Ventures e membro do conselho da SpaceIL e do Sheba Medical Center (globalmente classificado como um dos hospitais mais inovadores do mundo). Ele atuou como chefe da Autoridade de Inovação de Israel (que substituiu o Departamento do Cientista-Chefe do governo) e atualmente é CEO da Start-Up Nation Central.

De acordo com Hasson, "embora a cibernética tenha sido uma grande parte da história tecnológica de Israel, a realidade é que há ainda mais *start-ups* israelenses abordando os desafios do clima, da saúde, da segurança alimentar e da agricultura. Mas subjacente a muitas dessas empresas está a IA, que está se tornando uma ferramenta, e é aí que eu fiquei empolgado e preocupado com Israel".

A preocupação de Hasson era com a falta de infraestrutura local – as fazendas de servidores que fornecem o poder computacional necessário para construir LLMs – em Israel. Mas isso foi antes de um anúncio surpresa da Nvidia, a fabricante de chips que desempenha um enorme papel na computação relacionada à IA. Em 29 de maio de 2023, a Nvidia anunciou que construiria seu principal supercomputador em Israel. Seria chamado, apropriadamente, de Israel-1.

Embora o anúncio possa ter sido uma surpresa, a escolha da Nvidia era natural. Em 2019, a Nvidia comprou a Mellanox, grande fabricante israelense de chips, por mais de US$ 7 bilhões. A sede da Mellanox tornou-se o maior centro de desenvolvimento da Nvidia fora dos Estados Unidos, e um dos fundadores israelenses da Mellanox, Michael Kagan, tornou-se diretor global de tecnologia da Nvidia.

Kagan é outro exemplo das raízes fortes em Israel. Quando a Nvidia comprou sua empresa, Kagan não pensou nem por um momento, ao que parece, em sair de sua casa em Zichron Yaakov, uma das primeiras cidades de Israel, fundada em 1882 no Monte Carmelo, com vista para o Mar Mediterrâneo, e ir para Santa Clara, na Califórnia.

"Você sabe a que distância fica a casa aqui (em Israel) de Santa Clara? São cerca de 10 milissegundos", disse Kagan ao *site* de tecnologia israelense Geektime. Seu dia começa por volta do meio-dia e vai até cerca de 22h, quando é meio-dia na Califórnia. A realidade pós-pandemia "me proporciona a flexibilidade de estar na China, em Israel e nos Estados Unidos no mesmo dia", afirmou Kagan. Ele viajou para os Estados Unidos apenas três vezes desde que se tornou um dos executivos mais graduados da Nvidia.

182 O gênio de Israel

Mas a questão não é apenas que Kagan prefira viver em Israel e seja capaz de trabalhar remotamente. Como no caso de Michal Braverman-Blumenstyk e da Microsoft, faz sentido para Kagan estar junto do coração da Nvidia – seu maior supercomputador e a plataforma de demonstração de um negócio que ajudou a torná-la uma empresa de trilhões de dólares. A Nvidia domina o mercado da infraestrutura de computação que alimenta a nova linhagem de IA baseada em LLMs.

Quando concluído, o supercomputador Israel-1 será o sexto maior do mundo, informou o jornal de negócios israelense *Globes*, logo após a visita do CEO da Nvidia, Jensen Huang, a Israel. Hasson acredita que esta é uma mudança vetorial para o já grande ecossistema de *start-ups* de IA. Embora os LLMs de que precisam essas empresas sejam, em teoria, acessíveis de qualquer lugar, Hasson argumenta que ter essa infraestrutura desenvolvida e localizada em Israel é importante. "Há um nível totalmente diferente de intimidade, conhecimento da pilha e capacidade de testar e pilotar uma plataforma de IA de classe mundial quando ela está a uma quadra da sua casa."

O dínamo

Por que era tão importante para o Waze ficar em Israel, a ponto de recusarem uma oferta de US$ 1 bilhão? Por que Michal Braverman-Blumenstyk recusou a oferta de Satya Nadella para iniciar a nova divisão cibernética da Microsoft em Redmond e insistiu que poderia fazer melhor em Israel? Por que Amnon Shashua insistiu que a Mobileye ficasse em Israel quando foi vendida para a Intel? Por que Nadav Zafrir tirou de sua família o sonho de vier na América e voltou para Israel?

Muitos países trabalham duro para criar dinamismo econômico a fim de atrair mais investidores e pessoas talentosas. Geralmente, fazem isso reforçando os subsídios do governo e criando um ambiente fiscal e regulatório favorável às empresas. Eles tentam subir

CAPÍTULO 9 Não há lugar como o lar **183**

no *ranking* global de "facilidade de fazer negócios". Esperam que esse impulso econômico ajude a levar a uma sociedade saudável e próspera.

Israel não se destaca como um lugar onde é fácil fazer negócios, como Singapura ou Dubai. Mais na prática do que por desígnio, Israel inverteu o modelo típico: a saúde e o dinamismo sociais criam dinamismo econômico. A solidariedade, a energia e a confiança de Israel no futuro, sentimentos confusos, mas contagiosos, são cada vez mais raros. Ser um lugar melhor para criar famílias e para a inovação criou um círculo virtuoso. Quanto mais atraente é a sociedade israelense, mais a economia cresce, e isso, por sua vez, alimenta a sensação de que é um bom lugar para se viver.

Mas os acontecimentos de 2023 mostram que o círculo virtuoso não é invulnerável. Na esteira da campanha do governo de Netanyahu para despojar a Suprema Corte de alguns de seus poderes, milhares de reservistas ameaçaram parar de se voluntariar para o serviço militar e o número de israelenses que buscam passaportes estrangeiros aumentou.

"Israel é um país que é ao mesmo tempo judaico e democrático", disse um reservista ao *New York Times*. "Se [...] esse acordo for quebrado, não posso mais servir." Uma mulher que estava solicitando cidadania estrangeira disse: "Israel é mais do que um país para mim; é o verdadeiro amor. Mas estou com o coração partido. É como quando você descobre que seu verdadeiro amor enlouqueceu e o relacionamento não funciona mais".

Israel não pode se dar ao luxo de afastar o que Yossi Klein Halevi chama de sua "elite sacrificial". Essas são as pessoas que formam não apenas a espinha dorsal da economia da inovação, mas também da defesa nacional. Nos próximos dois capítulos, recuaremos as lentes da história para ver o panorama completo do passado e do futuro dos conflitos internos judeus e israelenses.

CAPÍTULO 10

As guerras dos judeus

Sobrevivemos ao faraó, vamos superar isso também.

— MEIR ARIEL, cantora e compositora, "We Survived Pharaoh"

Nada jamais foi dado como certo no que diz respeito à existência da democracia em Israel. Surgiu [...] em um ambiente tão favorável à democracia liberal quanto o Mar Morto para a pesca.
No entanto, ao longo do tempo, Israel tornou-se cada vez mais — e não menos, como muitas vezes se afirma — uma democracia liberal.

— ALEXANDER YAKOBSON, historiador israelense

Fazia tempo que o telefone de Roni Numa não tocava à meia-noite. Aos 53, Numa havia se aposentado das IDF dois anos antes. Seu último cargo foi de chefe do Comando Central, supervisionando as brigadas na Cisjordânia e em Jerusalém. Ele mantinha o posto de major-general. Quando estava na ativa, não havia horário livre de telefonemas. Quase nunca eram boas notícias. Sempre havia algo a ser feito.

CAPÍTULO 10 As guerras dos judeus **185**

Quando o telefone tocou, ele instintivamente se preparou para entrar em modo de crise. Se alguém estava ligando para ele àquela hora, não era coisa pouca. Ele tinha feito quase tudo em sua carreira, inclusive comandando uma série de unidades de elite, entre elas a Duvdevan. Mas aquela ligação tinha outro propósito.

"Meu nome é Avraham Rubinstein. Sou o prefeito de Bnei Brak", disse o interlocutor. A mente de Numa se perguntava como o prefeito conseguira o número do seu celular. Em Israel, qualquer um pode contatar qualquer um.

Ele nunca recebera uma ligação de um prefeito. Certamente não deste prefeito, desta cidade, que ficava a poucos minutos de sua casa, mas poderia muito bem estar em outro continente. Bnei Brak é uma cidade de 210 mil habitantes entre uma grande rodovia e a cidade de Tel Aviv. Sua fronteira oeste fica a cerca de 15 minutos de bicicleta, passando por Tel Aviv, até a praia. Mas você não verá muitos dos residentes de Bnei Brak naquela praia, pois é a maior cidade *haredim* do mundo.

O traje dos *haredim*, também conhecidos como judeus "ultra-ortodoxos", é comumente visto em muitos países. Chapéu preto, camisa branca, paletó preto para os homens; vestido modesto e cabelo coberto, ou peruca, para as mulheres. As vestimentas deles parecem ser de outra época e lugar, e são: da Polônia e da Ucrânia do final do século XVIII. A vida *haredim* é apartada do seu entorno, seja em Israel ou em qualquer outro lugar.

Os bairros *haredim* tendem a ser lotados e movimentados. Aos 40 anos, 63% dos *haredim* têm entre três e seis filhos e 28% têm *sete ou mais*. Sua renda é metade da média nacional, pois muitos dos homens estudam em tempo integral e as mulheres trabalham fora de casa e cuidam da família.

Quando o prefeito Rubinstein telefonou para Numa, em 30 de março de 2020, Israel vivia seu primeiro e mais rigoroso *lockdown*. O próprio prefeito estava isolado, pois sua esposa contraíra covid-19. Sua experiência pessoal com o vírus atenuou a resistência das comunidades *haredim* às determinações do governo secular israelense. O prefeito entendeu que essa era uma crise real. Ele precisava de ajuda externa.

186   O gênio de Israel

Numa percorreu de carro o curto trajeto entre sua casa, em Ramat Gan, e a de Rubinstein. "Fiquei um pouco envergonhado ao perceber que nunca tinha pisado em Bnei Brak antes", Numa contou. Rubinstein nem sabia o que pedir. A taxa de infecção em Bnei Brak era o dobro da média nacional. O *lockdown* exigia que as pessoas não se afastassem mais do que cem metros (aproximadamente o comprimento de um quarteirão da cidade) de suas casas, a não ser que trabalhassem para um negócio essencial ou tivessem que comprar alimentos ou remédios. Essa restrição tornava-se insustentável em apartamentos lotados de crianças, onde muitas vezes era impossível uma pessoa doente se isolar em um quarto separado.

Numa também não tinha ideia do que fazer para ajudar o prefeito e sua cidade. Neste campo de batalha, o inimigo era um vírus invisível, não alguém que ele havia sido treinado para combater. Era mesmo função dos militares desviar recursos da defesa do país para lidar com um desafio civil?

Esta última pergunta não foi feita por Numa. Muitos países recorrem às forças armadas para ajudar a lidar com desastres naturais. Mas a iniciativa vem de cima. Em Israel, era Numa quem comandava a engrenagem. Quando um dos principais assessores do primeiro--ministro se preocupou que o governo pudesse parecer incompetente se os militares fossem chamados, Numa falou com um ministro do partido *haredim* para pressionar pela convocação.

Por mais estranho que fosse esse novo ambiente, havia algo ali que ele reconhecia, e não era bom. "Há algumas unidades em que a gente entra e sente a crise. Especialmente depois de um fracasso." Nada estava funcionando. "A gente faz perguntas e eles não sabem as respostas. E quando eles têm a informação, não sabem o que fazer com ela."

Quando correu a notícia de que Numa estava em Bnei Brak, alguns dos oficiais que ele havia comandado apareceram. "Eu não pedi ajuda a eles", lembrou. "Quando vi, lá estavam eles. E sabiam o que fazer. Eu não precisei falar nada." Eles estabeleceram um centro de comando e controle e construíram um centro de comunicação comunitária. "Até meu motorista apareceu", recordou admirado.

CAPÍTULO 10 As guerras dos judeus **187**

As forças armadas se destacam na construção de estruturas operacionais, mas o sucesso da missão depende de uma boa inteligência. Os oficiais das IDF tiveram que criar um mapa detalhado, com informações que não existiam. Em uma cidade de 210 mil pessoas, eles precisavam saber onde cada doente estava, quem estava isolado e quem estava sozinho e precisava de comida.

Numa disse aos assessores do prefeito que precisava de uma pessoa de contato em todos os prédios de apartamentos. Eles responderam com um olhar inexpressivo, como se Numa estivesse em um mundo de fantasia. Explicaram que poderia levar semanas para encontrar alguém para cada um dos 4.500 prédios de apartamentos de Bnei Brak. Então, um dos amigos militares de Numa apareceu. "Vem cá, como vocês conseguem um índice tão alto de comparecimento nas eleições?" Os assessores se entreolharam timidamente. Todos sabiam como funcionava: cada partido *haredi* tinha uma rede de pessoas trabalhando na campanha, cada qual com uma lista de nomes cujo comparecimento às urnas era de sua responsabilidade. Era um sistema eficaz. A participação dos eleitores *haredim* é tipicamente de cerca de 80%, em comparação com cerca de 60% em áreas mais seculares, como Tel Aviv.

"De início, eles não queriam compartilhar as listas. Mas conseguimos integrá-las a uma rede de inteligência", contou Numa. E bem a tempo de atender as crescentes necessidades dos moradores presos em seus apartamentos. Uma linha direta estabelecida pela prefeitura que recebia cerca de mil telefonemas passou a receber cerca de 25 mil por dia. Mas o desafio de *back-office* não era a parte mais difícil.

Com o feriado da Páscoa se aproximando, Numa percebeu que estava prestes a enfrentar seu primeiro evento de grande potencial de difusão do vírus. O Sêder da Páscoa é realizado na primeira noite do feriado, que naquele ano caiu em 8 de abril. Todos entenderam que o confinamento os impediria de se reunir da maneira usual. O Sêder em si não era o problema. O problema era a manhã anterior.

Uma parte da reencenação histórica se prolonga pela semana do feriado com o matzá, o pão ázimo fino e achatado. Este alimento simboliza o êxodo judeu do Egito, tão às pressas que não houve

188 O gênio de Israel

tempo para o pão crescer. Não apenas é proibido comer pão normal, como ele deve ser expurgado de casa. Na manhã anterior ao Sêder, os judeus praticantes pegam os últimos pedaços de pão e os queimam ao ar livre, marcando a transição de comer pão para comer apenas matzá. Naquela manhã, toda a comunidade pode ser vista ao ar livre. As crianças costumam ir para toda parte, enquanto as famílias se reúnem em torno de pequenas fogueiras nas poucas áreas abertas, queimando os últimos pedaços de pão de suas casas.

Os líderes da comunidade em Bnei Brak disseram a Numa que não haveria como cancelar esse ritual, essencial para marcar o início do feriado. Numa respondeu que não permitiria uma violação tão maciça do confinamento. Criou-se um impasse.

Numa ofereceu uma alternativa. "E se coletássemos o *chametz* [pão que na Páscoa não *é kosher*] de todas as casas e pedíssemos ao rabino municipal que queimasse tudo junto?", perguntou. Os líderes comunitários pensaram que ele estava louco. "Como você vai tirar o *chametz* de 47 mil apartamentos em apenas 90 minutos?", perguntou Elu. Numa insistiu: "*Se conseguirmos, vocês aceitariam?*". Responderam a Numa que teoricamente sim, mas ele teria que convencer os principais rabinos da cidade a respeito.

A equipe de Numa bolou um plano. Os rabinos não acreditaram nem por um segundo que funcionaria, mas disseram a Numa que ele poderia tentar. Se não funcionasse, fariam do jeito deles.

"Felizmente, eu tinha o melhor batalhão de paraquedistas", lembra Numa. "Eles terminaram o trabalho em uma hora."

Vislumbrando as semanas seguinte ao feriado da Páscoa, o principal trabalho dos paraquedistas seria entregar comida a milhares de pessoas que não podiam, ou não queriam, deixar suas casas, ou que estavam em quarentena. Soldados passariam por escadas estreitas, em prédios apertados e desgastados, batendo de porta em porta. "A gente não sabia quem ia abrir a porta", lembra. "Podia ser um homem ou uma mulher, um idoso ou uma criança. Alguns só falavam iídiche. Mas todos estavam muito animados. Eles saíam nas escadas, cantavam canções e abençoavam os soldados." Pela primeira vez, Numa sentiu que estava realmente se conectando com uma comunidade

CAPÍTULO 10   As guerras dos judeus   **189**

diferente em Israel. "Éramos abraçados como irmãos e irmãs. Já vi muita coisa na minha carreira, mas devo dizer que esta será uma das cenas que não esquecerei para o resto da minha vida", conta.

Muitas cidades replicaram o modelo desenvolvido por Numa, sobretudo aquelas com mais casos, que invariavelmente tinham grandes populações *haredim* e árabes israelenses. Esses dois grupos geralmente vivem separados da população secular e nacional religiosa israelense, foco deste livro, e sua separação não pode ser negligenciada no julgamento da capacidade israelense de resistir às tendências culturais que desafiaram outras sociedades ocidentais. Ao observar como as comunidades *haredim* e árabe se adaptaram ou resistiram aos costumes na sociedade secular israelense, podemos ver alguns desafios à tendência que descrevemos nos capítulos anteriores.

Uma das primeiras experiências que separam os *haredim* e os árabes dos outros israelenses é que eles estão em grande parte isentos do serviço militar. Esta é uma das razões pelas quais esses segmentos da sociedade israelense muitas vezes parecem estranhos à grande maioria dos israelenses judeus que serviram nas IDF. "Quem imaginaria que no lado árabe de Jerusalém eles pediriam ajuda às forças militares de Israel?", perguntou Numa, refletindo sobre experiências semelhantes que ele encontrou em Bnei Brak durante a pandemia.

Mas a lua de mel não durou, mesmo durante a batalha contra o vírus. Alguns meses depois, Numa foi explicar a necessidade de um segundo *lockdown* nas cidades "vermelhas" – aquelas em que a taxa de casos estava aumentando rapidamente. Desta vez, ele enfrentou muita hostilidade dos líderes *haredim* em Bnei Brak. "De repente, eles ficaram céticos em relação às informações que eu mostrava", relembra. "Eles estavam sob intensa pressão. O *lockdown* fecharia escritórios e escolas. O sistema educacional é a força vital desta comunidade. Eles não podem viver sem isso."

O ressentimento já endêmico dos *haredim*, vistos como um grupo que não contribui para a economia e para as forças armadas e, em vez disso, vive às custas do trabalhador contribuinte israelense, elevou-se a novos patamares pelo desafio às regras contra a covid-19. Alguns grupos *haredim* se reuniram em eventos de grande potencial de disse-

190   O gênio de Israel

minação do vírus, como funerais, casamentos, serviços na sinagoga e salas de estudo. O resultado era previsível: taxas de doença e mortalidade muito mais altas do que na população em geral. Em sua defesa, os *haredim* argumentaram contar com alguns bairros densamente povoados, com pequenos apartamentos e famílias com muitos filhos, fatores que contribuíram para maior incidência de covid-19.

Três anos depois, os *haredim* representaram um fator muito importante em uma das maiores crises políticas e sociais da história de Israel. Na quinta eleição de Israel em menos de quatro anos, Benjamin Netanyahu formou uma coalizão e voltou ao poder, depois de apenas um ano na oposição. Sua coalizão era a mais direitista da história de Israel, composta pelo partido Likud, de Netanyahu, três partidos *haredim*, um partido representando a ala direita da comunidade religiosa nacional e, no extremo, o partido Otzma Yehudit (Força Judaica).

Poucos dias após a instalação do novo governo, o novo Ministro da Justiça propôs uma revisão do sistema judicial, que efetivamente removeria o poder de revisão judicial da Suprema Corte. Esse movimento provocou uma das maiores revoltas da história moderna israelense. Ao contrário de outras crises, esta não era sobre questões de guerra e paz, mas do equilíbrio de poder dentro do Estado. Para entender a singularidade dessa crise, temos que dar um passo atrás, não apenas na história israelense, mas na história do antigo Israel.

Ódio sem fundamento

"O povo judeu teve alguma forma de autogoverno sobre o antigo Israel por cerca de 12 séculos. Durante esse tempo, os judeus lutaram entre si em 12 guerras civis, em média uma a cada quatro gerações", contou Amotz Asa-El. Ele é um jornalista veterano e autor de *The jewish march of folly*, um livro que resgata a liderança política judaica desde os tempos antigos. Ele escolhe suas palavras com cuidado e as pontua com a intensidade de alguém que fez uma descoberta importante e está em uma missão para fazer o mundo entendê-la.

Encontramos com Asa-El para que ele nos ajudasse a entender as centenas de milhares de israelenses que saíram às ruas todas as

CAPÍTULO 10 As guerras dos judeus **191**

semanas para protestar contra o novo governo israelense em 2023. A coesa sociedade israelense de que falávamos resistiria a um desacordo tão grande, ou se fragmentaria? O que a história poderia nos contar? A mais famosa e catastrófica das 12 guerras civis foi travada quando o exército romano estava às portas de Jerusalém, no ano 70 d.C. Dentro dos muros, os judeus estavam matando uns aos outros. Enquanto quatro legiões romanas se dirigiam para Jerusalém, facções judaicas na cidade queimavam a comida umas das outras, de modo que, quando os romanos chegaram, os judeus presos dentro dos muros da cidade começavam a morrer de fome. Flávio Josefo, um ex-general judeu que passou para o lado romano, foi testemunha ocular desses eventos trágicos, que descreveu em *A guerra judaica*. "A verdadeira tragédia foi que as diferentes facções judaicas que lutavam entre si pela liderança na guerra contra os romanos em busca da redenção final foram responsáveis pela destruição de tantas vidas judaicas, antes e durante o cerco romano a Jerusalém", explica Jonathan Price, professor de história da antiguidade clássica na Universidade de Tel Aviv. Até hoje, os judeus têm dois jejuns, com três semanas de intervalo, para lamentar o saque de Jerusalém e a destruição do Templo: um no dia em que os romanos derrubaram as muralhas de Jerusalém e o segundo no dia em que o Templo foi destruído.

Dez séculos antes, o reino judaico que havia sido liderado pelos reis Saul, Davi e Salomão, se partiu em dois, quando Salomão morreu. O Reino do Norte compreendia 10 tribos, e o Reino do Sul compreendia as tribos de Judá e Benjamim. A guerra entre esses reinos durou séculos, culminando com a dissolução do Reino do Norte, conhecido ao longo da história como as famosas "tribos perdidas". Os judeus devem seu nome aos únicos sobreviventes, as tribos de Judá e Benjamim. Em hebraico, judeu é *yehudi*, que significa alguém de Yehuda, a tribo de Judá.

A história dos judeus no antigo Israel está repleta de guerras civis selvagens, inclusive em meio a rebeliões contra os gregos e os romanos. Será então que a crise política de 2023 seria uma versão moderna de um passado histórico? Ou se assemelha aos debates políticos acalorados – às vezes violentos – que Israel tem experimentado desde a fundação do Estado moderno, em 1948?

192 O gênio de Israel

Ao longo de dois milênios de exílio, os judeus eram conhecidos por terem comunidades coesas e, ao mesmo tempo, sempre briguentas. Há aquela velha piada judaica sobre um judeu religioso que naufragou e aportou em uma ilha deserta. Seus socorristas ficaram surpresos ao descobrir que ele havia construído três prédios para si mesmo. "Por que três?", perguntaram-lhe. "Bem, esta é a minha casa, esta é a minha sinagoga, e esta é a sinagoga em que eu jamais pisaria."

Pode-se supor que o movimento para recriar um Estado judeu teria total apoio judaico, dado que rezavam há séculos para retornar a Jerusalém. No último momento de uma cerimônia de casamento judaico, no auge da felicidade e pouco antes do início das celebrações, o noivo diz as seguintes palavras, pouco antes de quebrar um copo, simbolizando o Templo caído e tudo o que permanece quebrado no mundo: "Se eu te esquecer, Jerusalém, que minha mão direita murche".

Mas o caminho para o Israel moderno estava cheio de disputas amargas. O movimento sionista, fundado por Theodor Herzl no primeiro congresso sionista, em 1897, quase não sobreviveu, pois poucos judeus apoiaram a ideia. O sionismo foi combatido de ambos os lados: muitos judeus religiosos acreditavam que somente Deus poderia devolver o povo judeu à sua terra; muitos judeus seculares temiam que o movimento nacionalista colocasse em risco sua já precária posição nos países de origem. E até os sionistas se dividiram em várias facções, com diferentes visões e táticas.

Mesmo durante a Guerra de Independência de Israel, quando o Estado nascente lutava desesperadamente contra cinco exércitos árabes invasores, os judeus abriram fogo contra outros judeus. Em 20 de junho de 1948, o *Altalena*, um navio que transportava armas para o Irgun, uma milícia judaica que tentava expulsar os britânicos do país, tentou desembarcar na praia de Tel Aviv. O primeiro-ministro David Ben-Gurion acabara de declarar que todas as milícias pré-estatais deveriam ser incorporadas à Haganah para formar as novas Forças de Defesa de Israel. As negociações entre Ben-Gurion e o líder do Irgun, Menachem Begin, sobre o destino das armas não deram certo.

Alegando que Begin usaria as armas para estabelecer um "Estado dentro de um Estado", Ben-Gurion convocou uma reunião de gabi-

CAPÍTULO 10   As guerras dos judeus   **193**

nete de emergência, que tomou uma decisão fatídica: "Prendam Begin... e afundem o navio". Suas ordens foram seguidas: soldados da Haganah bombardearam o navio com metralhadoras e canhões. Ao todo, 16 soldados do Irgun e três soldados da Haganah morreram no bombardeio e em batalhas nas praias.

Em 1952, quando o Estado ainda era jovem e lutava para absorver centenas de milhares de refugiados judeus da Europa e do mundo árabe, o governo de Ben-Gurion negociou um acordo com a Alemanha Ocidental para aceitar reparações pelo Holocausto. Menachem Begin, líder do partido Herut (Liberdade), se opôs ao acordo, alegando que era uma forma de perdão pelos crimes nazistas. Dirigindo-se a uma multidão de cerca de 15 mil pessoas (numa época em que a população de Israel era de apenas 1,630 milhão), ele fez um discurso incendiário, atacando o governo e pedindo sua derrubada. Seria o equivalente a 3 milhões de pessoas protestando nos Estados Unidos.

Os manifestantes começaram a marchar em direção ao Knesset, localizado no centro de Jerusalém. Os policiais, que montaram barricadas nas estradas, não conseguiram controlar a multidão enfurecida, e alguns manifestantes conseguiram chegar à porta do parlamento e começaram a jogar pedras no salão do plenário. Os protestos foram reprimidos, mas não antes de os manifestantes ferirem vários parlamentares.

Em 1982, Israel estava novamente em guerra. Em resposta aos incessantes ataques ao norte de Israel, o primeiro-ministro Menachem Begin ordenou uma invasão do Líbano, para empurrar os terroristas da Organização de Libertação da Palestina (OLP) para fora do alcance da fronteira norte de Israel. Esta guerra foi a primeira a dividir o público israelense.

Como Yossi Klein Halevi escreveu:

A guerra sempre unira os israelenses; agora a guerra os dividia. Antes inconcebíveis, enormes manifestações antigovernamentais ocorreram mesmo com as Forças de Defesa de Israel na frente de batalha. Os reservistas que completavam seu mês de serviço devolviam seus equipamentos e rumavam diretamente para os protestos diários

194 O gênio de Israel

defronte à residência do primeiro-ministro em Jerusalém. Se uma ameaça externa não conseguia mais nos unir, o que manteria junto esse povo fragmentado?

Os protestos realizados em Tel Aviv contra a guerra e pedindo a renúncia do primeiro-ministro Menachem Begin e do Ministro da Defesa Ariel Sharon foram de longe os maiores da história de Israel. Cerca de 350 mil pessoas saíram às ruas, em um país de apenas 4 milhões de habitantes.

Alguns meses depois, um ativista de direita lançou uma granada em um protesto de esquerda, matando Emil Grunzweig, de 33 anos, e ferindo outras nove pessoas. Grunzweig era professor e serviu como paraquedista na Guerra dos Seis Dias, na Guerra do Yom Kippur e na Guerra do Líbano. Seu assassinato chocou o país e se tornou um símbolo do que acontece quando um debate político se transforma em violência.

É difícil imaginar uma crise social, se não existencial, maior em um país como Israel do que enormes protestos populares contra uma guerra travada do outro lado da fronteira norte, a cerca de duas horas de carro. E, no entanto, a capacidade de Israel de se unir diante de uma crise sobreviveu.

Em 1993, não foi uma guerra que dividiu a nação, mas um acordo de paz: os Acordos de Oslo, batizados em homenagem à cidade onde assessores do Ministro das Relações Exteriores Shimon Peres (com a concordância cética do primeiro-ministro Yitzhak Rabin) e do chefe da OLP, Yasser Arafat, negociaram em segredo. Naquela época, era crime um israelense se encontrar com a OLP, a principal organização terrorista a disparar mísseis e plantar bombas para matar civis israelenses. O fato de o governo estar negociando com Arafat chocou os israelenses. O acordo foi finalmente assinado em um tom de celebração no gramado da Casa Branca, culminando em uma fotografia icônica de um radiante presidente Bill Clinton com os braços estendidos atrás de Rabin e Arafat, em seu aperto de mão histórico.

A sensação de que a paz havia chegado durou pouco. Em poucos meses, grupos terroristas palestinos que se opunham aos Acordos de

CAPÍTULO 10   As guerras dos judeus   **195**

Oslo – Hamas e Jihad Islâmica – cometeram atentados suicidas em cidades israelenses. A tensão aumentava em Israel, com crescentes manifestações a favor e contra os Acordos de Oslo. Em 4 de novembro de 1995, ao deixar o palco após o maior comício pró-Oslo em Tel Aviv, Rabin foi baleado duas vezes pelas costas por Yigal Amir, extremista judeu de direita.

Semanas antes, três rabinos extremistas haviam emitido uma decisão de que a *din rodef* (lei do perseguidor) se aplicava ao primeiro-ministro. De acordo com a *din rodef*, a lei judaica diz que, se um assassino está perseguindo alguém, é permitido matar o perseguidor para salvar vidas. A alegação de que a *din rodef* se aplicava a Rabin era absurda e incitante. Além disso, era apenas um exemplo da atmosfera de violência que se formava na extrema direita.

O país inteiro, não apenas a esquerda, lamentou pela morte do primeiro-ministro e por um país que poderia nunca mais ser o mesmo. Mas a esquerda não culpou apenas Yigal Amir: culpou todo o campo de direita que apoiou Netanyahu – então líder da oposição do Knesset – e se opôs aos Acordos de Oslo. A viúva Leah Rabin recusou-se a apertar a mão de Netanyahu no funeral do marido. O campo da esquerda também acusou as pessoas religiosas, de tendência mais à direita. O mais vergonhoso de tudo – particularmente para pessoas religiosas – era que Amir vinha de uma família religiosa, estudara em escolas religiosas e usava um quipá, a cobertura na cabeça usada por pessoas religiosas.

O assassinato de Rabin foi outro momento impensável e dolorosamente polarizador. Um campo político culpou o outro pelo crime mais hediondo da história de Israel, enquanto o outro campo se sentiu aviltado por um crime que abominava. Era difícil imaginar como os laços dentro da sociedade poderiam ser reconstruídos.

Outra época em que parecia que as tensões entre israelenses se tornariam violentas foi quando o primeiro-ministro Ariel Sharon avançou com seu plano de "desengajamento", em 2005. Sharon, que durante toda a sua carreira fora um defensor dos assentamentos de colonos na Cisjordânia e em Gaza, ordenou uma retirada unilateral das forças israelenses de Gaza e o desmantelamento de todos os

196 O gênio de Israel

assentamentos judeus lá, e de mais quatro assentamentos na área de Shomron, na Cisjordânia.

A sensação de traição dentro do movimento dos colonos foi imensa. Não se tratava apenas de Sharon ter sido um dos maiores defensores dos assentamentos. Era que eles estavam lá com a aquiescência, aprovação ou incentivo de vários governos israelenses, tanto de esquerda quanto de direita, e eram considerados, até por oponentes, cidadãos israelenses muito corajosos e patrióticos. Quando chegou o dia da evacuação, depois de meses de tensão, milhares de colonos tiveram que ser arrastados de suas casas, às vezes por soldados que choravam junto com as pessoas que estavam retirando. As plantações dos colonos tiveram que ser abandonadas, e os restos mortais e lápides em seus cemitérios, desenterrados. Embora muitos israelenses discordassem ou se ressentissem dos colonos, especialmente em razão da necessidade de enviar seus próprios filhos e filhas para defender esses assentamentos ao longo dos anos, assistir à evacuação ao vivo na televisão foi um drama humano doloroso.

Essas são apenas algumas das disputas que abalaram a política israelense, provocando grandes protestos, alguns dos quais terminaram em violência. Ao contrário da maioria dos países democráticos, Israel também demonstrou uma capacidade de unificação. Por três vezes, Israel formou "governos de unidade", nos quais os dois principais rivais na disputa para formar um governo se uniram para obter uma grande maioria no Knesset. É difícil imaginar um gabinete norte-americano com um número equilibrado de democratas e republicanos, ou no Reino Unido com trabalhistas e conservadores, mas isso aconteceu em Israel.

Em 2022, o governo Bennett não era tecnicamente um governo de unidade, porque não incluía o principal partido da direita, o Likud. Mas era o mais ideologicamente diverso – indo desde o partido Yamina ("direita") de Bennett ao Ra'am de Mansour Abbas, o primeiro partido árabe a servir em uma coalizão de governo. Partidos de esquerda, centro-esquerda e centro-direita também se juntaram ao governo.

O primeiro governo de unidade foi formado durante uma das maiores crises da história de Israel. Em maio e junho de 1967, o Egito e a Síria deixaram claro que estavam prestes a lançar uma guerra que destruiria Israel de uma vez por todas. Os líderes árabes falaram em "empurrar os judeus para o mar". O líder egípcio Gamal Abdel Nasser ordenou que as Nações Unidas evacuassem sua força de manutenção da paz do Sinai. Os líderes mundiais e os judeus da diáspora começaram a acreditar que Israel estava prestes a ser varrido do mapa.

O primeiro-ministro da época, Levi Eshkol, era considerado um peso leve em comparação com o indomável David Ben-Gurion, que o precedeu, aumentando a sensação de pânico em Israel. Em 1º de junho de 1967, respondendo ao chamado de Eshkol, Menachem Begin, que era o líder da oposição e inimigo de Ben-Gurion, juntou-se ao governo, e Moshe Dayan tornou-se o Ministro da Defesa. Foi esse governo que cinco dias depois lançou um ataque surpresa preventivo ao Egito e à Síria (a Jordânia se juntou à guerra mais tarde), resultando na derrota desses três exércitos em apenas seis dias e na captura, por Israel, do Sinai, da Faixa de Gaza, das Colinas de Golã e da Cisjordânia, levando à reunificação da Jerusalém dividida.

O próximo governo de unidade se formou em setembro de 1984, em resposta a uma eleição sem uma maioria clara e ao colapso da economia de Israel, em uma espiral de hiperinflação, de cerca de 400% ao ano em seu auge. Este governo, formado pelos rivais ideológicos e políticos Shimon Peres e Yitzhak Shamir, aprovou cortes drásticos no orçamento e outras medidas que reduziram a inflação a níveis normais.

Constituição nas ruas

A luta pela reforma judicial em 2023 é a mais intrigante, perturbadora, inesperada e improvável de todas. Começou, como já mencionado, com a reeleição de Benjamin Netanyahu em 2022, à frente da coalizão mais de direita da história de Israel. Em um movimento surpresa, o primeiro item da agenda do governo foi reestruturar os alicerces do sistema judicial.

A proposta original do governo teria efetivamente despojado a Suprema Corte de seu poder de derrubar legislação que considerasse

198 O gênio de Israel

violar as leis básicas de Israel. Embora Israel não tenha constituição, em 1995 a Suprema Corte decidiu tratar uma pequena coleção de leis básicas como uma espécie de constituição. Essas leis básicas foram aprovadas com uma fração da votação total do Knesset. Os parlamentares sequer tinham conhecimento, à época, de que essas leis básicas um dia seriam reinterpretadas como documentos quase constitucionais. Assim, as leis básicas eram consideradas um substituto fraco para uma constituição, pois foram aprovadas aos poucos, ao longo dos anos, às vezes por maioria simples, e poderiam ser facilmente (e muitas vezes eram) alteradas da mesma maneira.

No entanto, a determinação do novo governo liderado por Netanyahu de neutralizar o poder de revisão judicial do tribunal era considerada abominável por muitos israelenses. Os opositores da reforma judicial apontaram que, como outros governos que se baseiam em maiorias parlamentares, Israel tinha apenas duas pernas do triângulo de "freios e contrapesos" que existe em países democráticos como Estados Unidos e França.

Em muitas democracias, os poderes executivo e legislativo se contrabalançam. Em sistemas parlamentares como o de Israel, a coalizão governante tem por definição maioria na legislatura (caso contrário, o governo cairia). Isso significa que o legislativo atua mais como um braço do governo do que como um freio a ele, deixando os tribunais como o único vigilante contra o poder combinado do executivo e do legislativo. A situação é agravada pelo fato de que o parlamento de Israel é unicameral, não bicameral como o Congresso dos Estados Unidos (câmara e senado) ou a assembleia nacional e o senado na França. Também não há governos estaduais ou provinciais, apenas um governo nacional.

Não foi apenas o Knesset que se aproveitou da ordem judicial amorfa de Israel. O próprio tribunal o fez ainda mais. De fato, a revolução judicial da direita política pode ser vista como uma reação contra o fato de a corte suprema acumular amplos poderes e não ser ideológica e etnicamente representativa da população. Essa percepção não se limita aos proponentes da revisão. A maioria admite que o sistema judicial precisa de reforma, mas que isso deve

CAPÍTULO 10   As guerras dos judeus   **199**

ser feito por consenso, não por meio de uma *blitz* legislativa com apoio restrito.

À medida que o governo empurrava sua proposta pelos meandros internos do Knesset, os protestos de rua contra o plano cresciam em tamanho e intensidade. Em números que não eram vistos desde os protestos de 1982, durante a Guerra do Líbano, os israelenses saíram às ruas, principalmente em Tel Aviv, mas também em outras partes do país. Estima-se que os maiores protestos reuniram mais de 200 mil manifestantes em Tel Aviv e cerca de 150 mil em outras cidades. Isso seria o equivalente a cerca de 13 milhões de manifestantes (4% da população) nos Estados Unidos nas ruas todas as semanas, durante meses.

O setor de alta tecnologia, normalmente indiferente e até neutro em questões políticas, não apenas se juntou aos protestos, mas se tornou uma força proeminente por trás deles. O mar de *techies* agitando bandeiras israelenses nos protestos desmanchou o estereótipo sobre essa parte da sociedade israelense. Como nos explicou o jornalista israelense Yaakov Katz: "Muitos desses manifestantes foram descartados por seus concidadãos como tendo abandonado o sionismo e abraçado o pensamento pós-sionista. Eles eram os chamados tel-avivianos mais interessados em viajar para o exterior e ir a embaixadas europeias para tirar um segundo passaporte do que lutar pelo país". No entanto, o setor de alta tecnologia não poderia estar mais engajado. Um *slogan* que capturou esse clima e se destacou nos protestos dizia "SALVEM NOSSA NAÇÃO *START-UP*".

A crise conseguiu até mesmo reunir as maiores confederações empresariais e trabalhistas de Israel. Como disse um importante líder empresarial: "Esta é a primeira vez na história de Israel que o setor empresarial, o Histadrut [principal sindicato de trabalhadores de Israel] e o governo local uniram forças para salvar o país do terrível caos".

Os protestos também incluíram a sanção mais pesada de todas: a recusa de alguns reservistas em comparecer ao *miluim*, um de seus deveres. Na cultura israelense, recusar-se a servir é a derradeira cartada, a forma mais séria de protesto que um cidadão pode tomar.

200 O gênio de Israel

Para ser claro, o serviço que os reservistas ameaçavam boicotar era o serviço voluntário – não o serviço obrigatório. Dez ex-generais da força aérea – líderes militares de elite da sociedade israelense – não chegaram a ponto de apoiar a recusa a servir, mas escreveram a Netanyahu alertando que a crise representava "um grave perigo para a segurança de Israel". Duzentos pilotos reservistas foram mais longe. Eles se recusaram a participar de um dos voos semanais de treinamento. Esse foi um passo simbólico que não impactava a prontidão militar ou a participação dos pilotos nas operações em andamento, mas ainda assim era quase impensável que um conflito com o governo chegasse a esse ponto.

◆

Uma maneira de encontrar sentido para tudo isso é por meio do maior símbolo visual dos protestos contra a reforma judicial do governo de Netanyahu: a bandeira israelense. Pode parecer estranho, em um protesto basicamente incentivado pela oposição esquerdista a um governo de direita. Em outros países, a bandeira é muitas vezes um símbolo do lado conservador, mais nacionalista, do espectro político. Nos Estados Unidos, se você visse duas multidões de manifestantes se enfrentando, a maioria assumiria que o lado com muitas bandeiras do país seria o da direita.

Ao contrário de outros protestos em massa na história de Israel, quase todos relacionados a questões de guerra e paz, o protesto contra a revisão judicial era por questões centrais de equilíbrio de poder no país e pelo direito das minorias. O que significava ser um estado "judaico e democrático", conforme escrito na Declaração de Independência de Israel? Ambos os lados alegavam defender a democracia. Os manifestantes afirmavam que tirar o poder do tribunal levaria Israel ao caminho da ditadura, sem proteção para as minorias. A coalizão governante dizia que estava tomando o poder do tribunal para entregá-lo aos representantes eleitos do povo.

Era como se Israel estivesse, do nada, realizando sua convenção constitucional, não em uma respeitável câmara legislativa na Filadélfia, mas nas ruas e em negociações nos bastidores, com 75 anos de

CAPÍTULO 10 As guerras dos judeus **201**

atraso. E as bandeiras deixavam claro que os manifestantes sentiam que estavam lutando por seu país, um país que eles queriam salvar. Nesse momento tenso da história de Israel, o país parecia nunca ter estado mais dividido e, ao mesmo tempo, estranhamente unido. Um dos escritores mais famosos de Israel, David Grossman, tocou num ponto sensível ao falar diante de um mar de manifestantes que agitavam bandeiras israelenses dias antes de todo o país fazer uma pausa para o Sêder da Páscoa:

Não percebemos o quão profundamente pertencemos a este Estado. Pertencimento, cuidado, solidariedade: palavras que assumem dimensões existenciais e solidez à medida que esta noite cai sobre nós. Nem imaginávamos quanto amor estava escondido dentro de nós pelo modo de vida que conseguimos criar aqui em Israel.

Já foi dito que Israel não tem a opção de perder uma única guerra. O mesmo poderia ser dito sobre a sociedade israelense: Israel não pode se dar ao luxo de travar uma guerra civil, muito menos perder uma. Como o país tem adversários externos que se aproveitariam de qualquer fraqueza, não pode se dar ao luxo de uma desunião. Todos sabem disso. Não significa que os israelenses estejam sempre unidos; longe disso.

Significa é que a sociedade israelense é como um elástico muito resistente. Por mais esticado que esteja, há forças intensas que o puxam de volta. Há um poderoso desejo e uma crença na necessidade de unidade. Há um forte senso subjacente de, como disse Grossman, pertencimento, carinho e solidariedade que se espalha por linhas ideológicas, étnicas, religiosas e socioeconômicas.

As crises amargas que deixaram marcas indeléveis na história de Israel demonstram ambas as forças, talvez de forma mais dramática nessa crise recente, que se caracterizou por uma divisão dolorosa e uma unidade inspiradora. A forma como essas forças vão se desenrolar no futuro depende em parte das correntes que perpassam as duas maiores minorias de Israel: os *haredim* e os árabes israelenses.

CAPÍTULO 11

O outro Israel

A verdadeira questão subjacente aos protestos que varrem Israel é a demografia, e não a democracia. [...] A solução depende dos haredim *assumirem sua responsabilidade e o restante de Israel convidá-los a participar como parceiros iguais.*

— YEHOSHUA PFEFFER, editor, *Tzarich Iyun*

O musical de sucesso da Broadway *Um violonista no telhado* conta a história de Tevye, um leiteiro, e três de suas filhas. Situado por volta de 1905 na zona de assentamento judaico na Rússia, o musical retrata o desenrolar da vida em uma pequena comunidade em meio às mudanças do mundo.

Na peça, Tevye luta contra a erosão de séculos de tradição judaica em meio a escolhas cada vez mais heréticas de suas filhas. Primeiro, Tzeitel rejeita a instituição do casamento arranjado e se casa por amor. Em seguida, Hodel vai mais longe, casando-se com um comunista judeu antirreligioso e fugindo com ele para a Sibéria. Finalmente, Chava quebra o derradeiro tabu ao se casar com um cristão.

A mão erguida de Tevye não era páreo para as ondas da modernidade. Ele é parte da última geração do que agora é chamado de

CAPÍTULO 11   O outro Israel   **203**

"judaísmo ortodoxo". O que restou do mundo de Tevye foi exterminado pelo Holocausto, quando os nazistas assassinaram dois terços dos judeus europeus. Na Polônia, havia 3 milhões de judeus em 1933. Em 1950, havia apenas 45 mil.

Quando o Estado moderno de Israel nasceu, em 1948, havia poucos milhares de habitantes locais *haredim* – a palavra hebraica para comunidades estritamente observadoras da lei judaica, com uma vida mais isolada em Israel – dentre uma população judaica local de 600 mil. Os *haredim* não eram sionistas – eles acreditam que somente Deus pode trazer o povo judeu de volta à sua terra. O sionismo era para eles um anátema, porque refletia o nacionalismo secular, não a lei judaica. Em 1937, a Agudath Israel, uma organização fundada por líderes *haredim*, declarou que "rejeita qualquer tentativa de despojar a Terra de Israel de sua santidade e considera a proposta de estabelecer um Estado judaico secular na Palestina como um perigo para o elevado papel do povo judeu como uma nação santa".

Para garantir seu apoio à declaração de um Estado judeu, David Ben-Gurion, o primeiro-ministro fundador de Israel, negociou o que veio a ser conhecido como o "*status quo*". Foi quando muitas das características judaicas do Estado, como a proibição do transporte público nos dias de sabá, foram estabelecidas. Mais do que isso, foi estabelecido que os *haredim* seriam isentados do serviço militar obrigatório, desde que frequentassem o *yeshiva* em tempo integral.

Ben-Gurion achava que os *haredim* eram um remanescente moribundo da vida em pequenas comunidades na Europa. Eles simbolizavam tudo o que os pioneiros socialistas do novo Estado não queriam ser: fracos, atrasados, insulares e oprimidos. No novo Estado de Israel, os judeus se recriariam como combatentes e agricultores bronzeados. Eles drenariam os pântanos e tornariam o deserto verdejante.

A religião estava deliberadamente ausente dessa visão heroica. O próprio Ben-Gurion não tinha mezuzá no batente de sua própria casa e seu casamento não foi celebrado de acordo com a lei judaica. Hoje, seria difícil encontrar um lar judeu, mesmo entre israelenses seculares, sem uma mezuzá (uma pequena caixa decorativa presa no marco da porta e contendo um pergaminho no qual está escrito parte do Shemá, oração central na fé judaica).

Os pioneiros estavam apaixonadamente engajados na criação de um "novo judeu", que seria, segundo sua visão, livre das opressões do judaísmo e de governantes hostis. A rejeição à religião não era apenas um subproduto da construção do Estado; estava no cerne do *ethos* fundador de Israel e persistiu enquanto o Partido Trabalhista, de Ben-Gurion, tinha o controle do Estado. O secularismo era a religião da geração fundadora de Israel e era central para sua identidade.

Mas os *haredim* não desapareceram. Eles tiveram sucesso onde Tevye fracassou. Contra todas as probabilidades, eles reverteram a maré. Recriaram um mundo onde a família e a aprendizagem judaica eram primordiais, onde os casamentos eram arranjados, onde a lei judaica reinava sob a orientação dos gigantes da aprendizagem, sua liderança rabínica.

Em *Um violinista no telhado*, Tevye canta melancolicamente sobre como seria sua vida se ele tivesse uma "pequena fortuna". Perto do final dessa canção, ele chega ao auge de sua fantasia: "Se eu fosse rico, teria tempo [...] / Para sentar na sinagoga e orar [...] / E eu discutiria o livro sagrado com homens instruídos, por várias horas todos os dias".

Em Israel, os *haredim* floresceram. Estavam não apenas livres da opressão e da insegurança do exílio, como o Estado ajudou a financiar o sonho de Tevye: uma "sociedade de aprendizes" na qual a maioria dos homens podia se dedicar ao estudo em *yeshiva* em tempo integral ou por várias horas todos os dias.

Superar ou sobrecarregar?

A realização do sonho de Tevye, segundo alguns, é a maior ameaça ao futuro de Israel. Dan Ben-David é um destacado economista israelense e fundador da Instituição Shoresh para Pesquisas Socioeconômicas, um dos *think tanks* mais citados do país. Não é a taxa de fertilidade extremamente alta dos *haredim* – 6,7 filhos por mulher em 2021 – que preocupa Ben-David em si. É que cerca de metade

CAPÍTULO 11 O outro Israel **205**

dos homens *haredim* não trabalha, e muitos dos outros trabalham em empregos muito mal remunerados.

Ben-David denuncia o sistema educacional de Israel em geral, ressaltando que os resultados dos testes de israelenses não *haredim* em matemática e inglês estão abaixo da média da OCDE. Mas a situação nos setores *haredim* e árabe é muito pior.

Embora as notas no setor árabe sejam péssimas, quase nenhuma das escolas *haredim* leciona disciplinas seculares, como matemática e inglês, e não participa dos testes. Juntos, os setores *haredim* e árabe representavam 44% da população entre 0 e 14 anos em 2015. De acordo com as projeções citadas por Ben-David, até 2065, se as tendências atuais continuarem, os dois setores com menor escolaridade compreenderão juntos 64% da população de 0 a 14 anos de Israel. A contribuição econômica desses setores é ainda mais reduzida pela baixa participação da força de trabalho de homens *haredim* e mulheres árabes.

Eugene Kandel, ex-presidente do Conselho Econômico Nacional do governo israelense, adverte que o motor de crescimento de alta tecnologia da economia pode afundar se seus trabalhadores deixarem o país para fugir dos crescentes impostos necessários para sustentar uma população pouco produtiva cada vez maior.

Ben-David entende que é responsabilidade dos judeus não *haredim* "salvar o futuro de Israel". "Precisamos acordar enquanto ainda podemos fazer algo a respeito. Não há razão para que uma maioria ainda grande continue a financiar uma minoria que insiste em um estilo de vida que coloca em risco seu próprio futuro, assim como o nosso."

Outros economistas e demógrafos acreditam que esse quadro se baseia em suposições equivocadas. "As projeções do governo são baseadas em uma imagem estática", alega Alex Weinreb, demógrafo do Centro Taub para Estudos de Política Social, um instituto de pesquisa apartidário. "A realidade da sociedade israelense é muito dinâmica."

As projeções do governo não veem variação líquida pelo fato de pessoas se juntarem ou deixarem o grupo *haredim*. Com base em dados do sistema escolar *haredim* que comparam a matrícula na pri-

206 O gênio de Israel

meira série e na nona série, um estudo de Weinreb e de seu colega Nachum Blass estima que há um movimento líquido de cerca de 15% de *haredim* deixando aquela comunidade até o início de sua idade adulta. Esse é o saldo líquido, ou seja, já estão descontados aqueles que se tornam *haredim*. E isso subestima a mudança, porque um bom número de famílias religiosas tradicionais, mas não *haredim*, envia seus filhos para o sistema escolar *haredi* ainda crianças e os retira mais tarde. Além disso, aqueles que deixam a comunidade *haredi* não desaparecem. Eles aumentam o tamanho da população não *haredi*, resultando em uma oscilação substancial no equilíbrio demográfico.

Weinreb se recusa a estimar o tamanho da população *haredi* em 2065, porque projeções tão distantes são impossíveis num caso em que há tantos fatores em jogo. Sua projeção para um período entre 20 e 25 anos (entre 2043 e 2048) é que os *haredim* crescerão de 13% para cerca de 15 a 17% da população – uma mudança mais modesta do que as estimativas oficiais. Ele também entende que nesse mesmo período a taxa de fertilidade *haredi* poderia diminuir em mais de dois filhos: de 6,7 hoje para 4,4 em cerca de duas décadas. De acordo com Weinreb, "a população *haredi* crescerá, mas muito menos do que as projeções oficiais, metodologicamente falhas. Existem desafios reais, mas é irresponsável que pessoas em sua bolha de Tel Aviv afirmem que os bárbaros estão chegando e a civilização ocidental está pendurada pelas unhas".

◆

Yehoshua Pfeffer fala com cuidado, com um leve sotaque britânico. Ele tem barba e, em sua foto de perfil no WhatsApp, usa um chapéu preto, terno e uma gravata bordô estampada. Um pergaminho da Torá repousa em seu ombro. Ele está caminhando, a mão gesticula. Enquanto os secularistas podem estampar suas aspirações com imagens no topo de uma montanha ou desfrutando de uma boa vida, um *haredi* expressa esse sentimento carregando o próprio livro sagrado, o livro que é um presente de Deus e a força orientadora da vida. Na casa dos 40 anos, ele e sua esposa têm oito filhos, o mais velho dos quais acabou de se casar.

CAPÍTULO 11   O outro Israel   **207**

Pfeffer é rabino e chefe da divisão *haredi* de Israel no Tikvah Fund. Ele foi assistente-chefe haláchico (Lei Judaica) do rabino--chefe de Israel. Hoje ele também é o editor fundador da *Tzarich Iyun* ("Requer Investigação"), um jornal *on-line* sobre o pensamento *haredi*. Nele, Pfeffer assume posições corajosas, como defender o imperativo moral do serviço militar. Por enquanto, as posições de Pfeffer e de muitos de seus colaboradores não são dominantes na comunidade *haredi*, pelo menos não publicamente. Mas eles são uma janela reveladora das poderosas correntes que percorrem a sociedade *haredi*.

Os textos de Pfeffer são acompanhados de orgulho e admiração pela sociedade *haredi*. Os *haredim* estão entre os israelenses mais pobres. Na maior parte do mundo, a pobreza é acompanhada por problemas de saúde, baixa expectativa de vida, crimes violentos e abuso de drogas. Mas entre os *haredim*, aponta Pfeffer, "a expectativa de vida é maior do que a média israelense, enquanto os crimes violentos e o abuso de drogas são quase inexistentes". De modo similar, a pobreza geralmente reduz a felicidade. Mas os *haredim* registram os mais altos níveis de satisfação com a vida. Como é possível que uma das comunidades mais pobres de Israel eleve as médias israelenses de longevidade e felicidade?

Para Pfeffer, não há mistério. "Muitos dos fatores por trás do sucesso da sociedade israelense são sintetizados na comunidade *haredi*. Temos um rico sentimento de pertencimento que vem de famílias coesas e associações comunitárias profundas. Essas conexões humanas criam uma espécie de otimismo inerente e, penso eu, o mais alto nível de felicidade em Israel."

Porém, no que se refere à alta taxa de pobreza na comunidade *haredi* e à sua baixa contribuição para a força de trabalho e a economia do país, Pfeffer concorda que a situação atual é insustentável e vai piorar à medida que a comunidade crescer. Mas ele não é um pessimista, nem concorda que a solução deve ser imposta de fora. Já existem poderosas forças de base que estão "israelificando" os *haredim*.

♦

208 O gênio de Israel

Moshe e Menachem Friedman chamavam a atenção. Usando as famosas calças pretas, camisas brancas, paletós pretos e chapéus pretos de *haredim*, os dois irmãos compareceram bravamente à DLD, uma conferência de tecnologia realizada na antiga estação ferroviária de Tel Aviv. Empreendedores e investidores de *start-ups* vestiam camisetas e jeans. O calor era sufocante e todos os estandes da feira de *start-ups* estavam do lado de fora. As principais palestras eram realizadas em tendas sem ar-condicionado.

Yossi Vardi, o promotor da rede global das conferências DLD, estava na entrada da tenda principal. Vardi, como o principal investidor da icônica empresa ICQ, era uma lenda na alta tecnologia israelense. O ICQ catapultou o nascente ecossistema de *start-ups* israelenses para o radar global de tecnologia quando a AOL comprou a *start-up*, que não tinha receita até então, por US$ 407 milhões, em 1998. Vardi tornou-se o principal investidor-anjo em *start-ups* de internet israelenses após o estouro da bolha no ano 2000, quando era quase impossível conseguir financiamento para qualquer coisa com ".com" no nome.

Vardi parou os irmãos Friedman na entrada. *Com licença, quem vocês estão procurando?*, perguntou. Moshe respondeu: *Somos empreendedores. Temos uma* start-up *e queremos participar desta conferência*. Vardi os desafiou: *Tenho 70 anos e nunca vi um empreendedor* haredi. *Tenho certeza de que os rabinos não permitiriam.*

Vardi não disfarçou sua hostilidade. Mas Moshe persistiu. *Todo mundo reclama que os* haredim *não trabalham. Então aqui estamos nós, e em vez de você dizer: "Bem-vindos, juntem-se a nós", tenta mostrar que este não é nosso lugar*. Vardi admitiu que eles tinham razão. De repente, ele se tornou muito amigável, lembra Moshe.

Mas quando Vardi ouviu falar da *start-up* dos Friedman – uma ideia para um *software* de edição de vídeo – ele foi extremamente franco. "Sua *start-up* não é nada, vocês estão perdendo seu tempo", disse. "Mas a ideia de *haredim* construindo *start-ups* de tecnologia – isso é uma verdadeira *start-up*."

Seguindo o conselho de Vardi, Moshe Friedman fechou sua *start-up* e fundou a KamaTech, uma organização sem fins lucrativos para

CAPÍTULO 11 O outro Israel **209**

promover os *haredim* no mundo da alta tecnologia. Friedman a batizou em homenagem ao tratado talmúdico Baba Kama, que significa "Primeiro Portal" em aramaico. A KamaTech seria a porta de entrada para os primeiros *haredim* a entrar no mundo exótico do empreendedorismo de alta tecnologia.

Em 2012, Friedman conheceu Chemi Peres, o fundador da Pitango, um dos maiores e mais conhecidos fundos de risco de Israel. Peres havia criado um programa para ajudar árabes israelenses a construir empresas de alta tecnologia. Friedman perguntou a Peres se ele desenvolveria um programa semelhante para os *haredim*. Assim como Vardi, Peres ficou inicialmente cético. Peres e Friedman decidiram promover uma competição de *start-ups* para testar a ideia.

Encontrar *haredim* dispostos a participar não foi fácil. Ninguém na mídia *haredi* concordaria em anunciar uma competição de *start-ups*. Friedman fez uma postagem a respeito, mas poucos *haredim* estavam nas redes sociais na época. "Benza Deus, o boca a boca é forte na comunidade *haredi*", reconhece Friedman. Ele começou a ouvir falar de *haredim* trabalhando em uma ideia nos fundos de uma sinagoga ou no apartamento de alguém. Depois de muito procurar, Friedman conseguiu encontrar 20 empreendedores ou equipes trabalhando em *start-ups* e convenceu-os a entrar na competição. Ele selecionou 10 para se apresentar na conferência.

Em 25 de dezembro de 2013, a KamaTech realizou a primeira competição de *start-ups haredim*. Chemi Peres estava lá, e Yossi Vardi era o mestre de cerimônias. Quando o auditório lotou, os participantes *haredim* e não *haredim* estavam sentados separadamente. Vardi olhou sério para o público. "Não retornamos à Terra de Israel depois de 2 mil anos de exílio para que os *haredim* e os israelenses seculares se sentassem separadamente. Quero que todos se levantem, e cada pessoa não religiosa precisa se sentar ao lado de uma pessoa *haredim*. Só depois disso continuaremos."

Uma das estranhas duplas resultantes reunia Avreimi Wingut, jovem *haredi* presente ao evento por curiosidade, e Yizhar Shai, experiente capitalista de risco que mais tarde se tornaria ministro do governo. Uma hora depois, Wingut e Shai já eram amigos, e Shai se

210 O gênio de Israel

ofereceu para orientá-lo se ele fundasse uma *start-up*. Wingut começou a explorar algumas ideias com Shai, mas alguns meses depois aproximou-se de Friedman em outro evento e manifestou vontade de trabalhar com Friedman na KamaTech. "Avreimi é um hassídico de Jerusalém e eu sou um *litvishe* de Bnei Brak", explica Friedman, referindo-se a duas das três principais correntes do judaísmo *haredi* em Israel (a terceira é a sefaradim). "Nunca teríamos nos conhecido na vida normal, mas nos tornamos grandes amigos, e ele se juntou à KamaTech como cofundador."

Logo depois, Friedman conseguiu convencer Amnon Shashua, que conhecemos no Capítulo 9, a palestrar em um evento da KamaTech. Shashua, surpreso e impressionado com a energia na sala, incentivou Friedman a criar uma aceleradora para ajudar a financiar e orientar as melhores *start-ups haredim*. Apenas um ano depois de apenas 20 equipes se inscreverem para a primeira competição de *start-ups*, 224 *start-ups haredim* procuraram se juntar à aceleradora KamaTech.

De acordo com Friedman, até uma década atrás, os *haredim* eram apenas 0,5% da força de trabalho na área de alta tecnologia. Em 2023, esse número aumentou seis vezes, para 3%. Além disso, dos cerca de 10 mil aspirantes a trabalhadores de tecnologia que se formam em universidades, faculdades, programas de treinamento e unidades de alta tecnologia nas forças armadas, cerca de um décimo vem da comunidade *haredi*. Quanto a Amnon Shashua, sua empresa Mobileye agora emprega mais de 50 *haredim* e espera contratar mais.

Está cada vez mais difícil para os *haredim* se isolarem do mundo exterior. "A internet é muito mais difícil de filtrar do que a televisão o era", observa Pfeffer. E, nesse sentido, a pandemia da covid-19 foi um acelerador, pois cada vez mais membros da comunidade recorriam à internet para obter informações sobre a crise sanitária. Na guerra da liderança *haredi* contra a televisão, não era tão difícil identificar um apartamento com uma antena na janela. "Qualquer um com uma antena era condenado ao ostracismo. Poderia ser expulso de sua sinagoga, e seus filhos teriam dificuldade em encontrar *shidduchim*", explicou.

Um *shidduch* é o encontro promovido pelos pais de jovens de ambos os sexos, geralmente com a ajuda de um casamenteiro (*shadchan*), de modo que venham a se casar. Na peça *Um violonista no telhado*, na canção "Casamenteira, casamenteira", Chava e Hodel cantam sobre sua ansiedade para que a casamenteira "traga meu noivo". Depois de Tzeitel, a mais velha, lembrá-las de que elas vêm com "sem dote, sem dinheiro, sem antecedentes familiares", as irmãs mudam de tom: "Não estou com pressa / Talvez eu tenha aprendido / Brincando com fósforos / Uma garota pode se queimar".

Para os ouvidos modernos, tudo isso soa como uma lembrança pitoresca de um mundo passado. Mas uma marca do sucesso dos *haredim* em manter seu modo de vida é que a instituição de casamentos arranjados continua, como se mais de um século não tivesse se passado desde os dias de Tevye. Atualmente, o "mercado *shidduchim*" é um dos mais poderosos mecanismos de aplicação de normas na sociedade *haredi*. Como explica um líder da comunidade: "Os pais querem que seus filhos façam o melhor casamento possível. Qualquer coisa que afete o potencial de *shidduch* de uma criança, para melhor ou para pior, afeta a forma como a sociedade inteira está organizada". O que torna um homem ou uma mulher mais atraente neste mercado? A resposta diz muito sobre o que está acontecendo na vida real, independentemente dos desejos da liderança rabínica.

O estereótipo do mundo *haredi* é que ele sintetiza os papéis tradicionais de gênero. As mulheres cuidam da casa para libertar os homens para atividades mais valorizadas, como o de principal provedor ou, no mundo *haredi*, para o estudo em *yeshiva* em tempo integral. A realidade é o oposto: em muitas casas, as mulheres vão ao escritório para sustentar a família, enquanto os homens – que têm horários mais flexíveis – levam as crianças para a escola, para casa e cozinham para elas. Na verdade, os homens *haredim* estão muito à frente dos homens seculares em assumir sua parte do fardo de cuidar das crianças.

Como a programadora de computadores Shira Carmel, ela própria *haredi*, escreve em "The Kollel-Man Masculinity Crisis", muitos dos homens estão "empurrando carrinhos de bebê de manhã e no

212 O gênio de Israel

início da tarde, com uma fila de crianças a reboque". Por causa da integração das mulheres com o mundo do trabalho externo, "na vida real, exceto para esferas estritamente religiosas, a política é praticamente o último bastião em que a exclusividade masculina é preservada. Em todos os outros lugares, as mulheres dominam".

O mercado de *shidduch* tem reforçado essa estranha reviravolta. Como disse um destacado rabino: "Alguns encontros são arranjados considerando o alto salário da mulher, que pode [...] permitir que o marido se sente e estude, resultando em sua escravidão total ao lar". O oposto ocorre com os homens *haredim*. Quanto mais eles trabalham, em vez de estudar, menor é o seu *status*. As mulheres que mais ganham e os homens que mais estudam são os bons partidos mais valorizados.

♦

O número de mulheres *haredim* na força de trabalho aumentou muito nas últimas duas décadas, chegando a quase 80%, o que é aproximadamente igual à taxa de emprego de mulheres judias não *haredim*. Mas, como já mencionado, cerca de metade dos homens *haredim* trabalha, e quase nenhum dos homens *haredim* passa pelo serviço militar. Ao mesmo tempo, a população *haredi* está aumentando rapidamente, fazendo crescer o seu custo para os não *haredim*, responsáveis por subsidiar a assistência social e outros benefícios pagos aos *haredim*.

Os protestos maciços contra a reforma judicial do governo em 2023 podem parecer circunscritos a um debate constitucional, mas na realidade são resultado de uma explosão de ressentimentos acumulados por décadas. Ainda que o principal grito dos manifestantes fosse por democracia, outra palavra de ordem era "Basta". E o que deveria acabar estava subentendido: a sensação de injustiça dos judeus não *haredim* por arcar com o fardo econômico e militar da nação, enquanto os *haredim* estão isentos dele.

"Não é apenas uma discussão sobre direito constitucional", afirma Micah Goodman. "É um choque de emoções. Uma tribo está aterrorizada com o fato de Israel estar se tornando um lugar em que não querem viver", explica, referindo-se ao medo dos manifestantes do crescente poder dos partidos políticos *haredim* e da extrema-direita. "E a outra tribo sente que, nos últimos 75 anos, Israel não foi o país que desejavam, que deveria ter sido diferente." Trata-se do sentimento de que as elites liberais, independentemente do controle do partido, mantiveram a hegemonia sobre o Estado desde sua fundação. O confronto mais profundo, argumenta Goodman, é sobre "passado *versus* futuro, frustração *versus* ansiedade".

No ventre da baleia

Os *haredim* não são a única minoria significativa em Israel. Há outra, que tem quase o dobro de integrantes: são os árabes israelenses. Desde 2022, pouco mais de um em cada cinco israelenses é árabe, a maioria deles muçulmanos. O *status* dessa grande comunidade, embora esteja melhorando, está longe de ser o ideal e ainda pode se deteriorar.

Os árabes israelenses são cidadãos israelenses em todos os sentidos (exceto para os residentes árabes de Jerusalém Oriental, a menos que solicitem a cidadania). Eles têm o direito de votar nas eleições (com uma alta taxa de participação); podem concorrer a cargos públicos (servindo como prefeitos e membros da administração municipal em todo o país, e com uma grande presença no parlamento nacional de Israel); alguns servem como juízes na suprema corte; outros ocupam altos cargos em empresas, na área médica, nas artes, no jornalismo e nas universidades. Eles têm acesso ao mesmo atendimento de saúde que os judeus israelenses. Não são convocados para o exército israelense, mas podem se voluntariar, e um pequeno número o faz.

A história de como Israel passou a ter uma grande minoria árabe remonta ao período anterior à fundação do Estado. Segundo o autor israelense Daniel Gordis, "quem acaba sendo um árabe israelense e quem acaba sendo um palestino na Cisjordânia, ou em Gaza, ou no sul do Líbano, ou na Síria, ou na Jordânia, ou onde quer que seja, é

214 O gênio de Israel

realmente um acidente da história". Haifa tinha grandes populações judaicas e árabes em 1948, e ainda tem hoje em dia – é a terceira maior cidade de Israel. Durante a guerra de 1948, "os árabes locais estavam preocupados com os rumores de que os judeus estavam ganhando, e muitos deles decidiram: 'Vamos sair daqui. Voltaremos quando a guerra acabar", conta Gordis.

"Imagine que havia outras famílias no mesmo bairro daqueles que foram dirigindo até a Jordânia em 1948, mas seus carros não ligavam. Ou eles simplesmente decidiram ficar. E sobreviveram à guerra. E agora eles estão nesse novo Estado." Os árabes que moravam em Haifa (ou em outro lugar em Israel) antes da guerra e permaneceram de repente eram cidadãos de Israel. "Seus filhos e netos podem agora frequentar a Universidade Hebraica ou a Universidade de Tel Aviv, têm acesso a serviços de saúde de classe mundial, contam com representação igual na democracia de Israel e assim por diante."

Embora os árabes israelenses tenham direitos políticos iguais e uma classe média crescente, esse grupo demográfico também apresenta altas taxas de pobreza. De acordo com o Instituto de Pesquisas Políticas de Jerusalém, 6 em cada 10 integrantes da população árabe de Jerusalém vivem na pobreza, mais do que o dobro da taxa entre os judeus. Numa idade em que os jovens israelenses estão servindo nas forças armadas e começando suas carreiras, cerca de um terço dos homens árabes e metade das mulheres árabes estão desempregados.

Israel tem quatro sistemas escolares separados: *haredi*, religioso (não *haredi*, ortodoxo moderno), secular e árabe. Cada um tem seu próprio currículo para atender às demandas de cada comunidade. A maioria das escolas *haredim*, especialmente as para meninos, ensina apenas assuntos religiosos nas séries mais avançadas. Tanto os sistemas escolar religioso (ortodoxo moderno) quanto o secular combinam estudos religiosos e seculares, mas, naturalmente, há muito mais conteúdo religioso no sistema escolar religioso. O resultado é que cada comunidade consegue o que quer, às custas da integração entre as comunidades.

A qualidade da maioria das escolas árabes é muito pior do que a das escolas judaicas (embora a pequena minoria árabe cristã tenha

CAPÍTULO 11   O outro Israel   **215**

algumas das melhores escolas do país). Muitos engenheiros árabes qualificados têm dificuldade em ingressar no cenário tecnológico em expansão de Israel. Isso também está mudando, já que grande quantidade de estudantes árabes de engenharia agora frequenta as aulas dos programas de ciência e tecnologia das principais universidades de Israel. A grande maioria dos árabes israelenses quer ser mais integrada à sociedade israelense, mas eles não pertencem às redes formadas pelos judeus não *haredim* pela convivência nas forças armadas. Além disso, há uma grande e polêmica questão para os árabes israelenses: a criminalidade.

Em 2021, quase três quartos de todos os assassinatos no país ocorreram na comunidade árabe, que representa apenas um quinto da população. Em certa cidade árabe, é tão comum homens mascarados de gangues rivais passarem atirando pelas janelas dos carros que os moradores construíram um muro de pedra dividindo a cidade em duas.

A polícia soluciona apenas 20% dos assassinatos em áreas árabes, em comparação com mais da metade na comunidade judaica. Um alto funcionário da polícia admitiu ao *Haaretz*: "Perdemos o controle das ruas nas comunidades árabes". Kamal Ryan, que lidera uma organização islâmica antiviolência, disse à *New Yorker* que 60 mil homens árabes trabalham para a máfia como traficantes de drogas, agiotas e capangas de agiotas.

As autoridades locais também são vítimas de extorsão e violência. Em 2020, 15 chefes do conselho árabe foram alvo de tiros ou coquetéis Molotov. A criminalidade afeta todas as partes da sociedade; casais jovens rejeitados pelos bancos são forçados a buscar hipotecas no mercado negro. E a habitação em si pode ser ilegal, porque o governo israelense emite poucas licenças de construção em áreas árabes, apesar da crescente população.

Em maio de 2021, pela primeira vez em décadas, os árabes israelenses se revoltaram em cidades com populações judaicas e árabes, como Jerusalém, Haifa, Jaffa e Lod. Ao mesmo tempo, o Hamas disparou foguetes contra Israel, levando a uma grande operação militar israelense em Gaza. Os combates dentro de Israel

216 O gênio de Israel

causaram grande prejuízo às relações judaico-árabes. Embora as relações cotidianas entre judeus e árabes parecessem voltar ao normal, a possibilidade de uma recorrência, na esteira de algum incidente futuro, permanece.

Apesar desses fatores preocupantes, também há esforços e desejos de ambos os lados, judeu e árabe, por uma maior integração. Em 2020, 65% dos árabes israelenses disseram-se orgulhosos de serem israelenses. Este nível foi um recorde desde a primeira pesquisa, em 2003, e mais que o dobro do baixo índice de 31% em 2007. Uma pesquisa de 2020 realizada pelo Instituto de Democracia de Israel (IDI) descobriu que 8 em cada 10 cidadãos árabes querem ser parte da sociedade israelense.

Dentro do IDI, Nasreen Haddad Haj-Yahya dirige um programa voltado para a sociedade árabe em Israel. Ela tem doutorado em história pela Universidade de Tel Aviv e fala hebraico fluentemente, com um leve sotaque árabe. "Há uma coisa que judeus e árabes concordam: que os árabes israelenses são discriminados e que o Estado deve fazer todos os esforços para reduzir as lacunas sociais e econômicas."

Segundo Haj-Yahya, há um paradoxo: como sociedades, parece haver um abismo aparentemente intransponível de desconfiança entre judeus e árabes, mas no nível pessoal é uma história diferente. "Noventa por cento dos judeus e árabes que trabalham juntos dizem que suas relações interpessoais são ótimas." Essa é a experiência de centenas de médicos voluntários árabes israelenses no United Hatzalah, o maior serviço médico de emergência voluntário em Israel. Seus 6.500 voluntários usam a tecnologia de roteamento por GPS da Hatzalah para percorrer o país em motocicletas de ambulância e obter um dos mais rápidos prazos de resposta a emergências de todo o mundo. Como explica um médico árabe israelense da Hatzalah: "A maioria dos árabes de Jerusalém Oriental trabalha em Jerusalém Ocidental durante o dia e acaba respondendo a emergências em lares judeus ultraortodoxos em Jerusalém Ocidental. Eles estão salvando vidas judaicas. E se houver uma emergência em uma casa muçulmana de Jerusalém Oriental, geralmente é um dos médicos ultraortodoxos que trabalham na Cidade Velha que estará sal-

CAPÍTULO 11 O outro Israel **217**

vando a vida de um árabe. Trabalhamos juntos. Estamos à vontade uns com os outros. Nem pensamos a respeito".

De tempos em tempos, Israel forma governos de "unidade", ou seja, uma coalizão composta pelos principais partidos dos blocos de esquerda e direita. A coalizão formada por Naftali Bennett e Yair Lapid em 2021 ia de um extremo ao outro do espectro político. Bennett, o líder do Yamina ("direita" em hebraico), um partido com apenas seis cadeiras, tornou-se primeiro-ministro. Embora Bennett tivesse concorrido no bloco da direita, sua coalizão, negociada por Yair Lapid, líder de um partido de centro-esquerda, incluía partidos da extrema-esquerda. Talvez o fato mais significativo tenha sido a histórica inclusão de um partido árabe na coalizão: a Lista Árabe Unida, liderada por Mansour Abbas. Em Israel, o partido é mais conhecido por sua sigla em hebraico, Ra'am (literalmente, "trovão").

Até então, os partidos árabes se concentravam em lutar contra a legitimidade de Israel como Estado e eram vistos como simpatizantes de grupos terroristas, como o Hamas, que atacavam Israel. Essa pauta tornava os partidos políticos árabes israelenses tão tóxicos que nenhum partido judeu-israelense estava disposto a incluí-los em uma coalizão, mesmo que eles quisessem participar de uma.

O Ra'am, de Abbas, rompeu com essa tradição. Deixou de lado o conflito palestino-israelense e se concentrou em melhorar a situação da minoria árabe em Israel. Abbas foi mais longe, ao aceitar abertamente Israel antes de qualquer outro líder árabe. "Israel nasceu como um Estado judeu, e assim permanecerá", disse Abbas, em uma entrevista coletiva em hebraico, repetindo as palavras também em árabe. "A questão não é a identidade do Estado, mas sim o *status* dos cidadãos árabes nele", afirmou.

Ao levar seu partido para a coalizão governista, Abbas fez história. E ele não era iniciante. Ele tinha grande influência. O Ra'am tinha apenas quatro cadeiras no Knesset, mas elas tinham o poder de decidir as votações entre os dois principais blocos – Netanyahu ou anti-Netanyahu – e assim determinar quem formaria um governo.

Aos 47 anos, Abbas se tornou uma das figuras mais destacadas da política israelense, em uma história improvável e cheia de contradi-

218 O gênio de Israel

ções. Como Michael Milshtein, professor de estudos palestinos na Universidade de Tel Aviv, escreveu no jornal *Haaretz*: "A mensagem de mudança que muitos na sociedade judaica e árabe ansiavam chegou, mas seu portador não é bem aquele que muitos imaginavam".

A ascensão de Abbas começou em uma mesquita em sua cidade natal, Maghar, uma pequena localidade na Galileia, um dos poucos lugares onde muçulmanos, cristãos e drusos vivem juntos. Já aos 17 anos, Abbas dava sermões apaixonados em uma das mesquitas da cidade. O jovem orador chamou a atenção do xeque Abdullah Nimar Darwish, figura imponente na vida política e religiosa árabe-israelense. Abbas tornou-se discípulo de Darwish de coração e alma. Para entender Abbas, é necessário entender Darwish.

Nascido em 1948, em Kfar Kassem, outra cidade árabe, Darwish fundou o Movimento Islâmico em 1971. Em 1979, estabeleceu a Usrat al-Jihad ("A Família da Jihad"), que visava substituir Israel por um Estado islâmico. A organização tentou incendiar uma fábrica têxtil israelense e colocar fogo em florestas, o que levou o governo israelense a classificá-la como terrorista. Em 1981, Darwish foi condenado como membro de uma organização terrorista e cumpriu quatro anos de prisão.

Libertado, tornou-se partidário da não violência na busca dos objetivos do movimento. Ele condenou os ataques de árabes israelenses a soldados e civis israelenses e apoiou os Acordos de Oslo de 1993, assinados por Yitzhak Rabin, Bill Clinton e Yasser Arafat. Isso causou uma divisão no movimento islâmico. O "Ramo do Sul", liderado por Darwish, defendia a não violência e a participação no processo eleitoral israelense. O "Ramo do Norte", liderado pelo ex-protegido de Darwish, Sheikh Raed Salah, se opôs aos Acordos de Oslo e à participação árabe nas eleições israelenses.

A posição de Darwish em relação ao Estado de Israel era clara. O dilema dos árabes israelenses é que eles se encontravam "no ventre da baleia". Não escolheram viver em um Estado judeu, mas essa era a realidade. O trabalho de sua liderança política não era lutar contra a existência de Israel, mas pelos seus direitos como cidadãos israelenses plenos. Durante décadas, eles receberam um quinhão minguado

CAPÍTULO 11   O outro Israel   **219**

do orçamento, dos serviços, dos regulamentos e da infraestrutura israelenses.

Em 2007, Darwish tornou-se o primeiro líder muçulmano a falar no Fórum Global de Combate ao Antissemitismo. Em seu discurso, ele criticou o presidente iraniano Mahmoud Ahmadinejad por negar o Holocausto, afirmando: "Diga a todos os que negam o Holocausto que perguntem aos alemães o que fizeram ou deixaram de fazer".

Voltando aos seus dias de estudante, Abbas identificava-se como um ardoroso discípulo religioso e político de Darwish. Na Universidade Hebraica de Jerusalém, Abbas estudou odontologia – uma profissão respeitável aos olhos de seus pais. Mas suas verdadeiras paixões eram religião e política. Enquanto os ativistas estudantis árabes da época estavam imersos no nacionalismo árabe e discursando contra o conflito Israel–Palestina, Abbas foi em outra direção.

Unindo-se a estudantes que seguiam alguma religião e a estudantes frustrados com batalhas ideológicas infrutíferas, Abbas fundou seu próprio grupo político. Chamado de Tahaluf (a Aliança), lutava para resolver problemas concretos, como as condições dos alojamentos estudantis. "Ele não se apresentava como candidato do movimento islâmico, mas como candidato dos estudantes", relata Nihad Bukai, ativista de um partido político concorrente na época. "Abbas dizia: 'Estamos fartos de ideologia, vamos lidar com o que é importante para os estudantes árabes, vamos nos concentrar em obter benefícios'. E funcionou."

Seguindo essa mesma fórmula, anos depois Abbas se tornou o líder do Ra'am e o separou de uma coalizão de partidos árabes. Ele prometeu lidar com os desafios mais urgentes, como os constantes tiroteios entre árabes nas cidades árabes. Para maximizar as possibilidades de sucesso com essa pauta, Abbas estava disposto não apenas a se juntar a uma coalizão de governo, mas a fazê-lo com o Likud, de Benjamin Netanyahu. Eles quase chegaram a um acordo, vetado pelos aliados de direita de Netanyahu.

Abbas estava empregando a estratégia há muito usada pelos partidos *haredim*, historicamente dispostos a se aliar a ambos os lados. Como acontece em outros países, esses partidos são como fiéis da

220 O gênio de Israel

balança, com poder de negociação muito além de sua força eleitoral no parlamento. Fomos à sede do partido Ra'am, na cidade de Kafr Kanna, no norte do país (a antiga aldeia de Caná, onde, segundo a tradição cristã, Jesus transformou água em vinho) para nos encontrarmos com Abbas. Quando chegamos ao endereço, não havia nada que se parecesse com um escritório, muito menos uma sede do partido. Apenas uma ruela, com prédios de apartamentos em frente a uma mesquita. Chamamos e alguém saiu para uma varanda e nos acenou. Um assessor de Abbas e um tradutor nos receberam e fizeram sinal para que nos sentássemos em um dos sofás de couro estofados, dispostos em um grande quadrado, no estilo das salas de estar das casas árabes.

Cerca de meia hora depois, Abbas entrou. Corpanzudo, com um rosto redondo, ele parece carregar um sorriso permanentemente pacífico. É o sorriso de alguém que parece surpreso com o ponto a que chegou e, ainda com alguma humildade, está apreciando a vista. Ele falou conosco em árabe, através de um tradutor.

Embora focado em medidas práticas, Abbas conhecia a origem da maioria dos problemas que enfrentava: a desconfiança. "A principal barreira que ainda existe é psicológica. Ainda existem questões existenciais, questões nacionalistas, um medo que domina as relações entre os dois lados. Não se trata de estarmos fisicamente juntos. Trata-se de sermos sinceros uns com o outros neste momento."

Abbas é visto por alguns árabes como um traidor da causa palestina, sendo rotulado como sionista. Ele foi agredido fisicamente em um evento de campanha em Umm al-Fahm, um reduto radical, e desde então tem procurado discursar para audiências mais amigáveis. Ao mesmo tempo, alguns judeus israelenses entendem que Abbas está sendo conciliador apenas por razões táticas, e que ele é tão contrário a Israel quanto seus colegas radicais.

Resta saber se as corajosas posições de Abbas marcarão uma mudança duradoura rumo à integração na política israelense e nas relações judaico-árabes de forma mais ampla. É possível que os tumultos e o extremismo se intensifiquem, atrasando o movimento pela integração. Essa possibilidade seria trágica não apenas pelo dano direto às vidas de judeus e árabes, mas também pela oportunidade perdida.

A área em que os árabes israelenses tiveram mais oportunidades de avanço é na medicina. A primeira leva de árabes para essa área se formou farmácia. Atualmente, é possível encontrar um médico ou enfermeiro árabe em qualquer hospital de Israel. Durante a pandemia de covid-19, os trabalhadores médicos árabes foram vistos na "linha de frente", defendendo o país contra um inimigo mortal.

Grande parte do sucesso da sociedade israelense que descrevemos neste livro baseia-se nos sentimentos de pertencimento, solidariedade e sacrifício compartilhado inerentes à experiência israelense. Mas quando escrevemos sobre "israelenses" neste contexto, muitas vezes há um asterisco tácito ao lado, denotando "exceto para *haredim* e árabes". Mas e se essas grandes e importantes comunidades não fossem mais exceções, e sim partes integrantes da sociedade israelense? E se "eles" não fossem mais "eles", e sim "nós"?

Yehoshua Pfeffer vê um futuro em que os *haredim* se considerem e sejam aceitos como israelenses plenos, mantendo os pontos fortes das suas comunidades e do seu modo de vida. Há um futuro plausível em que os *haredim* virão a ser um trunfo para a economia, em vez de um dreno, servindo seu país de maneira significativa, em vez de se esquivarem da responsabilidade de compartilhar os encargos nacionais.

Nasreen Haddad Haj-Yahya prevê um mundo em que os árabes sejam integrados não apenas nas profissões médicas, no governo e na cultura popular, mas também na alta tecnologia. Nesse futuro, as enormes lacunas em educação, renda e infraestrutura no setor árabe seriam preenchidas, impulsionando a economia israelense como um todo.

A felicidade da disputa

Yedidia Stern é, discretamente, um dos juristas e líderes de ideias mais influentes em Israel. Depois de receber um doutorado de Harvard, ele se tornou professor de direito na Universidade Bar-Ilan. Por muitos anos, foi membro sênior do Instituto de Democracia de

Israel, um importante *think tank* de política social. Em 2020, foi escolhido para liderar o Instituto de Política do Povo Judeu, uma organização cuja missão é desenvolver políticas para promover o povo judeu como um todo. Durante a crise constitucional de 2023, Stern participou das tentativas de negociar um acordo.

Ele usa um quipá de malha, situando-se no meio do espectro religioso israelense. Até o bigode de alguma forma faz dele uma ponte entre os seculares barbeados e as longas barbas dos *haredim*.

A solidariedade social é crucial para a preservação da sociedade israelense. Mas há um paradoxo. Como pode Israel nutrir um sentimento de solidariedade social e ao mesmo tempo ter um labirinto de divisões profundas? Israel está se unificando ou se separando?

Stern acredita que as divisões são sérias e, dependendo da direção que tomarem, podem destruir o país. Ele lembra o discurso que o então presidente de Israel, Reuven Rivlin, proferiu em 2015, em que ressaltou o que chamou de quatro "tribos" diferentes do país: judeus seculares, judeus religiosos, *haredim* e árabes. Stern entende que Rivlin botou o dedo na ferida: cada uma das tribos acredita que a visão das demais é "uma ameaça real a seu sonho de como Israel deveria ser e ao bem de seus filhos".

Mesmo diante da descrição de Rivlin de uma sociedade dividida, Stern permanece otimista. "Israel está numa situação muito melhor do que a maioria dos países relevantes da Europa, América e outros lugares", argumentou, acrescentando: "A questão é: será sustentável?".

Ele continuou: "Quando a gente olha para as principais disputas na sociedade ao longo da última geração, vê que ninguém está satisfeito. [...] Se qualquer um desses grandes grupos estiver satisfeito demais, isso é ruim. Porque significaria que algum outro, ou todos os demais, foram derrotados". Então seria melhor que todos estivessem infelizes? Isso soa como uma piada de judeu. Mas Stern falava sério.

A insatisfação generalizada não parecia boa coisa. Parecia contradizer a boa classificação de Israel no *ranking* da felicidade da ONU. Mas Stern reiterou: "As disputas são a solução para a nossa vida nacional. Precisamos delas, porque temos objetivos irreconciliáveis".

CAPÍTULO 11   O outro Israel   **223**

Grande parte da guerra cultural diz respeito ao equilíbrio entre os lados "judaico" e "democrático" do Estado. Para o público secular, Israel é " judeu demais". Lojas e transporte público não funcionam nos dias sabáticos. Os tribunais rabínicos controlam as leis de casamento e divórcio. Grande parte do público secular considera tudo isso uma coerção religiosa.

Ao mesmo tempo, muitos judeus religiosos, e basicamente todos os *haredim*, acreditam que o Estado não é judeu o suficiente. Os *haredim* sentem que são uma pequena ilha num mar de secularismo. O governo, o Knesset, os tribunais, as escolas, a mídia e a esfera pública são todos dominados por leis e cultura seculares. O despudor, para dizer o mínimo, é abundante. Tel Aviv, para eles, parece tão pagã quanto Berlim, Amsterdã, Ibiza ou South Beach, com valores similares no pacote.

Não surpreende que os árabes israelenses sintam que o judaísmo do Estado é muito abrangente. Como eles poderiam se relacionar com uma bandeira e com um hino nacional que expressa apenas os anseios judaicos, e não os deles? Uma coisa é ser minoria, outra é sentir-se excluído da narrativa e do propósito nacionais. Para a maioria dos árabes, parece que não há nada em Israel que não seja judeu. Não parece haver condições para a convivência, muito menos para a solidariedade. Para Stern, porém, isso é o que faz Israel funcionar. Como diria o pessoal da informática, essas disputas são uma característica, não um *bug*.

"A mentalidade da disputa é muito judaica. Está no nosso sangue. É uma das vantagens que a sociedade israelense tem em comparação com outras que não estão tão acostumadas a viver com disputas – que estão acostumadas a ser estáveis e homogêneas", ponderou Stern. "David Ben-Gurion foi capaz de silenciar o resto das visões por um tempo. Mas obviamente essa hegemonia não está mais lá, e graças a Deus, aliás."

O outro lado do argumento de Stern de que todos estão um pouco insatisfeitos é que cada grupo está satisfeito o suficiente. Para ser mais preciso, cada tribo está satisfeita em termos práticos e insatisfeita em termos ideológicos. Ele recita os caminhos: "Cada um

224 O gênio de Israel

está conseguindo a maior parte do que quer. O modo de vida *haredi* está florescendo. Israel secular está prosperando. Os sionistas religiosos estão por toda parte – um era primeiro-ministro e um, em breve, será chefe da suprema corte. Um pequeno partido árabe tornou-se um dos mais importantes do Knesset. Mais de um quinto da turma do Technion – o MIT de Israel – é árabe".

No entanto, o Israel atual não é o sonho de nenhuma das tribos. Não é um Estado puramente secular, religioso, *haredi* ou árabe. Nenhuma tribo pode ter tudo o que quer, mas pode ter muito do que precisa. Uma razão para isso, e esta é a terceira lente através da qual é possível ver o paradoxo da unidade e divisão israelenses, é que por trás de todo o clamor e fricção em torno dos debates políticos, os israelenses estão em grande parte de acordo em muitas questões.

Naftali Bennett, que liderou a coalizão mais ideologicamente diversificada de Israel até o momento, gostava de dizer que 70% dos israelenses concordam em 70% dos temas. Como isso é possível? O mesmo não ocorre em outros lugares que sofrem com a polarização política, como os Estados Unidos e o Reino Unido. Isso pode ser explicado por um acidente histórico.

Durante a maior parte da história de Israel, começando lentamente após a guerra de 1967 e se intensificando na sequência dos Acordos de Oslo de 1993, os israelenses se dividiram em uma questão: como alcançar a paz e a segurança. A esquerda acreditava que os territórios capturados em 1967 poderiam ser trocados pela paz (como aconteceu em 1979, com o Egito); a direita acreditava que os árabes não concordariam, ou que desistir dos territórios levaria a mais guerra, ou mesmo à destruição de Israel. Muita coisa estava em jogo. Vida e morte, guerra e paz. Cada lado acreditava que o outro levaria ao fim do sonho sionista. Yitzhak Rabin foi assassinado por causa disso. De fato, parecia ser essa a única questão na agenda política de Israel. Como Henry Kissinger celebremente brincou: "Israel não tem política externa, apenas políticas internas".

Pode-se pensar que os israelenses ainda estão divididos em relação à política externa. No papel, essa questão divide os dois grandes blocos, representados por dois ou três grandes partidos. Mas nas

CAPÍTULO 11 O outro Israel **225**

últimas eleições essa não foi a principal questão, nem mesmo no papel. O fulcro da política não era uma questão, mas um homem, o primeiro-ministro mais longevo de Israel, Benjamin Netanyahu. Na verdade, a oposição a ele era o que unia a miscelânea de partidos na coalizão de Bennett.

Em seu livro *Catch-67*, Micah Goodman explica como as ideologias de esquerda e direita em torno da paz e da segurança entraram em colapso. Nesse período, abriu-se uma nova discussão que pouco tem a ver com o futuro dos territórios. O estabelecimento oficial dos laços entre Israel e Emirados Árabes Unidos, Bahrein, Sudão e Marrocos – chamados de Acordos de Abraão – tem amplo apoio em Israel.

O colapso do conflito como questão política deixou um vácuo. Enquanto na maioria dos países a economia é a questão principal, em Israel a maioria das pessoas não conseguiria explicar a diferença de visão dos partidos em relação à economia. Todos concordam: o preço da moradia e o custo de vida deveriam ser mais baixos. Quem fará o quê para que isso aconteça? Há pouca confiança entre os eleitores de que um partido tenha a solução.

De acordo com Goodman, a ínfima margem entre os blocos pró e anti-Netanyahu esconde o alto nível de concordância sobre muitas questões em ampla faixa dos partidos centristas. Se tal coalizão se materializará é outra questão. A possibilidade de formação de tais governos é mais uma diferença entre a polarização ao estilo israelense e a que ocorre em outros países.

Amotz Asa-El identificou para nós uma razão para essa diferença. "Os israelenses se conhecem bem, intimamente. Mesmo aqueles que são totalmente diferentes de nós. Mesmo o israelense que nasceu e cresceu comendo carne de porco conhece o israelense ultraortodoxo, em cuja casa ele nunca esteve e nunca estará." Isso não é verdade nos Estados Unidos ou no Reino Unido, explicou Asa-El. É possível que alguém que vive no litoral dos Estados Unidos não conheça ou jamais encontre um único eleitor do outro partido. No Reino Unido, muitos que votaram contra o Brexit ficaram surpresos com o resultado, já que não conheciam uma pessoa sequer que votasse a favor.

226 O gênio de Israel

"Em algum lugar da família de um israelense, alguém pode ter se tornado ultraortodoxo. E nas famílias ultraortodoxas, há pessoas seculares – às vezes, os próprios filhos. Há uma dinâmica social lá fora, há interação. [...] Não é um idílio" afirmou Asa-El. "Mas eles se conhecem muito melhor do que os cidadãos em outras sociedades ocidentais, onde as pessoas não conhecem ninguém do campo oposto."

As discussões políticas em Israel são entre pessoas que amam seu país e têm, no nível mais básico, um propósito compartilhado. Esse sentimento generalizado de destino comum é poderoso, mas não invencível. Os israelenses estão cientes de que ele pode ser destruído. Várias vezes o país sentiu que estava à beira de uma guerra civil, ou pelo menos diante de uma fratura incurável. Mas o sentimento de solidariedade sempre sobreviveu. Se isso vai continuar ou não é o grande desafio da sociedade israelense. Uma maior integração das duas grandes minorias de Israel é essencial para sustentar o sucesso social do país.

A boa notícia é que há fortes ventos de integração soprando em ambas as comunidades, cada qual com suas razões. Mas também há resistência. Muito depende da batalha interna – a favor e contra se tornar "mais israelense" – dentro dessas comunidades. As políticas e atitudes das lideranças israelenses também influenciarão os resultados. Israel fez um grande esforço para acolher e incentivar a imigração judaica advinda de todo o mundo. Com apoio popular semelhante, combinado com o desejo de cada grupo de preservar sua identidade, a próxima grande onda de "imigração" poderia vir do terço dos israelenses que já vive ali.

CAPÍTULO 12

Segundas chances

*Como recebemos nossos soldados de graça, temos o compromisso
de reunir o maior número possível, fornecer-lhes ferramentas
para a vida e dar-lhes uma segunda, e às vezes uma
terceira, chance de alcançar seu potencial humano.*

— AVIV KOHAVI, Chefe do Estado-Maior das IDF (reformado)

Glenn Cohen estava abatido. Um ano antes, havia se mudado de
Nova York para Israel para se tornar um cidadão israelense e
se juntar às IDF. Ele estava decidido a se tornar piloto, mas chegou
tarde demais para os testes da força aérea. Assim, fez o teste para os
paraquedistas e foi aceito. Mas não desistiu do sonho de ser piloto.
Durante os primeiros três meses nos paraquedistas, ele pediu para
ser transferido para a força aérea. Então, durante o treinamento,
rompeu um ligamento no tornozelo. Um médico militar baixou
seu perfil físico de 97 (o máximo possível) para 64, abaixo do nível
necessário para um soldado de combate.

Cohen conseguiu enfim ser enviado para a força aérea, mas para
trabalhar na seção de fotocópias. "Eu estava condenado à depressão",

228 O gênio de Israel

ele nos contou. "Eu ia operar uma copiadora pelos próximos dois anos e meio."

Nisso, houve um milagre burocrático. A força aérea não percebeu que seu perfil físico havia sido rebaixado. Cohen foi convidado a fazer um teste na escola de aviação. Chegando lá, porém, um médico descobriu seu problema no tornozelo. Mais uma vez, foi informado de que não poderia ser um combatente. Ele foi encaminhado a outro médico, que seria responsável pelo seu destino. "O médico final era um imigrante britânico. Ele gostou da minha história e da minha motivação. Ele disse: 'Estou disposto a deixá-lo entrar, mesmo que você tenha um perfil de 64'. Isso seria inédito", contou Cohen.

O próximo problema que ele descobriu foi sua altura. Cohen tinha 1,93 m e o limite para os pilotos era de 1,88 m. Eles o enviaram de volta à base para ver se ele poderia caber no menor jato de combate com capacete. Cohen entrou e o instrutor começou a fechar o canopi. "Percebi que era apertado demais. Eles me disseram: 'Sente-se ereto'. Daí eu me encurvei, é claro. O canopi se fechou literalmente no meu capacete. Eu fiz sinal de positivo. 'Sem problemas'."

Mas então Cohen se deparou com outro problema. Os pilotos precisam passar por liberação de segurança e uma só pode ser obtida por quem está no país há no mínimo cinco anos. O que fazer? Mais uma vez, Cohen passou pelo processo e novamente, depois de muitas horas de espera, foi aceito em exceção à regra.

"Meus amigos no curso de pilotos me consideravam o soldado mais excepcional das IDF, porque eu não atendia a nenhum dos critérios e mesmo assim consegui entrar no curso", lembra Cohen. Ele passou por uma formação exigente e serviu por sete anos como piloto de helicóptero. Foi posteriormente recrutado pelo Mossad, onde serviu por 25 anos e reformou-se como psicólogo-chefe. Depois de deixar o Mossad, foi frequentemente chamado para ministrar programas de treinamento de resiliência para unidades especiais das IDF, Mossad, Shabak (semelhante ao FBI norte-americano) e na polícia.

"Olhando para trás, vejo que tive muitas segundas chances de me tornar piloto, o que foi um exemplo de como os militares às vezes podem ver além do papel, percebendo qualidades mais profundas

CAPÍTULO 12 Segundas chances **229**

capazes de determinar o sucesso", avalia Cohen. "É irônico que eu, que quebrei todas as regras, tenha sido mais tarde encarregado de fazê-las."

Glenn Cohen não percorreu um caminho típico para se tornar um piloto, mas seu exemplo ilustra uma parte importante do espírito das IDF. Embora muitas vezes fique muito aquém, o ideal das IDF é maximizar a chance de cada soldado alcançar seu potencial humano. As IDF fazem isso não apenas porque precisam de todo o talento que podem obter, mas também porque têm um papel social. Para os militares, a inclusão radical não é apenas um favor à sociedade, mas parte integral de sua missão central. Ao longo dos anos, as IDF descobriram como acolher desde os garotos já em apuros com as autoridades nas ruas até jovens adultos situados entre mais talentosos e ambiciosos. Fundamentalmente, as IDF tentam otimizar a colocação da grande maioria, aqueles que não são os desistentes nem os superdotados. Em comparação com o funil de educação da elite que atua como uma espécie de sistema de triagem social em outros países, as IDF são um sistema verdadeiramente baseado no mérito, que não considera a riqueza ou o poder, tampouco é socialmente projetado para promover demografias sub-representadas.

◆

Contatamos Maya Shadmi no México, na última etapa de sua tardia viagem pós-exército com seu noivo. "Houve um ano em que só nos vimos por um total de uma semana", disse ela. Ele estava em Sayeret Matkal, a principal unidade de comando de Israel, enquanto ela era comandante de companhia em Havat Hashomer, uma base que recebe soldados com os antecedentes pessoais mais problemáticos das IDF. "Foi um momento especial em nossas vidas, em que cada um de nós poderia dar 100% de nós mesmos para algo importante", contou.

Ambos os pais de Shadmi nasceram em *kibutzim*. Seu pai serviu como piloto da força aérea, sua mãe é psicóloga. Shadmi nasceu na Base Aérea de Ramon, que leva o nome de Ilan Ramon, o astronauta israelense que morreu no desastre da *Columbia*. Antes de completar

230 O gênio de Israel

7 anos, a família morou em duas outras bases da força aérea e perto da sede das IDF em Tel Aviv, onde seu pai também serviu.

Em seguida, sua família se estabeleceu em Shimsheet, um vilarejo com colinas arborizadas e vista para o Vale de Jezreel, na Galileia. O vale é a maior planície agrícola do país, dono do apelido de "celeiro de Israel". Dentro e ao redor, há uma série de aldeias e cidades muçulmanas árabes, cristãs árabes, drusas e judaicas, com nomes que remontam aos tempos bíblicos, incluindo Nazaré, Megido e Monte Tabor.

Nas pequenas comunidades espalhadas pelo Vale de Jezreel, a ideia de servir as forças armadas vinha desde o berço. Especialmente em Shimsheet. Shadmi conhecia o conselheiro do movimento juvenil, o voluntário do serviço nacional, as crianças que iam para as unidades militares de elite e as crianças mais velhas que iam para a escola de oficiais.

Shadmi recordou para nós sua própria jornada. Quando criança, ela se juntou ao Bnei Hamoshavim, o movimento juvenil (semelhante aos escoteiros que descrevemos no Capítulo 2) presente em todas as aldeias da região. Na adolescência, ela se tornou conselheira do movimento. Após a formatura, "todos iam para *shnat sherut* [ano de serviço] antes do exército e depois tentavam entrar nas melhores unidades militares. Só conversávamos sobre isso no final da escola", lembra Shadmi. Durante o último ano do ensino médio, "todos os meninos iam para os mesmos testes exaustivos, de vários dias, para as várias unidades de comando. Apenas metade dos que tentam consegue terminá-los, e metade daqueles que terminam é aceita em uma unidade de comando. Era muito estressante para todos".

Assim como suas amigas, Shadmi passou por uma entrevista para se tornar uma *shinshinit*, o apelido daqueles que fazem *shnat sherut* entre a formatura e o serviço militar. "Eu não era boa em causar primeiras impressões favoráveis naquela época, então não fui aceita, inicialmente. Mas continuei pressionando e eles me deixaram entrar." Essa foi sua primeira segunda chance. Na condição de *shinshinit*, Shadmi foi enviada para o sul, para o Neguev, perto da base da força aérea onde nasceu. Ela trabalhou com crianças de outro

CAPÍTULO 12 Segundas chances **231**

ramo do movimento juvenil, onde havia sido campista e conselheira. Ela trabalhava com crianças com transtornos alimentares e outros tipos de necessidades educacionais. Pela primeira vez, Shadmi estava morando longe de casa, com outros cinco voluntários que também atuavam no programa e que ela até então desconhecia. Embora não tenha sido uma experiência militar, esse período ajudou a prepará-la para alguns dos principais choques quando do ingresso nas forças armadas.

Na primeira entrevista para as IDF, Shadmi teve o mesmo tipo de problema na entrevista para seu ano de serviço. "Eu obtive pontuações muito baixas nos testes de triagem para cargos de comando. Mas eu me esforcei para conseguir o maior número possível de entrevistas para, com sorte, causar uma impressão que equilibrasse minhas pontuações." No final, ela conseguiu um conjunto especial de entrevistas que lhe deram espaço para descrever suas experiências de trabalho no Neguev. Shadmi foi aceita no curso básico de treinamento para comando. Terceira chance.

Ela serviu em Nitsanim, uma das principais bases de treinamento. "Você vê um grande número de pessoas. Você se sente dentro de uma grande fábrica que transforma crianças em soldados. Em três semanas, estão transformados."

Trabalhando em Nitsanim, Shadmi aprendeu o significado de fazer parte de um enorme sistema. Ela aprendeu a navegar – e desafiar – a hierarquia e o que significa receber uma missão. "Você precisa saber se comportar dentro e fora da base e entender que agora você é o soldado que admirava enquanto crescia." E era o trabalho de Shadmi, embora ela tivesse apenas 19 anos, introduzir uma nova mentalidade nas pessoas de 18 anos sob seu comando.

Shadmi era encarregada do treinamento básico para soldados não combatentes na marinha e na força aérea. Mas ela queria mais responsabilidade. Pediu e recebeu um convite para servir em Michve Alon, base administrada pelo Corpo de Educação das IDF (anteriormente comandado por Tzvika Fayirizen; vide Capítulo 6). Era uma base para soldados que as IDF julgavam que precisavam de preparação extra para lidar com as tensões do treinamento básico e

232   O gênio de Israel

da disciplina do exército. Era mais uma chance para muitos aproveitarem a curta carreira no exército e mudarem sua trajetória de vida.

O primeiro trabalho dela em Michve Alon foi ministrar um curso pré-exército de três meses para soldados cujos pais eram imigrantes etíopes. Eles enfrentavam um momento especialmente difícil porque, além do problema comum a muitos imigrantes de terem pais que não serviram nas forças armadas e, por isso, não eram capazes de preparar seus filhos para essa experiência, a comunidade etíope como um todo enfrentava desafios maiores do que a maioria na integração à sociedade israelense. Em seguida, Shadmi foi cuidar de soldados com problemas de saúde mental que os desqualificavam para o treinamento básico normal. "As IDF decidiram que eles poderiam servir, mas precisavam de uma forma diferente de treinamento básico", explicou. "Eles precisavam de um *maatefet* [sistema de apoio]." A palavra hebraica vem de "envelope", o que lhe dá um tom mais empático e menos burocrático do que o equivalente em inglês.

Em Michve Alon, ela percebeu que trabalhar com soldados que precisavam de ajuda extra era o que estava procurando. Foi quando decidiu que queria ficar mais tempo no exército, "porque eu encontrei o meu lugar". Depois de passar pela escola de oficiais, ela foi enviada para uma base conhecida por receber os adolescentes mais difíceis a fim de prepará-los para o serviço militar: Havat Hashomer (Fazenda da Guarda).

Havat Hashomer tem um passado histórico. Começou como um centro de aprendizagem em agricultura e posto de guarda da região, antes da fundação do Estado. Um dos que lá trabalharam foi David Ben-Gurion. Seu atual formato data de 1981, quando um dos lendários chefes de gabinete das IDF, Rafael "Raful" Eitan, lançou um novo programa para preparar jovens em situação de risco para o serviço militar. Os graduados do programa foram apelidados de "*Na'rei Raful*" (Juventude de Raful).

Shadmi chegou como comandante de pelotão, e não era muito mais velha que seus soldados. Todos eram tidos como inaptos para o serviço militar. Se não tivessem aderido ao programa, teriam rece-

CAPÍTULO 12 Segundas chances **233**

bido a notícia de que não se adequavam e voltariam para a casa. Em Israel, não ser aceito para o serviço militar pode ser uma mancha para toda a vida. Por isso, o comandante da base lhes disse que aquela era uma chance rara e preciosa de mudarem seu destino e "se tornarem iguais na sociedade israelense".

Muitos deles tinham antecedentes criminais ou fugiram de casas violentas, ou ambas as coisas. Um registro criminal não desqualificava automaticamente para o serviço militar, mas esses soldados haviam cometido vários crimes.

Todos os comandantes em Havat Hashomer conhecem as dificuldades desses jovens para superar seu passado, servir com sucesso nas forças armadas e começar uma nova vida. Shadmi nos contou sobre um de seus soldados que, quando criança, decidiu que tinha que sair de um ambiente doméstico tóxico. "Seus pais o agrediam. Viveu nas ruas desde os 10 anos. Ele não ia à escola desde a sétima série. Não era violento, mas roubava e brigava, e tinha alguns problemas com a polícia.

"Ele se tornou um combatente em tanques", lembrou Shadmi com orgulho. Depois de deixar as forças armadas, conseguiu uma bolsa de estudos na faculdade e, mais tarde, "um bom emprego, ganhando dinheiro de verdade". Shadmi não dá crédito a si mesma, ou ao programa, por essas transformações. Ela ficou impressionada com "paixão e ambição deles de fazer parte da sociedade israelense. Alguns até se tornaram comandantes e oficiais".

Shadmi terminou seu serviço militar como comandante de pelotão, deixou o exército e começou, como uma típica israelense, sua vida pós-exército. Ela ficou surpresa ao receber um telefonema do comandante da base de Havat Hashomer, pedindo-lhe para retornar ao exército como comandante de companhia.

Como comandante de companhia, Shadmi tinha sob sua liderança cerca de 180 soldados, oficiais e funcionários. Ela tinha 23 anos. Nas IDF, ela não era considerada jovem para o trabalho. Vale lembrar que Shadmi havia sido rejeitada duas vezes, com base em suas entrevistas iniciais, para cumprir o ano de serviço e para atuar na escola de oficiais. Em outros países, isso pode ser o equivalente

234 O gênio de Israel

a não ser admitido em uma universidade ou em uma entrevista de emprego. Havat Hashomer pode ser um exemplo extremo de como dar aos jovens uma oportunidade de conquistar uma ficha limpa. Mas essa chance de recomeçar também é oferecida a grande parte da sociedade israelense que não cresceu como parte da elite ou que não era um estudante exemplar.

"Se você examinasse as notas acadêmicas de nossos melhores comandantes de batalhão ou comandantes de brigada e como eles se saíram no ensino médio, veria que muitos deles eram medianos", nos contou o Chefe do Estado-Maior das IDF, Aviv Kohavi. Mas quando eles chegam às forças armadas, "descobrem qualidades que nem sabiam ter – como criatividade, coragem, habilidades de trabalho em equipe e liderança". Os sistemas educacionais não são construídos para reconhecer ou recompensar qualidades não acadêmicas. Kohavi destaca que não apenas esses jovens aprendem habilidades diferentes, mas uma faixa muito mais ampla de pessoas têm chance de sucesso. "As forças armadas são uma espécie de estufa onde muitos tipos de plantas podem crescer", explicou.

♦

Nadav Zafrir (que conhecemos no Capítulo 9) passou de uma carreira à frente das principais unidades de inteligência das IDF para fundar uma empresa que é líder global em segurança cibernética e agora está se ramificando para os setores de tecnologia financeira e saúde digital. "De certa forma, o que está acontecendo em Israel é mais impressionante do que o Vale do Silício, exceto que não é preciso ir para Stanford", ele nos explicou. "Porque aqui é muito mais inclusivo."

Não tínhamos percebido o imenso número de jovens que deixam as forças armadas com experiência em comando. Segundo Kohavi, existem cerca de 30 mil comandantes de todos os tipos. Milhares de jovens de 19 anos, apenas um ano depois de terem sido recrutados, estão comandando 10 soldados. Os comandantes de companhia, que têm cerca de 10 comandantes e 100 soldados sob sua liderança, normalmente têm menos de 25 anos de idade.

"Neste momento, existem milhares de comandantes que são ensinados por nós a assumir pesada responsabilidade pela missão e pelos soldados sob eles. Pense só na experiência de gestão que eles ganham. AS IDF são uma escola de liderança", continuou Kohavi.

As IDF estimam que existam 640 mil homens e mulheres no país hoje com idades entre 25 e 65 anos que tiveram experiência na liderança de soldados (a população total de Israel é de 9,7 milhões). Mas não se trata apenas de experiência de comando.

"Quando um soldado se alista nas IDF, ele começa uma jornada pessoal. As muitas transições entre cursos e unidades desenvolvem habilidades de adaptação", disse Kohavi. "Além disso, as IDF são uma máquina de missões: executoras e solucionadoras de problemas. Muitas dessas missões têm condições estressantes, físicas ou mentais. Para completar essas missões, é preciso responsabilidade pessoal, autodisciplina e, talvez acima de tudo, a capacidade de trabalhar em equipe. Essas são habilidades essenciais para uma carreira e como membro de uma comunidade e de uma sociedade."

Existem outras democracias ricas que têm serviço militar obrigatório, como Coreia do Sul, Singapura, Taiwan, Finlândia e Suíça. Mas, embora os quatro primeiros desses países tenham preocupações reais com a segurança nacional, a maioria de seus jovens não imagina que terá de lutar em uma guerra ou lidar com ameaças à segurança do seu país a cada minuto como parte de um período de formação em suas vidas de jovens adultos. O serviço é mais curto (de 18 semanas na Suíça a dois anos na Coreia do Sul, em comparação com um mínimo de dois anos e oito meses para homens, e dois anos para mulheres, em Israel). Finalmente, como já vimos, as forças armadas israelenses atribuem a seus soldados e oficiais subalternos consideravelmente mais responsabilidade em comparação com a maioria das forças armadas.

A troca de um longo e desafiador serviço militar por estudos universitários não afeta apenas aquele período – aproximadamente de 18 a 22 anos. Na verdade, muda profundamente a experiência de crescer em Israel, a década de formação da idade adulta e os valores que guiam as pessoas pelo resto de suas vidas.

Por que Israel não tem uma corrida de ratos?

O velho mundo era uma aristocracia. Se você nascesse camponês, não havia quase nada que você, seus filhos ou os filhos de seus filhos pudessem fazer a respeito. Seu lugar na hierarquia era chamado de seu "quinhão" ou "destino" na vida. A linguagem é reveladora. Os quinhões são fixos e os destinos são determinados por pura sorte. O novo mundo, a começar pelos Estados Unidos, seria diferente: uma meritocracia. Expressando o *ethos* da fundação do país, Thomas Jefferson conclamou "uma aristocracia de virtude e talento, que a natureza sabiamente [...] espalhou igualmente em todas as condições".

O ideal de Jefferson enraizou-se profundamente em todo o mundo moderno. A "busca da felicidade" baseou-se no princípio de que todos deveriam ser capazes de subir até onde seus talentos e trabalho duro os levassem.

No Reino Unido, Tony Blair descreveu seu partido político como "comprometido com a meritocracia", acrescentando: "Acreditamos que as pessoas devem ser capazes de crescer por seus talentos, não por seu nascimento ou pelas vantagens do privilégio". Presidentes dos Estados Unidos, incluindo Ronald Reagan e Barack Obama, invocaram o mesmo credo: que qualquer um pode chegar lá com talento e trabalho duro suficientes.

Muita coisa está em jogo numa meritocracia. Nos Estados Unidos, as consequências de não ter um diploma universitário são profundas. Um diploma do ensino médio já foi suficiente para ganhar uma vida respeitável e proporcionar aos filhos a oportunidade de uma vida melhor, mas não é mais assim. Em 1990, o salário médio para graduados em universidades nos Estados Unidos era mais de um terço maior do que para aqueles com apenas um diploma do ensino médio. Em 2021, a diferença quase dobrou – os graduados tinham dois terços de renda mediana mais alta do que quem tinha apenas diploma do ensino médio.

Jovens adultos sem diploma universitário têm quase quatro vezes mais chances de viver na pobreza do que graduados universitários.

CAPÍTULO 12 Segundas chances 237

E uma maioria substancial dos americanos – 62% – não têm um diploma universitário. Homens brancos bem-educados vivem em média 13 anos a mais do que seus correspondentes menos educados. Nos Estados Unidos, se você é um homem de meia-idade sem diploma universitário, tem três vezes mais chances de morrer por suicídio, abuso de álcool ou overdose – as "mortes por desespero" mencionadas anteriormente.

Em seu livro *A tirania do mérito*, o filósofo de Harvard Michael Sandel chama a linha entre os com e os sem diploma universitário de "disparidade mortal por diploma". Isso é ecoado pelo jornalista Paul Tough, em seu livro *The years that matter most: how college makes or breaks us*: "Às vezes, parecia que o país estava se repartindo em duas nações separadas e desiguais, com um diploma universitário na fronteira que as dividia".

O psicólogo Peter Gray descreve uma situação típica em sua experiência em outros países ricos, especialmente entre as elites:

> Todo o nosso sistema de ensino, por concepção, é uma competição constante entre as crianças. Todos estão na mesma pista, correndo supostamente rumo ao mesmo objetivo, e aqueles que ficam para trás ou vagam para alguma outra pista são considerados "fracassados". Por extensão, muitas pessoas crescem sentindo que a vida é uma competição, como a escola, onde alguns são vencedores e outros são fracassados. Eu já ouvi os pais dizerem, a sério, que o principal papel da escola é ensinar as crianças a competir.

O verdadeiro serviço comunitário, de acordo com Sandel, foi suplantado por "estágios e boas ações em terras distantes, destinadas a impressionar os comitês de admissão de faculdades – todos supervisionados por superpais ansiosos".

A disparidade por diploma não é tão gritante na Suécia ou na Dinamarca quanto nos Estados Unidos. Mas é grande no Reino Unido, na França e na Austrália. E a pressão na Coreia do Sul é ainda maior. Desde os primeiros anos, os jovens coreanos estudam o tempo todo para o Suneung, teste único e tão determinante para a

238 O gênio de Israel

vida que o tráfego aéreo é desviado a fim de não perturbar os alunos no dia da sua realização em Seul.

Os sistemas educacionais se tornaram "máquinas de triagem". *Em qual escola você estudou no ensino médio?* é uma pergunta que as pessoas fazem para classificar o outro em sua hierarquia de *status* mental. Tornou-se trabalho dos sistemas educacionais – sobretudo daqueles que guardam os portões do ensino superior – determinar quem tem mérito e quem não tem.

O mérito do serviço militar

Israel também tem uma meritocracia, mas com uma diferença importante. O mérito é julgado pelo serviço. Na maioria das meritocracias, o critério para alcançar o auge do mérito é a excelência acadêmica individual. Em Israel, os mais meritórios são aqueles que buscam e são escolhidos para o serviço mais desafiador.

O que é preciso para ser escolhido também é muito diferente do que em outras sociedades. Não importa o quão impressionantes sejam seus talentos individuais, você não pode ser muito útil para as melhores unidades se não puder trabalhar com outras pessoas. Indivíduos não realizam missões; equipes, sim. Além disso, a missão não é em benefício de soldados individuais ou apenas da unidade. Os soldados devem estar dispostos a sacrificar tudo por algo maior do que eles.

O que acontece quando uma sociedade tria aqueles dispostos e capazes de fazer o serviço mais difícil, em vez daqueles que têm o histórico acadêmico perfeito? Quanto mais examinamos, maiores se tornam as diferenças.

Quando conversamos com Nadav Zafrir, ele estava voltando com a família para Israel depois de passar alguns anos nos Estados Unidos construindo seu negócio. Uma das principais razões para o retorno era que seus filhos pudessem ingressar no exército israelense, e não numa universidade norte-americana. "Olhei para meus filhos e disse: 'É isso que quero para eles'", lembra Zafrir. "Não porque eu

CAPÍTULO 12 Segundas chances **239**

seja espartano, mas porque honestamente acho que é uma educação melhor."

As forças armadas valorizam muitos traços e talentos, como alta motivação, habilidades de resolução de problemas, determinação, capacidade de autocrítica e capacidade de trabalhar em equipe. O que está claro, como sugere o General Kohavi, é que muitas das estrelas das IDF teriam sido rapidamente eliminadas por meritocracias que exigem um desempenho acadêmico perfeito.

Uma meritocracia baseada em serviço militar reúne um conjunto de talentos muito maior. Mas isso seria apenas trocar uma elite por outra? E aqueles que não chegam ao topo em nenhum dos sistemas?

O prestígio das universidades é medido em parte pelo número de candidatos que elas mantêm do lado de fora. O trabalho das IDF é diferente. Não se pode pensar só no topo. A ideia é maximizar o potencial humano de todos os recrutas. Muitas vezes, a instituição entende esse potencial melhor do que os próprios adolescentes entendem a si mesmos. "Todos são selecionados com um modelo de previsão superior que foi otimizado ao longo de décadas", explicou Zafrir.

Esse processo não é perfeito. Há muitas histórias de pessoas que poderiam ter tido um "serviço mais significativo" do que tiveram. Os trabalhos chatos também precisam ser feitos. Mas existem também muitas histórias de jovens que receberam desafios e responsabilidades que nunca imaginaram receber.

Em outros países, as meritocracias selecionam conquistas *individuais*. Isso tem efeitos cumulativos. Com o tempo, ficou mais difícil entrar nas melhores faculdades, os custos do ensino superior dispararam e um excesso de graduados no ensino superior levou a uma maior competição por empregos que exigem um diploma. Ao mesmo tempo, o individualismo vem aumentando, o que tem levado a famílias menores e maior ênfase no trabalho como fonte de significado. A crescente pressão pelo sucesso na carreira tem seu preço.

Na língua inglesa, existe a expressão "corrida de ratos", sugerindo uma situação desagradável, no trabalho ou na vida, em que pessoas competem entre si pelo sucesso. Nem todo mundo está numa corrida de ratos, é claro. É possível escapar, e muitos optam por seguir

240 O gênio de Israel

uma vida menos pressionada e mais propícia à felicidade. A questão é: por que haveria menos corrida de ratos em Israel?

A melhor maneira de constatar a menor pressão para dar início imediato a uma carreira em Israel é observar como os jovens israelenses passam seu tempo, antes e depois do serviço militar.

O próximo *kibutz*

Limor Weissbart fala rápido. Não porque ela esteja com pressa, mas porque está em meio a uma missão. Weissbart faz parte da liderança sênior da Ein Prat Academy for Leadership, mais conhecida como *mechina*. Existem atualmente muitos tipos de *mechinot* (plural) em Israel, mas a maioria compartilha uma fórmula básica: cerca de 40 jovens de 18 anos de idade vivendo juntos para um ano de estudos, caminhadas e voluntariado. Dito assim, o *mechina* pode soar como um presente, como um acampamento de verão prolongado. Na realidade, o *mechina* pode ser uma das mais importantes invenções sociais israelenses desde o *kibutz*.

Hoje existem cerca de 100 *mechinot* em Israel, todos com administração independente. Alguns têm um foco maior em estudos religiosos, outros são, na maioria, seculares. Estão nas cidades e na periferia. Alguns enfatizam um determinado tema, como o meio ambiente. O foco dos três *mechinot* de Ein Prat é produzir líderes que contribuam para a sociedade nas áreas em que forem atuar – governo, empresas, organizações sociais ou ciência.

Vivemos em sociedades muito individualistas, explicou Weissbart, onde as pessoas estão concentradas unicamente em si mesmas. Para o *mechinot*, o autoaperfeiçoamento é um meio. Segundo Weissbart, a mensagem do *mechina* é: "Não se trata apenas de mim. Pertenço à minha família, à minha comunidade, à minha profissão, ao meu povo. Faço parte de algo". O individualismo puro não é bom para os indivíduos ou para a sociedade, argumentou. "Acho que uma das principais causas da depressão é simplesmente a solidão. Quando eu estava nos Estados Unidos, há pouco tempo, foi o que mais senti. As pessoas estão no mesmo lugar, mas muito solitárias. Por um lado,

CAPÍTULO 12 Segundas chances **241**

são livres para fazer quase tudo o que quiserem. E, no entanto, não se sentem 'parte de algo maior do que eu mesmo'."

De acordo com Weissbart, se uma palavra é capaz de capturar o espírito dos *mechinot*, é *hineni*. O significado literal da palavra é "eu estou aqui". Mas isso não captura inteiramente sua ressonância na psique judaica. *Hineni* é a resposta, em uma palavra, de Abraão, José, Moisés e Samuel quando Deus falou com eles. Nas palavras da rabina Nina Beth Cardin, "'*Hineni* [...]' é um compromisso espontâneo e inequívoco de 'estar aqui', onde e como você me encontrou, totalmente atento, focado". Em termos de *mechina*, *hineni* é a declaração de que "não se trata de mim".

Outro problema, segundo Weissbart, é que a maioria dos jovens que eles recebem não passou por dificuldades. Não tiveram que sofrer sozinhos.

São feitas muitas trilhas, de dificuldade crescente. Em um caso, o grupo caminha a noite toda e chega ao seu destino. Nesse momento, seus guias apontam para o topo de um pico distante e dizem: "'Tudo bem, agora vamos caminhar até lá'. Às vezes há choro, discussão e assim por diante, mas no final caminhamos até lá", contou Weissbart. "Eles aprendem que podem fazer coisas que achavam que não eram capazes."

O programa de estudo é baseado em clássicos da filosofia, da história judaica e dos grandes debates entre pensadores sionistas e líderes israelenses. Ele é projetado para construir a identidade judaica e israelense e introduzir grandes ideias sobre a natureza humana e a sociedade ideal. Há voluntariado todas as semanas. Um *mechina* (que não faz parte de Ein Prat) está localizada perto de Rahat, a maior cidade beduína de Israel. Os beduínos são árabes israelenses que costumavam ser nômades e agora vivem principalmente em cidades. Eles estão entre as comunidades mais pobres de Israel. Alguns dos adolescentes do *mechina* são voluntários em um centro comunitário juvenil em Rahat.

Outro componente importante da experiência *mechina* é viajar por uma semana de cada vez para aprender sobre alguma comunidade ou outra parte do país. Uma semana foi dedicada a aprender

242 O gênio de Israel

sobre os drusos, uma comunidade cuja tradição secreta combina conceitos do islamismo, hinduísmo e filosofia grega. Eles vivem em algumas cidades no norte de Israel, na Síria, no Líbano e na Jordânia. Quase todos os drusos, ao contrário dos árabes israelenses, servem nas IDF ou na polícia. *Mechinot* geralmente passam outras semanas aprendendo sobre os *haredim*, árabes israelenses e visitando Jerusalém.

Para Erez Eshel, fundador da Ein Prat, tornar-se um líder educacional não era parte de seu plano de vida. Aos 13 anos, ele começou a atuar como voluntário nas ambulâncias da Magen David Adom (Cruz Vermelha de Israel). Aos 18, fez o parto de cinco bebês e inúmeras reanimações. Ele planejava terminar seus três anos de serviço militar e ir para a faculdade de medicina. Oito anos depois, ele ainda estava no exército, servindo como comandante de companhia nas forças especiais dos paraquedistas e a caminho de uma carreira militar completa. Então, em 4 de novembro de 1995, o primeiro-ministro Yitzhak Rabin foi assassinado.

"O assassinato foi um terremoto para qualquer judeu, qualquer israelense, qualquer sionista. Não importava se você era de esquerda, direita, religioso ou secular. Percebi que deveria deixar o exército, porque a verdadeira missão para o país era uma missão social", disse Eshel. Em 1996, Eshel fundou a Nachshon, seu primeiro *mechina*.

Eshel lembrou o momento em que Moisés, criado na casa do Faraó, tornou-se parte do povo judeu. Moisés vê um egípcio espancando um escravo judeu. E a Bíblia diz: "*vayigdal Moshe vayetse el echav, vayar b'divlotam* [e Moisés cresceu e olhou para seus irmãos e viu o sofrimento deles]". O que significa "Moisés cresceu"? Crescer em hebraico é a mesma palavra que "se tornar grande". Este foi o momento em que Moisés percebeu que poderia fazer a diferença no mundo, provocar a mudança, explicou Eshel. E "olhou e viu o sofrimento deles" significa que ele saiu de seu egoísmo e, de repente, viu a injustiça ao seu redor. A ideia de sair de si mesmo, ver o outro e assumir a responsabilidade: essa é a essência do *mechina*, relatou Eshel.

Os anos da odisseia

Contando seu serviço militar e o tempo antes e depois, os israelenses podem facilmente ter cinco ou seis anos entre a formatura do ensino médio e a universidade. Apesar desse atraso, os israelenses têm uma das maiores taxas de ensino superior da OCDE.

Embora a norma em muitos países, sobretudo entre as elites, seja ir diretamente do ensino médio para a faculdade e daí para o mercado de trabalho, a faixa dos 20 e pouco anos pode ser descrita como um período de exploração, em Israel e em outros lugares. O colunista do *New York Times* David Brooks dá a esse período um nome: os anos da "odisseia". Ele explica:

> Existiam quatro fases comuns na vida: infância, adolescência, idade adulta e velhice. Agora são pelo menos seis: infância, adolescência, odisseia, idade adulta, aposentadoria ativa e velhice. Dos novos, o menos compreendido é a odisseia, a década de peregrinação, que ocorre com frequência entre a adolescência e a idade adulta.

Essa nova fase da vida surgiu porque as pessoas na casa dos 20 anos estão atrasando a idade adulta, definindo-se essa fase por coisas como independência financeira, casamento e uma nova família. Em suma, tornar-se responsável por si mesmo e pelos outros. De acordo com Brooks, em 1960, cerca de 70% das pessoas de 30 anos haviam conseguido essas coisas. Em 2000, menos de 40% das pessoas de 30 anos haviam feito o mesmo.

Contudo, ainda que os jovens estejam adiando a idade adulta, eles não estão fazendo uma pausa. Os anos de odisseia estão em tensão com a sensação de que não há tempo para adiar por seis meses, muito menos dois anos, embarcando na escada da formação e da carreira. Uma pesquisa com 228 estudantes universitários britânicos descobriu que 8 em cada 10 sentiam uma pressão significativa para encontrar um emprego permanente em seis meses após a formatura. Menos de um terço deles citou a pressão de seus pais, enquanto quatro quintos disseram que foram motivados por aspirações pessoais de sucesso na carreira, pressão que começa já no ensino médio.

244 O gênio de Israel

Em Israel, esse tipo de pressão seria rara no ensino médio, nas forças armadas ou mesmo nos primeiros anos após as forças armadas. A viagem pós-exército, aparentemente obrigatória, é uma metáfora para o caminho israelense pela vida. Os israelenses tendem a descobrir sua viagem à medida que avançam. A maioria não troca de cidade como os outros turistas, mas fica semanas ou meses no mesmo lugar. Eles podem andar sozinhos e facilmente encontrar outros israelenses para viajar juntos. Eles viajam da maneira mais barata possível para que possam ficar por mais tempo até que suas economias acabem.

Os israelenses são especialistas em viajar para lugares remotos. Nas montanhas do Nepal, nas ruas de cidadezinhas no norte da Índia, ao redor dos salares da Bolívia, há tantos jovens israelenses passando que as lojas e os albergues têm placas em hebraico.

A trajetória ideal, na maioria dos países ricos, é como ser lançado como uma flecha – rápida e direta. O modelo israelense é mais como fazer uma caminhada não planejada – subir devagar e avançar por onde o caminho vai levando. A jornada, como diz o ditado, é mais importante do que o destino.

♦

Os jovens israelenses têm sua própria reviravolta nos anos da odisseia – eles tendem a se casar durante esses anos, mas não parecem sentir a intensa pressão para começar suas carreiras que é tão comum, especialmente entre as elites, em outros países ricos.

Em outros países, muitos jovens passam grande parte de seus primeiros 18 anos de vida tentando entrar nas melhores universidades. O tremendo e estressante esforço feito antes, durante e depois do período despendido na universidade torna-se parte de uma trajetória de carreira contínua. Os israelenses, por outro lado, geralmente não passam seus anos escolares tentando entrar nas unidades militares de maior prestígio, porque o desempenho escolar é visto como desconectado de sua colocação e sucesso nas forças armadas.

Glenn Cohen, que conhecemos anteriormente, passou décadas desenvolvendo os critérios e as metodologias de seleção para as

CAPÍTULO 12 Segundas chances **245**

IDF e o Mossad. Cohen disse que em algumas áreas, como pilotos e algumas unidades de inteligência, o desempenho acadêmico é relevante. Mas para 90% das unidades, incluindo unidades de elite, o desempenho acadêmico não é um fator significativo. "A capacidade de aprendizagem é mais relevante para nós do que a inteligência medida pelas notas do ensino médio. São coisas diferentes. Analisamos com muito cuidado a capacidade de aprendizagem", explicou Cohen. Além disso, nas forças armadas a forma como você atua por conta própria é em grande parte irrelevante, caso não seja capaz de trabalhar com outras pessoas.

Ter alto índice de inteligência emocional não é uma prioridade para os departamentos de admissão em universidades, mas é crucial para unidades militares de elite e posições de comando. "Uma mentalidade de equipe, alto índice de inteligência emocional, capacidade de aprendizagem e capacidade de pensar não apenas em seus próprios interesses – é isso que esta sociedade valoriza", observou Cohen. A vida israelense é menos individualista. "Acho que é por isso que nossos jovens não disputam uma corrida de ratos."

CAPÍTULO 13

O gênio de Israel

Ninguém pode viver feliz se só pensa em si próprio e transforma tudo em questão de sua própria utilidade. Você deve viver para o seu vizinho se quiser viver para si mesmo.

— SÊNECA

Jonathan Sacks, o falecido rabino-chefe do Reino Unido, uma vez relatou uma conversa com o historiador britânico Paul Johnson. Johnson, um católico que escreveu uma das histórias definitivas do povo judeu, abordou o assunto como um completo estranho. Ele também escreveu histórias do povo norte-americano e do cristianismo. O que mais o impressionou no judaísmo enquanto escrevia seu livro *História dos judeus*, perguntou Sacks.

"Houve, ao longo da história, sociedades que enfatizaram o indivíduo – como o Ocidente secular de hoje", respondeu Johnson. "E houve outras que colocaram peso no coletivo." O judaísmo, continuou Johnson, "conseguiu o delicado equilíbrio entre ambos – dar igual peso aos direitos individuais e à responsabilidade coletiva". Isso é "muito raro e difícil, e constituiu uma das maiores conquistas do povo judeu".

Johnson trabalhou essa ideia em seu livro. "Nenhum sistema de justiça na história fez esforços mais persistentes e bem-sucedidos para reconciliar os papéis individuais e sociais – outra razão pela qual os judeus foram capazes de manter sua coesão diante de pressões intoleráveis", escreveu. Tal equilíbrio é hoje visto como algo natural e óbvio, mas foi uma invenção radical no mundo antigo, e não é pouca coisa colocar isso em prática ao longo dos séculos e sob circunstâncias extremas.

O psicólogo social holandês Geert Hofstede criou uma metodologia muito utilizada para categorizar países ao longo de um espectro de coletivismo–individualismo. No modelo de Hofstede, Israel pontua 54 no individualismo, em uma escala de 0 a 100, na metade do caminho entre os Estados Unidos, extremamente individualista, e sociedades mais coletivistas.

Será que o milenar equilíbrio judaico entre o indivíduo e a comunidade se reflete na sociedade israelense moderna?

♦

Depois de passarmos por várias verificações de segurança, voltamos ao espaçoso escritório do tenente-general Aviv Kohavi, então chefe de gabinete das IDF, em uma elegante torre com vista panorâmica de Tel Aviv e uma característica própria: um grande heliponto que fazia parecer que um disco voador havia pousado sobre ela. Este é o Pentágono, muito mais modesto, de Israel, incongruentemente cercado por torres corporativas e *shopping centers* e pela principal rodovia que corta a cidade.

O escritório era espartano, sem a habitual coleção de lembranças e fotos de um líder apertando a mão de outras pessoas importantes. Ele está em forma, com os olhos caídos emoldurados por sobrancelhas grossas, que lhe dão um aspecto de intelectual. Ele é formado em filosofia pela Universidade Hebraica de Jerusalém e tem mestrado por Harvard e Johns Hopkins.

Como todos os chefes de gabinete que o precederam, Kohavi era um nome conhecido em Israel. Liderar as IDF é ser uma das pessoas mais respeitadas do país. Os israelenses sentem que sua segurança,

248 O gênio de Israel

e a segurança de seus filhos no serviço militar, estão diariamente em suas mãos. Os israelenses consideram a perda da vida de um soldado como algo pessoal. Quando dois oficiais de uma unidade de comando foram mortos por fogo amigo logo após nossa entrevista, foi tarefa de Kohavi expressar a dor da nação e se comprometer a redobrar os esforços para evitar tais tragédias no futuro.

Kohavi começou como soldado nas IDF. Filho do dono de uma pequena loja e de uma professora de educação física, ele cresceu em um subúrbio da classe trabalhadora de Haifa, cidade no norte de Israel. Quando foi convocado, ele escolheu os paraquedistas – não uma unidade de comando de elite, mas mais difícil de entrar do que as principais brigadas de infantaria. Com seu uniforme de combate, ele ainda usa as botas vermelhas e a boina da brigada de paraquedistas que veio a comandar.

O major-general Giora Eiland, então chefe de operações militares, lembra-se de uma reunião do Estado-Maior em 2000 para discutir a difícil situação no sul do Líbano, onde Israel ainda mantinha uma zona-tampão para proteger sua fronteira norte. Todos os comandantes de brigada estavam lá, amontoados numa pequena sala. No final da reunião, Kohavi, então um comandante de brigada de 36 anos – encarregado de milhares de soldados – perguntou a Eiland se eles poderiam conversar em particular.

"Ele me disse: 'Vocês, generais, têm as mesmas opiniões e usam os mesmos argumentos. Usam até as mesmas imagens. O que ouço de vocês me assusta'. Isso me marcou muito. Nem todo jovem coronel notaria isso e discutiria o assunto com um general dois níveis acima dele", contou Eiland ao jornal *Yedioth Ahronoth*.

Em Israel, os militares não são "eles", são "nós". O exército não está separado do povo, ele *é* o povo – um conceito conhecido como "exército do povo". Talvez seja o único exército do mundo que vê seu papel social como parte da missão, ao lado da missão central de defender o país. Os militares fazem um grande esforço para conceder às pessoas normalmente excluídas, como indivíduos com autismo ou que estiveram presos por cometer um crime, e trabalharam para se recuperar, o direito de servir. Muitos lutam para chegar ao momento

CAPÍTULO 13   O gênio de Israel   **249**

de usar o uniforme, o que é, em certo sentido, um rito de passagem para um cidadão israelense.

Para David Ben-Gurion, uma função crítica dos militares era ser um "caldeirão" para judeus israelenses vindos de dezenas de países e culturas – hoje mais de 70 nacionalidades – em um único povo. Kohavi discorda da famosa afirmação de Ben-Gurion. "Não estamos falando de um caldeirão, estamos falando de unidade. Existe uma diferença grande. Não quero derreter ninguém", disse Kohavi. "Você pode ser um homem, uma mulher, religioso, tradicional, secular, *gay*, um recente imigrante da África ou da Europa ou um israelense de várias gerações, o que quer que seja – e você pode manter suas crenças, sua identidade."

Ter um lugar onde os jovens possam não apenas se encontrar, mas viver e trabalhar juntos significa que, quaisquer que sejam as diferenças – políticas, socioeconômicas, culturais, étnicas –, há alguma semelhança que limita o quanto as pessoas podem se voltar umas contra as outras. Que tipo de valores em comum existe em outros países para mantê-los unidos? Não está claro. O que parece claro é que a polarização interna tem aumentado ao longo do tempo em muitos países.

"Olha, há um grande problema de polarização no mundo hoje", Kohavi nos disse. "Em outros países, os líderes têm que procurar alguma maneira de unir as pessoas. Aqui temos isso de graça, por dois anos, três anos e, às vezes, 30 anos", aludindo à sua própria carreira militar e também à experiência dos israelenses reservistas, que têm esse dever durante grande parte de suas vidas adultas.

Se a solidariedade é o antídoto para a polarização, ela deve ser construída em torno de algo. Fazer parte da humanidade não é suficiente, e fazer parte do mesmo país, das mesmas cultura ou religião parece fornecer menos proteção do que antes contra a fragmentação. Muitos israelenses das mais diversas vertentes étnicas, políticas e socioeconômicas têm algo ainda mais forte do que uma experiência comum: um sentimento de pertencimento.

"O que acontece na cabine do navio? No interior do tanque de guerra, ou no almoxarifado de uma base?", questionou Kohavi. Ele

250   O gênio de Israel

argumentou que não se trata apenas de formar amizades duradouras. "A intensidade do serviço militar ajuda a criar um forte sentimento de pertencimento", explicou. "Qualquer soldado que tenha contribuído com seu país sente que este país lhes pertence mais do que nunca. E a importância de pertencer não para por aí. Também tem um impacto profundo no nível individual."

O poder do pertencimento não é apenas manter uma sociedade unida. É também um componente crucial do nosso bem-estar pessoal. De acordo com um estudo da Clínica Mayo, "não podemos separar a importância de um sentimento de pertencimento da nossa saúde física e mental. Depressão, ansiedade e suicídio são condições comuns de saúde mental associadas à falta de um senso de pertencimento".

O psicólogo evolucionista Robin Dunbar, autor de *Friends: understanding the power of our most important relationships* [Amigos: entendendo o poder de nossos relacionamentos mais importantes, em tradução livre], colocou isso de forma muito mais dura: "Você pode comer o quanto quiser, beber o quanto quiser, ser desleixado o quanto quiser, deixar de fazer seus exercícios e viver em uma atmosfera muito poluída, e você mal notará a diferença. Mas não ter amigos ou não estar envolvido em atividades comunitárias afetará drasticamente o tempo que você vive".

Dunbar continua, explicando que "até a mera percepção de estar socialmente isolado pode ser suficiente para perturbar sua fisiologia, com consequências adversas para o seu sistema imunológico, bem como seu bem-estar psicológico que, se não for controlado, leva a uma espiral descendente e morte prematura".

Por que os israelenses são mais felizes (e têm menos desespero)?

Em 1938, Arlie Bock, um médico de Iowa que dirigia os serviços de saúde da Universidade de Harvard, e um magnata de lojas de departamento chamado W. T. Grant tiveram uma ideia para

CAPÍTULO 13 O gênio de Israel **251**

um estudo. E se pegassem uma amostra de centenas de alunos de Harvard e os estudassem continuamente, por décadas, para ver quem se tornaria mais bem-sucedido? Naquela época, a psicologia tendia a se concentrar quase exclusivamente na compreensão de disfunções. Bock e Grant queriam saber quais eram os ingredientes da felicidade e do sucesso. Nas palavras de Bock, eles procuravam pessoas que pudessem "remar sua própria canoa" na esperança de descobrir "aquela combinação de sentimentos e fatores fisiológicos que, no total, é comumente interpretada como uma vida bem-sucedida".

O estudo se tornou um dos mais celebrados nas ciências sociais. Oficialmente, passou a ser chamado de Estudo de Desenvolvimento de Adultos de Harvard. Acabou mais conhecido pelo nome de seu patrocinador – o Estudo Grant.

O estudo começou com 268 homens de Harvard (a universidade recebia apenas homens na época). A ideia era ampliar e aprofundar: estudar tudo desde seus relacionamentos com esposas, filhos, colegas de escola e de trabalho, e aprofundar sua fisiologia e psicologia. Eles mensuraram tudo o que puderam – desde os rabiscos nos eletroencefalógrafos até o tamanho da "costura labial".

O estudo pretendia durar muito tempo, de 15 ou 20 anos. O que o tornou extraordinário foi que simplesmente continuou ativo. Sobrevivendo a múltiplas crises de financiamento e a quatro diretores, o Estudo Grant continua até hoje, mais de 80 anos desde a sua criação. Ao longo do caminho, o Estudo Glueck – outro estudo de Harvard mais ou menos da mesma época, com 468 homens pobres da região central de Boston – fundiu-se a ele. Mais tarde, as esposas dos envolvidos foram incluídas. Embora a maioria dos participantes originais tenha morrido, o estudo continua com seus mais de 2 mil filhos, todos *baby boomers* na faixa dos 50 e 60 anos.

Em 14 de novembro de 2015, o quarto diretor do estudo, Robert Waldinger, encontrava-se sobre o tapete vermelho que é a assinatura dos TED Talks. Psicólogo de Harvard e sacerdote zen, com um cavanhaque bem aparado, Waldinger tem uma cara de duende que desmente seus mais de 70 anos. Ele sorri bastante enquanto explora

252 O gênio de Israel

algo que leva tanto tempo para descobrir e que tantas pessoas se perguntam: *o que me trará felicidade?*

A resposta não é a que as pessoas pensam, a julgar por pesquisas com *millennials* que estão no começo de suas carreiras. De acordo com Waldinger, mais de 80% dos entrevistados disseram que um grande objetivo de vida para eles era enriquecer. Cerca de metade disse que outro grande objetivo de vida era ficar famoso.

Waldinger desacelera e fala deliberadamente, enquanto se aproxima da grande revelação. "A mensagem mais clara que recebemos deste estudo de 75 anos é a seguinte" – ele faz uma pausa dramática – "bons relacionamentos nos mantêm mais felizes e saudáveis. Ponto."

"As pessoas mais felizes e mais saudáveis são aquelas que têm mais conexões sociais e conexões sociais mais calorosas", disse Waldinger numa entrevista em 2022. "Conexões de todos os tipos – não apenas parceiros íntimos, mas amigos e colegas de trabalho e relacionamentos casuais. Tudo isso contribui para uma vida mais feliz e saudável à medida que envelhecemos."

Waldinger admite que essa conclusão pode soar anticlimática, "tão antiga quanto as colinas". Mas será que é? Se fosse tão óbvio, pergunta Waldinger, por que não fazemos da construção de relacionamentos com familiares, amigos e comunidade uma prioridade muito maior? E se isso for verdade, por que nas sociedades mais ricas esses laços parecem estar cada vez mais desgastados ou até mesmo se rompendo?

♦

Em seu livro de 2020, *The upswing*, Robert Putnam e Shaylyn Romney Garrett documentaram algo estranho. Usando o Google Books Ngram Viewer, eles analisaram a frequência relativa das palavras "nós" e "eu" em milhões de livros publicados de 1900 a 2010. O gráfico resultante parece uma montanha. A proporção de menções de "nós" para "eu" aumentou acentuadamente a partir de 1900, atingindo o pico em 1965. Em seguida, caiu vertiginosamente até 2010, sem sinais de parar.

CAPÍTULO 13   O gênio de Israel   **253**

Esses resultados são uma curiosidade linguística? Parece que não. Quando Putnam e Garrett representaram graficamente a participação em organizações comunitárias, isso correspondeu quase exatamente à montanha "nós/eu". Os autores também apontaram dados que mostram que, desde meados da década de 1960, as pessoas têm menos amigos íntimos e taxas mais altas de ansiedade, depressão, isolamento social e solidão – especialmente entre as gerações mais jovens. Putnam e Garrett argumentam que essas tendências tornaram mais difícil para as pessoas encontrar conexões humanas significativas e um senso de propósito e pertencimento em suas vidas. Nada disso é exclusivo dos Estados Unidos. Há uma tendência básica para um maior individualismo em todo o mundo. E, embora haja uma preocupação crescente com a deterioração da saúde mental e a falta de solidariedade social, é difícil identificar um país que tenha encontrado uma maneira de resistir às destrutivas tendências das sociedades modernas e, muito menos, de revertê-las.

Para ser claro, Israel não está imune às tendências sociais que assolam o resto do mundo. Contudo, o país parece ter um sistema imunológico social mais saudável, que produz diferenças marcantes em felicidade, otimismo, senso de pertencimento, propósito e crença no futuro. Mesmo as queixas dos israelenses sobre a erosão da solidariedade são evidências de que há solidariedade para a ser corroída, e que a crença no ideal está muito viva. Quando os israelenses se criticam por ficarem aquém desse ideal, estão se comparando a um alto padrão *absoluto*. Porém, podem não estar cientes de como se saem bem *relativamente* a outras nações ricas e modernas.

Então, quais são os componentes do sistema imunológico social de Israel? Como qualquer sistema imunológico, ele conta com várias camadas de defesa. Começa com a camada judaica que Paul Johnson ressaltou: a capacidade de equilibrar o indivíduo com o grupo. Mas os israelenses acrescentam suas próprias camadas à prática judaica, à história e à condição de povo. Eles têm uma camada adicional de conexão. Vamos chamá-la de "israelidade".

Neste livro, vimos quatro inovações israelenses, todas projetadas para impulsionar o sistema imunológico social. A primeira e mais

254 O gênio de Israel

famosa foi o *kibutz*. Embora o *kibutz*, em sua forma pura, tenha se mostrado insustentável, antes de entrar em colapso produziu grande parte da liderança de Israel e inspirou muitos como um ideal social. O escritor mais famoso de Israel, o falecido Amos Oz, viveu no *kibutz* Hulda por mais de 30 anos. Décadas após deixar Hulda, depois que o movimento do *kibutz* desmantelou grande parte de seu modelo de vida radicalmente coletivista, perguntaram a Oz se ainda havia genes do *kibutz* na sociedade israelense. Ele respondeu: "Há uma certa franqueza, uma certa falta de hierarquia, um anarquismo latente na sociedade israelense que considero herança do *kibutz*, e acho que é uma boa herança. Gosto disso".

Sebastian Junger é um correspondente de guerra que escreveu muito sobre as lições sociais que emergem dos extremos da condição humana. Junger fala da constatação de que combatentes de elite da marinha israelense que cresceram em um *kibutz* eram psicologicamente muito mais capazes de suportar a alta tensão de suas missões do que aqueles que não cresceram nesse ambiente. Para Junger, isso indicava que "quanto mais comunal sua educação, mais robustas são suas defesas psicológicas. Sinto que todos no país se conhecem de um modo ou de outro. E de certa forma, em comparação com o resto do mundo ocidental, Israel é como um grande *kibutz*, certo?", observa Junger. "Portanto, pode ser que todo o país esteja se beneficiando de uma espécie de efeito *kibutz*."

Em segundo lugar, embora Israel não tenha inventado os movimentos juvenis, transformou-os em poderosos incutidores dos meios e valores – como o *gibush* – no núcleo do sistema imunológico social. Em terceiro lugar estão as forças armadas, com o duplo dever de defender e unir o país.

Essas três primeiras inovações são mais antigas que o Estado. A quarta, embora tenha apenas algumas décadas e ainda seja pequena, tem o maior espaço para crescimento e, embora seja bem israelense, o maior potencial de adaptação a outros países e culturas. Essa inovação é o *mechina*. Atualmente, existem apenas cerca de cem *mechinot*, formando cerca de 7 mil pessoas por ano. Mas nos últimos cinco anos a demanda por vagas explodiu. Até então, quase todos aqueles

CAPÍTULO 13 O gênio de Israel **255**

que buscavam uma vaga conseguiam. Agora, apenas um em cada cinco consegue entrar, e novos *mechinot* estão abrindo o tempo todo. Em última análise, o *mechina* está disponível para qualquer pessoa com ensino médio completo, ou pode até fazer parte do último ano de ensino médio.

Isso é importante, porque o *mechina* é uma inovação social radical, como o *kibutz*. Visa contrabalançar o individualismo. Não chega a afirmar que o indivíduo não é importante. Pelo contrário, o desenvolvimento pessoal é crucial – não apenas para si mesmo, mas para servir a sociedade. O *mechina* é um lugar onde você se conecta aos seus colegas, a um propósito, a pessoas e ao país de uma maneira que nenhuma outra instituição pode fazer, exceto por uma estrutura militar. É uma injeção de vigor no sistema imunológico social.

♦

Sebastian Junger investiga o fenômeno bem documentado, mas ainda surpreendente, de que as pessoas podem sentir nostalgia por algumas das piores épocas. Após a Segunda Guerra Mundial, muitos londrinos diziam sentir falta da vida subterrânea comunitária que haviam experimentado durante os bombardeios. Tinham saudade daquilo, embora mais de 40 mil civis tenham perdido a vida.

Junger explica por que é tão difícil para os soldados se reintegrarem à vida civil. "A maioria dos primatas superiores, incluindo os humanos, é intensamente social, e há poucos exemplos de indivíduos que sobrevivem fora de um grupo", observa. "Um soldado moderno que retorna do combate deixa para trás uma situação de forte coesão social, para a qual os humanos evoluíram, e se reintegra numa sociedade em que a maioria das pessoas trabalha fora de casa, as crianças são educadas por estranhos, as famílias vivem isoladas da comunidade mais ampla e o ganho pessoal eclipsa quase completamente o bem coletivo."

Essencialmente, Junger está falando sobre o outro lado da mesma moeda que Waldinger descreveu. São os relacionamentos que tornam as pessoas felizes. Sem conexão humana, as pessoas e as sociedades ficam doentes. Como Sharon Abramowitz, antropóloga que

256 O gênio de Israel

entrevistou Junger, disse: "Somos uma sociedade anti-humana. Nosso desejo fundamental, como seres humanos, é estar perto dos outros, e nossa sociedade não permite isso".

Os israelenses entendem instintivamente que uma das principais razões pelas quais seu país figura tão alto no *ranking* de felicidade da ONU é o sentimento de que não estão sozinhos. Os israelenses triplicam os relacionamentos: famílias grandes e unidas, várias redes de amizade fortes e um sentimento de pertencimento e conexão nacional por meio de sacrifício compartilhado.

Gibush, o ato de reunir as pessoas, anima todas as esferas da vida, da sala de aula ao local de trabalho. Ter um papel na defesa do país contra uma ameaça comum dá uma sensação de ser necessário e cria resiliência. O país tem uma energia juvenil que alimenta o otimismo. Os israelenses estão conectados à história judaica e israelense, sabem como viver o momento e sentem que o país tem futuro. Um espírito de servir traduz unidade em ação e constrói um senso de propósito.

O presidente Isaac "Bougie" Herzog pensou muito sobre o que faz a sociedade israelense funcionar. Como presidente, cargo projetado para estar acima da política no sistema israelense, seu trabalho é representar toda a sociedade, incluindo a comunidade *haredi* e os árabes israelenses. Ele tem uma opinião forte sobre por que Israel ocupa uma posição tão alta em felicidade nacional.

"O primeiro elemento é um senso de propósito, que é muito profundo", Herzog nos disse. "Definitivamente no setor judaico, mas também entre os árabes e entre os drusos, há um forte senso de identidade e de seguir em frente.

"O segundo elemento é um forte senso de família, que mantém a estrutura interna da sociedade sobre uma base sólida. Muitas famílias são diversificadas em linhas étnicas e religiosas e multigeracionais. É um país pequeno, então as famílias podem se reunir todas as sextas-feiras à noite. Tanto as famílias judias quanto as não judias são realmente coesas", continuou Herzog.

O terceiro elemento é um intenso senso de perspectiva que advém de "absorver tantas camadas de dor e ser capaz de seguir em frente". Propósito. Família. Resiliência. De acordo com Herzog,

CAPÍTULO 13   O gênio de Israel   **257**

esses são os elementos que tornam a sociedade israelense "muito impressionante".

Matti Friedman é um jornalista que se mudou do Canadá para Israel aos 17 anos. Serviu nas IDF quando Israel manteve parte do sul do Líbano como uma "zona de segurança" para proteger as cidades na sua fronteira norte. Ele escreveu sobre a experiência em um livro poderoso chamado *Pumpkinflowers* e, desde então, escreveu outros livros que abrem janelas para a sociedade israelense.

"As pessoas aqui sabem como viver", nos disse Friedman. "A vida delas não é apenas trabalho. O país realmente força você a entender que há coisas maiores do que você e seu trabalho. Uma dessas coisas é o exército. Mas mesmo fora do exército, o país mostra que há coisas mais importantes. Sua família é mais importante. O país é importante. Para muitos, a religião é importante. Há muita coisa aqui que o tira de sua visão estreita de ter uma profissão e *status* para si mesmo."

Idan Tendler e sua esposa, Dana, mudaram-se para San Francisco com sua filha de 1 ano. Tendler era executivo da Palo Alto Networks, uma grande empresa de segurança cibernética. Sete anos depois, eles tinham três filhos. Foi então que se perguntaram: *devemos voltar para Israel?* Não foi uma decisão fácil. "Sabe como é a Califórnia", ponderou Tendler. "Clima incrível, um quintal, uma bela natureza – tínhamos uma ótima qualidade de vida." Depois de discutir o assunto, eles decidiram voltar para Israel.

Dois anos depois, já estabelecidos em sua casa perto de Netanya, Tendler se perguntou: *por que é melhor aqui?* Era algo intrigante. Certamente, a vida não era mais fácil.

Apenas um mês depois de retornar a Israel, Tendler estava numa reunião pelo Zoom com sua equipe dos Estados Unidos. De repente, ouviu o gemido penetrante das sirenes de ataque aéreo. Ele pensou consigo mesmo: *como pode? Estamos perto de Netanya* (uma cidade bem ao norte de Tel Aviv, e os foguetes vinham da fronteira sul de Israel com Gaza). "Eu disse aos meus colegas norte-americanos que precisava sair correndo. Vi meus filhos parados em posição de atenção. Eles pensaram que era a sirene do Dia da Lembrança."

258 O gênio de Israel

Tendler gritou para eles: "O que vocês estão fazendo, precisamos entrar no abrigo!". As crianças perguntaram: "O que é um abrigo, papai?". Tendler se questionou: *o que estamos fazendo? Isso é loucura. Há um mês, estávamos na Califórnia!* Então por que é melhor em Israel? "É um lugar tão bonito para as crianças", disse Tendler. "Acho que a essência é que Israel tem um senso de significado. Nós sentimos isso, e acho que as crianças também sentem – não apenas por nossa causa. Porque está ao nosso redor."

Um dia antes de conversarmos com Tendler, ele e sua família estiveram em uma cerimônia de lembrança do Holocausto, onde o avô de Dana acendeu uma tocha. Ele era um sobrevivente da Guerra da Independência de Israel.

"As crianças sentem que fazem parte da história", constatou Tendler. "E sinto que há qualidade de vida quando a gente sente que há significado, quando a gente se sente parte de uma história maior. E a gente pode contribuir para essa história. Na Califórnia, há uma melhor qualidade de vida. Mas havia uma carência de significado."

Por que os israelenses são mais felizes? Por que há menos desespero? Talvez tenhamos encontrado a resposta. Apesar de toda a sua rudeza, das divisões e das lutas cotidianas, a sociedade israelense proporciona mais daquilo que os humanos realmente precisam.

Numa época em que as pessoas em muitos países sofrem de um senso cada vez menor de conexão, pertencimento e crença no futuro, os israelenses parecem ter encontrado uma maneira de cultivar esses tesouros. Uma forma de ser moderno *e* tradicional. Ser religioso *e* secular. De acolher as aceleradas mudanças tecnológicas *e* construir famílias intergeracionais unidas. De ser um individualista ambicioso, alcançar a prosperidade *e* criar uma cultura que reafirma o tempo todo que não se trata apenas de você. Que se trata de servir aos círculos maiores ao seu redor – o *hevre*, o país e o mundo. Esse é o gênio de Israel.

Lista de entrevistados

Ao longo dos anos de pesquisa e escrita deste livro, realizamos inúmeras entrevistas formais e nos valemos de muitas discussões informais. Somos gratos a todos aqueles listados (e àqueles que pediram para não ser listados) por conversas esclarecedoras sobre as questões que permeiam *O gênio de Israel*:

Mansour Abbas – membro do Knesset, Líder da Lista Árabe Unida

Esther Abramowitz

Yonatan Adiri – fundador e CEO, Healthy.io

Rotem Alaluf – CEO, Wand

Shira Anderson – políticas públicas (privacidade), Meta

Marc Andreessen – sócio, Andreessen Horowitz

Amit Aronson – jornalista de gastronomia

Amotz Asa-El – colunista, *Jerusalem Post*

Mor Assia – sócio-fundador, iAngels

Shlomo Avineri – professor de ciências políticas, Universidade Hebraica

Ziv Aviram – copresidente, OrCam

Ran Balicer – diretor de inovação, Clalit

Yair Bar-Haim – professor de psicologia, Universidade de Tel Aviv

Amnon Bar-Lev – cofundador e CEO, Alike

260 Lista de entrevistados

Yona Bartal – diretora-executiva, Peres Circle
Yariv Bash – CEO, Flytrex
Rebecca Becker – VP, Alpha Tau Medical
Tal Becker – membro-sênior, Instituto Shalom Hartman
Eli Beer – fundador e presidente, United Hatzalah
Alexandra Benjamin
Tal Ben-Shahar – fundador, Happiness Studies Academy
Eshchar Ben-Shitrit – CEO, Redefine Meat
Dror Berman – sócio-fundador, Innovation Endeavors
Rafi Beyar – ex-diretor geral, Rambam Health Care
Jack (Tato) Bigio – cofundador e Co-CEO, UBQ Materials
Elad Blumenthal – fundador e CEO, OneDay
Scott Bonham – investidor
Samuel Boumendil – comandante de base, Havat Hashomer
Meir Brand – vice-presidente, Google
Michal Braverman-Blumenstyk – VP corporativo, Microsoft
Danny Brom – diretor, Centro de Psicotrauma METIV
Arthur Brooks – professor, Harvard Kennedy School
Mark Chess – sócio-gerente, FinTLV Ventures
Eli Cohen – fundador e CEO, Ayala Water & Ecology
Eli Cohen – CEO, Mekorot
Glenn Cohen – CEO, Go Beyond
Guy Sgan Cohen – CAO, SolarEdge Technologies
Kfir Damari – cofundador, SpaceIL
Fiona Darmon – fundadora e sócia-gerente, Sunvest Capital Partners
Sergio DellaPergola – professor, Universidade Hebraica
Ron Dermer – Ministro de Assuntos Estratégicos, Estado de Israel
Zaki Djemal – fundador e sócio-gerente, fresh.fund
Shlomo Dovrat – cofundador e sócio-geral, Viola Ventures
Ami Dror – fundadora e CEO, BriBooks

Robin Dunbar – professor, Universidade de Oxford
Nicholas Eberstadt – Wendt Chair, American Enterprise Institute
Michael Eisenberg – sócio igualitário, Aleph
Shimon Elkabetz – CEO, Tomorrow.io
Erez Eshel – cofundador, Ein Prat
Benedict Evans – investidor
Anat Fanti – candidata a PhD, Universidade Bar-Ilan
Tvika Fayirizen – ex-comandante do Corpo de Educação, IDF
Bruce Feiler – autor
Alan Feld – fundador e sócio-administrador, Vintage Investment Partners
Maya Feldon – comandante de companhia, IDF
Roni Flamer – cofundador e CEO, Or Movement
Matti Friedman – autor
Moshe Friedman – fundador e CEO, Kamatech
Mark Gerson – presidente, United Hatzalah
Michal Geva – cofundador e sócio-gerente, Triventures
Dedi Gilad – cofundador e CEO, TytoCare
Brig. Gen. (Res.) Danny Gold – chefe, Diretoria de Pesquisa e Desenvolvimento de Defesa
Daniel Goldman – sócio-fundador, Goldrock Capital
Nir Goldstein – CEO, Good Food Institute Israel
Shafi Goldwasser – cofundador e cientista-chefe, Duality
Micah Goodman – autor
Danny Gordis – membro distinto, Shalem College
Ron Gura – cofundador e CEO, Empathy
Hossam Haick – reitor e professor, Technion Institute of Technology
Jonathan Haidt – professor, NYU Stern School of Business
Ofir Haivri – vice-presidente, Instituto Herzl
Yossi Klein Halevi – membro superior, Instituto Hartman

262 Lista de entrevistados

Danny Hamiel – diretor, Escola de Psicologia, Universidade Reichman

Avi Hasson – CEO, Start-Up Nation Central

Capitão Udi Heller – fundador, unidade Titkadmu, IDF

Isaac Herzog – presidente, Estado de Israel

David Horovitz – editor-chefe, *Times of Israel*

Arnon Houri-Yafin – fundador e CEO, Zzapp Malaria

Eran Igelnik – pesquisador, Start-Up Nation Policy Institute

David Ingber – rabino fundador, Romemu

Avi Issacharoff – cocriador, *Fauda*

Luis Alberto Veronesi João – VP, Anheuser-Busch InBev

Sebastian Junger – autor

Eugene Kandel – copresidente, Start-Up Nation Policy Institute

Leon Kass – diretor de faculdade, Shalem College

Tamar Katriel – professora, Universidade de Haifa

Asher Katz – diretor, Me'ever Youth Movement

Yaakov Katz – ex-editor-chefe, Jerusalem Post

Tal Keinan – CEO, Sky Harbour Group

Kevin Kelly – fundador e editor-executivo, revista *Wired*

Aviv Kohavi – ex-chefe de gabinete das IDF

Manoj Kumar – fundador e CEO, Fundação Naandi

David Kushner – autor

Kai-Fu Lee – presidente e CEO, Sinovation Ventures

Ariel Leventhal – CEO, UGLabs

Yuval Levin – autor, American Enterprise Institute

Sarah Levy-Schreier – cofundadora e CEO, Stealth

Fredrik Liljedah – gerente-sênior, Karma

Erel Margalit – fundador e presidente-executivo, Jerusalem Venture Partners

Will Marshall – CEO, Planet Labs

Lista de entrevistados 263

Yossi Mattias – vice-presidente, Google

Arita Mattsoff – AVP, Grupo Mitrelli

Joe McCormack – fundador e CEO, SQDL

Jon Medved – CEO, OurCrowd

Raviv Melamed – fundador e CEO, Vayyar Imaging

Hadas Minka (Mamda) – diretor de Ciências Comportamentais, IDF

Alexis Mitelpunkt – diretor de Reabilitação Pediátrica, Centro Médico de Tel Aviv

Jesse Moore – CEO e cofundador, M-KOPA

Erez Naaman – cofundador e CTO, Scopio Labs

Yaakov Nahmias – fundador e presidente, Believer Meats

Benjamin Netanyahu – primeiro-ministro, Estado de Israel

Roni Numa – major-general reformado, IDF

Dele Olodeje – organizador, Africa in the World

Barbara Okun – professora associada, Universidade Hebraica

Yoram Oron – presidente, Red Dot Capital Partners

Raphael Ouzan – fundador e CEO, A.Team

Tamir Pardo – ex-diretor, Mossad

Shay Perchik – cientista de dados sênior, Ultima Genomics

Chemi Peres – cofundador e sócio-gerente, Pitango

Aya Peterburg – sócia-gerente, S Capital

Anshel Pfeffer – colunista, *Ha'aretz*

Yehoshua Pfeffer – rabino, Fundo Tikvah

Eran Pollack – CEO, N-Drip

Yossi Pollak – cofundador, Sight Diagnostics

Jonathan Price – professor, Universidade de Tel Aviv

Maayan Rachmilevitz – viajante pós-exército

Kira Radinsky – CEO e CTO, Diagnostic Robotics

Assaf Rappaport – CEO e cofundador, Wiz

Eli Rata – VP, OurCrowd

264 Lista de entrevistados

Lior Raz – cocriador, *Fauda*

Ben Roberts – diretor de tecnologia e inovação, Liquid Intelligent Technologies

Nathaniel Rosen – investidor, Blackstone

Shmuel Rosner – membro-sênior, Instituto de Política do Povo Judeu

Juliana Rotich – chefe de soluções Fintech, Safaricom PLC

Yaron Samid – fundador e CEO, TechAviv

Michael Sandel – professor de direito, Universidade de Harvard

Laurie Santos – professora, Universidade de Yale

Eric Schmidt – ex-CEO e presidente do Conselho, Google

Eran Segal – professor, Instituto Weizmann de Ciências

Gadi Segal – diretor de educação, Sheba Medical Center

Lihi Segal – fundadora, DayTwo

Dan Shacham – engenheiro de *software*, Nextdoor

Maya Shadmi – ex-comandante de companhia, Havat Hashomer

Varda Shalev – sócio-gerente, Team8

Amnon Shashua – CEO e cofundador, Mobileye

Inbar Shashua – co-CEO, The Social Solidarity Foundation

Yossi Shavit – pesquisador, Taub Center

Nadav Shimoni – fundador, 81 HealthTech Network

Ophir Shoham – sócio-geral, Axon VC

Eden Shochat – sócio igualitário, Aleph

Seth Siegel – autor

Avi Simon – cofundador e CTO, Re-train.ai

Lenore Skenazy – presidente, Let Grow

Sammy Smooha – professor de sociologia, Universidade de Haifa

Uzi Sofer – fundador e CEO, Alpha Tau Medical

Meir Soloveichik – rabino, Congregação Shearith Israel

Danna Stern – fundadora, Yes Studios

Lista de entrevistados 265

Yaniv Stern – cofundador e sócio-gerente, Red Dot Capital Partners

Yedidia Stern – presidente, Instituto de Política do Povo Judeu

Fred Swaniker – fundador e curador-chefe, The Room

Raz Yitzhaki Tamir – cofundador e CEO, NSLcomm

Daniel Taub – ex-embaixador de Israel no Reino Unido

Harel Tayeb – CEO, Grupo eTeacher

Idan Tendler – fundador e presidente, Place-IL

Noa Tishby – atriz e autora

Didier Toubia – fundador e CEO, Aleph Farms

Kathrine Tschemerinsky – editora de cultura, *Weekendavisen*, Dinamarca

Yoav Tzelnick – ex-chefe da Cyber Academy, Unidade 8200

Tal Vardi – cofundador, Roim Rachok

Yael Vizel – cofundadora, Zeekit

Luis Voloch – ex-CTO, Immunai

Alex Weinreb – diretor de pesquisa, Taub Center

Tzahi Weisfeld – VP, Intel Ignite

Limor Weissbart – co-CEO, Ein Prat

Yonatan Winetraub – cofundador, SpaceIL

Avreimi Wingut – diretor administrativo, Kamatech

Aviv Wolff – cofundador e CEO, Remilk

Harry Yuklea – presidente, Quantum Innovations Ltd.

Nadav Zafrir – cofundador e sócio-gerente, Team8

Daniel Zajfman – ex-presidente, Instituto Weizmann

Gil Zalsman – professor de psiquiatria, Universidade de Tel Aviv

Yahal Zilka – sócio-gerente, 10D

Eyal Zimlichman – diretor de inovação, Sheba Medical Center

Maty Zwaig – COO/CFO, Schusterman Family Philanthropies Israel

Notas

INTRODUÇÃO O paradoxo israelense

5   *seu PIB* per capita: "GDP per Capita (Current US$)", World Bank, https://data. worldbank.org/indicator/NY.GDP.PCAP.CD?most_recent_value_desc=true.

6   *A desigualdade de renda e o custo de vida*: Bar Peleg, "Income Inequality in Israel Widens in 2021, Despite a Drop Last Year", *Haaretz*, December 30, 2021, https://www.haaretz.com/israel-news/2021-12-30/ty-article/.premium/income-inequality-widened-in-2021-despiteeconomicrebound/0000017f-e302-df7c-a5ff-e37a1e1e0000.

6   *custo de um apartamento comum*: "Israel: How Many Salaries Does an Apartment Cost?", *Yeshiva World*, June 14, 2013, https://www.theyeshivaworld.com/news/headlines-breaking-stories/172858/israel-how-many-salaries-does-an-apartment-cost.html.

6   *"Por que os israelenses são tão felizes?"*: Tiffanie Wen, "Why Are the Israelis So Damn Happy?", *Daily Beast*, July 11, 2017, https://www.thedailybeast.com/why-are-the-israelis-so-damn-happy.

7   *Relatório Mundial da Felicidade*: Sustainable Development Solutions Network and Gallup World Poll, "World Happiness Report 2023", March 20, 2023, https://worldhappiness.report/ed/2023/executive-summary/.

7   *Alguns países, como os Emirados Árabes Unidos*: Robert Anderson, "Happiness in the GCC", *Gulf Business*, March 19, 2017, https://gulfbusiness.com/happiness-inthe-gcc/.

7   *O pequeno Butão*: Adam Taylor, "The UAE Created a Minister of Happiness, but What Does That Even Mean?", *Washington Post*, February 10, 2016, https://www.washingtonpost.com/news/worldviews/wp/2016/02/10/the-uae-created-a-minister-of-happiness-but-what-does-that-even-mean/.

Notas 267

7   *Os pesquisadores empregaram uma ferramenta*: "Understanding How Gallup Uses the Cantril Scale", Gallup, https://news.gallup.com/poll/122453/understanding-gallup-uses-cantril-scale.aspx.

9   *Dentre todos os países ricos pesquisados*: Bruce Stokes, "Public Divided on Prospects for the Next Generation", Pew Research Center, June 5, 2017, https://www.pewresearch.org/global/2017/06/05/2-public-divided-on-prospects-for-the-next-generation/.

10   *De acordo com o Waze*: "Tel Aviv Ranked 5th Worst in World for Traffic Congestion", *Haaretz*, November 4, 2019, https://www.haaretz.com/israel-news/business/2019-11-04/ty-article/.premium/tel-aviv-ranked-5th-worst-in-world-for-traffic congestion/0000017f-dc3c-df62-a9ff-dcffee460000.

10   *expectativa de vida em Israel*: "Life Expectancy and Healthy Life Expectancy, Data by Country", World Health Organization, https://apps.who.int/gho/data/node.main. 688.

10   *Os homens israelenses têm a quarta maior*. Ibid.

11   *Níveis de obesidade*: Rossella Tercatin, "Health Report: Over Half of the Israeli Population Is Overweight", *Jerusalem Post*, February 3, 2021, https://www.jpost.com/health-science/over-half-of-the-israeli-population-is-overweight-report-finds-657579.

11   *taxas de diabetes*: Ervin Stern *et al.*, "Prevalence of Diabetes in Israel: Epidemiologic Survey", *Diabetes 37*, no. 3 (1988): 297–302, https://doi.org/10.2337/diab.37.3.297.

12   *No Japão, há mais pessoas*: "Japan Population", *PopulationU*, https://www.populationu.com/japan-population#:~:text=As%20per%20the%20provincial%20June,are%2085%20years%20and%20over.

12   *Mais fraldas para adultos*: Sam Jones e Ben McLannahan, "Hedge Funds Say Shorting Japan Will Work", *Financial Times*, November 29, 2012.

12   *"O Japão está à beira"*: George Wright, "Japan PM says country on the brink over falling birth rate", *BBC News*, January 23, 2023, https://www.bbc.com/news/world-asia-64373950.

13   *lacuna entre Israel e Europa*: o gráfico é baseado em dados de United Nations World Population Prospects (2022). De 1950 a 2021, são estimativas históricas. A partir de 2022, são projeções da ONU (variação média).

13   *"declínio sustentado"*: Damien Cave *et al.*, "Long Slide Looms for World Population", *New York Times*, May 22, 2021, https://www.nytimes.com/2021/05/22/world/global-population-shrinking.html.

13   *"taxa de substituição"*: em países desenvolvidos com baixas taxas de mortalidade infantil, a taxa de substituição equivale a uma taxa de fertilidade de 2,1. Em países com índices de mortalidade infantil mais altos, a taxa de substituição pode ser maior.

268 Notas

13   *taxa de fertilidade*: "taxa de fertilidade" e "taxa de nascimento" são usadas muitas vezes de modo indistinto, mas não são a mesma coisa. A taxa de nascimentos é o número total de nascimentos por ano a cada mil indivíduos de uma população. A taxa de fertilidade é o número nascidos vivos em um ano a cada mil mulheres em idade reprodutiva em uma população.

14   *"mortes por desespero"*: Anne Case e Angus Deaton, "Rising Morbidity and Mortality in Midlife Among White Non-Hispanic Americans in the 21st Century", *Proceedings of the National Academy of Sciences* 112, no. 49 (November 2, 2015): 15078–83, https://www.pnas.org/doi/10.1073/pnas.1518393112.

14   *reportagem da* Economist: "Deaths of Despair, Once an American Phenomenon, Now Haunt Britain", *The Economist*, May 4, 2019, https://www.economist.com/britain/2019/05/14/deaths-of-despair-once-an-american-phenomenon-now-haunt-britain.

15   *o estudo Global Burden of Disease* (GBD): "Global Burden of Disease (GBD)", Institute for Health Metrics and Evaluation, https://www.healthdata.org/gbd.

15   *abuso de opioides*: de acordo com este relatório, o consumo de opioides em Israel é atualmente muito elevado, embora, até o momento, sem um impacto notável na mortalidade. O relatório também faz recomendações importantes para tratar os perigos do uso excessivo de opioides no país. Nadav Davidovitch *et al.*, "Are We Nearing an Opioid Epidemic in Israel?", Taub Center, March 2023, https://www.taubcenter.org.il/en/research/opioid-epidemic/.

16   *"Relatório CDC sobre saúde mental dos adolescentes"*: Lisa Jarvis, "CDC Report on Teen Mental Health Is a Red Alert", *Washington Post*, February 16, 2023, https://www.washingtonpost.com/business/cdc-report-on-teen-mental-health-is-a-red-alert/2023/02/16/8decdcbe-ae24-11ed-b0ba-9f4244c6e5da_story.html.

16   *"onda esmagadora de violência e trauma"*: Erika Edwards, "CDC Says Teen Girls Are Caught in an Extreme Wave of Sadness and Violence", NBC News, February 13, 2023, https://www.nbcnews.com/health/health-news/teen-mental-health-cdc-girls-sadness-violence-rcna69964.

16   *"níveis alarmantes de violência"*: Megan Schiller, "CDC: Teen Girls Experiencing Record-High Levels of Violence, Sadness and Suicide Risk", CBS News, February 13, 2023, https://www.cbsnews.com/pittsburgh/news/cdc-teen-girls-experiencing-violence-sadness-and-suicide-risk/.

16   *"O ensino médio deve ser um momento de descobertas"*: "U.S. Teen Girls Experiencing Increased Sadness and Violence", Centers for Disease Control and Prevention, February 13, 2023, https://www.cdc.gov/nchhstp/newsroom/2023/increased-sadness-and-violence-press-release.html#:~:text=%E2%80%9CHigh%20school%20should%20be%20a,Director%20for%20Program%20and%20Science.

Notas **269**

16 *Academia Americana de Pediatria*: "AAP-AACAP-CHA Declaration of a National Emergency in Child and Adolescent Mental Health", American Academy of Pediatrics, October 19, 2021, https://www.aap.org/en/advocacy/ child-and-adolescent-healthy-mental-development/aap-aacap-cha-declaration-of-a-national-emergency-in-child-and-adolescent-mental-health/.

16 *um hospital em Long Island*: Azeen Ghorayshi e Roni Caryn Rabin, "Teen Girls Report Record Levels of Sadness, C.D.C. Finds", *New York Times*, February 13, 2023, https://www.nytimes.com/2023/02/13/ health/teen-girls-sadness-suicide-violence.html.

16 *taxas de suicídio de adolescentes em Israel*: "Teenage Suicides (15–19 years old)", OECD Family Database, October 17, 2017, https://www.oecd.org/els/family/ CO_4_4_Teenage-Suicide.pdf.

16 *redes sociais e* smartphones: Elia Abi-Jaoude et al., "Smartphones, Social Media Use and Youth Mental Health", *Canadian Medical Association Journal* 192, no. 6 (February 2020): E136–E141, https://doi.org/10.1503%2Fcmaj.190434.

16 *Como Derek Thompson relatou*: Derek Thompson, "Why American Teens Are So Sad", *The Atlantic*, April 11, 2022, https://www.theatlantic.com/newsletters/ archive/2022/04/american-teens-sadness-depression-anxiety/629524/.

17 *CEO Jon Clifton*: "Unhappiness is soaring around the world, laments Jon Clifton", *The Economist*, June 17, 2022, https://www.economist.com/by-invitation/2022/06/17/ unhappiness-is-soaring-around-the-world-laments-jon-clifton.

17 *a solidão, por exemplo, caiu*: a solidão é medida com o uso de questionários-padrão, como a escala de solidão de 20 itens da UCLA.

18 *estudo comparando conexão social*: Claude Fischer e Yossi Shavit, "National Differences in Network Density: Israel and the United States", *Social Networks*, Volume 17, Issue 2, 1995, https://doi.org/10.1016/0378-8733(94)00251-5.

CAPÍTULO 1 Uber para a Lua

Boa parte deste capítulo baseia-se em entrevistas com Yariv Bash, Kfir Damari, Yonatan Winetraub, Will Marshall, Miri Adelson e num artigo de Armin Rosen na *Tablet*: "Inside Israel's Crash-Landing on the Moon", May 22, 2019, https:// www.tabletmag.com/sections/arts-letters/articles/israel-spaceil-moon.

20 *Kennedy perguntou*: David Harland e Richard Orloff, *Apollo*: the definitive sourcebook (Berlin: Springer, 2016), 12.

20 *Em um memorando secreto*: Lyndon B. Johnson, "Evaluation of Space Program", NASA History, April 28, 1961, https://history.nasa.gov/Apollomon/apollo2.pdf.

21 *A participação das pessoas em organizações comunitárias disparou*: Robert Putnam, *Bowling alone*: the collapse and revival of american community (New York: Simon & Schuster, 2000).

270 Notas

22   *US$ 20 milhões*: Mike Wall, "Ex-Prize: Google's $20 Million Moon
Race Ends with No Winner", Space.com, January 23, 2018,
https://www.space.com/39467-google-lunar-xprize-moon-race-ends.html.

23   *Prazo do prêmio*: Shawn Rodgers, "SpaceIL's Kfir Damari Looks to the Stars
and Beyond", *Jewish Journal*, October 30, 2019, https://jewishjournal.com/
community/306423/spaceils-kfir-damari-looks-to-the-stars-and-beyond/.

24   *Danny Grossman disse à* Tablet: Armin Rosen, "The Jews Make It to the Moon",
Tablet, April 15, 2019, https://www.tabletmag.com/sections/israel-middle-east/
articles/the-jews-make-it-to-the-moon.

25   *"É por isso que Israel é o único país"*: *Ibid.*

28   *"É a primeira coisa"*: *Rookie moonshot*: budget mission to the Moon,
dirigido por Tom Brisley (Arrow Media, 2019).

28   *três dias, três horas e 49 minutos*: Valerie Stimac, "How Long Does it Take
to Get to the Moon?", How Stuff Works, March 31, 2021,
https://science.howstuffworks.com/how-long-to-moon.htm.

29   *desde o jardim de infância até o ensino médio*: Melanie Lidman, "Beresheet May
Have Crashed, but for a Moment We Raised Our Eyes to the Heavens", *Times
of Israel*, April 12, 2019, https://www.timesofisrael.com/beresheet-may-have-
crashed-but-for-a-moment-we-raised-our-eyes-to-the-heavens/.

30   *cronograma planejado da missão*: Kenneth Chang, "Israel Wants to Land on the
Moon. First Its Spacecraft Needs to Stick the Orbit", *New York Times*,
April 3, 2019, https://www.nytimes.com/2019/04/03/science/israel-beresheet-
moon.html.

30   *velocidade adequada*: Melanie Lidman, "With Beresheet,
Israel Becomes 7th Country to Achieve Lunar Orbit",
Times of Israel, April 5, 2019, https://www.timesofisrael.com/
with-beresheet-israel-becomes-7th-country-to-achieve-lunar-orbit/.

31   *aterrissagem suave na superfície lunar*: "Beresheet Spacecraft Reaches Moon but
Landing Unsuccessful", Ynet, April 11, 2019, https://www.ynetnews.com/
articles/0,7340,L-5493174,00.html.

31   *festa do pijama*: Abigail Klein Leichman, "Beresheet Reaches Moon,
Crashes on Arrival", *Israel21c*, April 12, 2019, https://www.israel21c.org/
beresheet-reaches-moon-crashes-on-arrival/.

31   *Benjamin Netanyahu sentou-se:* "PM Netanyahu Attends Beresheet Lunar
Landing Watch", Mission of Israel to the EU and NATO, April 11, 2019,
https://embassies.gov.il/eu/NewsAndEvents/Pages/PM-Netanyahu-attends-
Beresheet-lunar-landing-watch-event-.aspx.

31   *velocidade de descida*: Stephen Clark, "Israel's Beresheet Lander Breaks
into Lunar Orbit", Spaceflight Now, April 4, 2019,
https://spaceflightnow.com/2019/04/04/israels-beresheet-lander-brakes-

Notes **271**

into-lunar-orbit/#:~:text=The%20Beresheet%20spacecraft%20ignited%20
its,the%20mission%20to%20an%20end.

32 *sede da Volkswagen*: a história de Yariv Bash falando sobre seu avô na sede da
Volkswagen foi relatada por Danny Spector, "Third Generation Spaceship",
Yedioth Ahronoth, July 16, 2013.

33 *Falando sobre a visita*: Ibid.

36 *Am Yisrael Chai*: a ideia de escrever as palavras "Am Yisrael Chai" na nave
especial partiu dos filantropos Miri e Sheldon Adelson, grandes apoiadores do
projeto SpaceIL.

37 *Na parte inferior estavam os logotipos*: Georgina Torbet, "Israel's Lunar Lander
Just Snapped a Selfie on Its Way to the Moon", Digitaltrends, March 5,
2019, https://www.digitaltrends.com/cool-tech/beresheet-israeli-craft-posts-
postsselfie/#:~:text=Curiosity%20and%20InSight%20aren't,above%20the%20
Earth%20this%20week.

37 *"letras hebraicas do tamanho de um micróbio"*: Rosen, "Inside Israel's Crash
Landing on the Moon".

37 *"pergunte o que você pode fazer por seu país"*: "John Fitzgerald Kennedy,
Inaugural Address (20 January 1961)", Voices of Democracy,
https://voicesofdemocracy.umd.edu/kennedy-inaugural-address-speech-text/.

37 *"Com todo o respeito"*: Rebecca Klar, "Markey Riffs on JFK Quote
in New Ad Touting Progressive Bona Fides", *The Hill*, August 12, 2020,
https://thehill.com/homenews/campaign/511929-markey-riffs-on-jfk-quote-in-
new-ad-touting-progressive-bona-fides/.

39 *apenas a SpaceIL*: Rosen, "Inside Israel's Crash-Landing on the Moon".

40 *o primeiro prêmio "Moonshot Award" de US$ 1 milhão*:
"XPrize Foundation Awards $1 Million 'Moonshot Award' to SpaceIL",
XPRIZE Foundation, April 11, 2019, https://www.xprize.org/articles/
xprize-awards-1m-moonshot-award-to-spaceil.

42 *Cultivando comida na Lua*: "Growing Plants in Space", NASA, July 12, 2021,
https://www.nasa.gov/content/growing-plants-in-space.

CAPÍTULO 2 Onde é a aula?

Algumas seções deste capítulo foram baseadas em entrevistas feitas pelos autores
com Sebastian Thrun, Avi Simon, Tal Vardi, Tamir Pardo, Liora Sali, Tamar
Katriel, Daniel Gordis, David Kushner (e também em seu artigo "The Israeli
Army's Roim Rachok Program Is Bigger Than the Military"), assim como em
conversas com soldados e ex-soldados do programa Roim Rachok das IDF, cujos
nomes foram mantidos em sigilo, a seu pedido.

272 Notas

44 *um em cada 10 matriculados*: o índice de conclusão dos MOOCs varia muito, de acordo com a plataforma, o curso e o seu custo. Veja reportagem publicada pelo Coursera: https://about.coursera.org/press/wp-content/uploads/2020/10/Coursera_DriversOfQuality_Book_MCR-1126-V4-lr.pdf.

47 *"conquistadas por indivíduos"*: Daniel Gordis, *Becoming a jewish parent* (New York: Harmony Books, 1999).

48 *8200 EISP*: dados provenientes do *website* da 8200 EISP, https://www.eisp.org.il.

49 *"Espere muito"*: "B.-P.'s Outlook", US Scouting Service Project, http://www.usscouts.org/history/BPoutlook1.asp.

49 *"Associação com adultos"*: "The Boy Scouts of America's Mission, Vision, Aims, and Methods", Boy Scouts of America, https://troopleader.scouting.org/scoutings-aims-and-methods/.

50 *Hashomer descreve*: "The Movement", Hashomer Hatzair, https://www.hashomerhatzair.ca/the-movement.html.

50 *Em 7 de março de 1929*: "A Bit of History", Bnei Akiva, https://bneiakiva.org.il/historya/.

51 *Mizrahi acabou abraçando o Bnei Akiva*: "Bnei Akiva", Wikipedia, https://en.wikipedia.org/wiki/Bnei_Akiva.

52 *A 101ª Brigada de Paraquedistas*: Yoav Zeyton, "The secret card against Hezbollah: this is how the paratroopers will fight deep in Southern Lebanon", Ynet, March 2, 2018, https://www.ynet.co.il/articles/0,7340,L-5079313,00.html.

52 *A última vez que Israel*: Kali Robinson, "What Is Hezbollah?" Council on Foreign Relations, May 25, 2022, https://www.cfr.org/backgrounder/what-hezbollah.

53 *norte do Líbano*: Hezbollah está sediado no sul do Líbano, ao longo da fronteira com Israel, mas dispõe de mísseis de longo alcance e poderia operar, ou opera também, a partir do norte do Líbano.

55 *De 1949 a 1950*: "On This Day, 1950: Final 'Operation Magic Carpet' Airlift Arrives in Israel", *Jerusalem Post*, September 25, 2017, https://www.jpost.com/israel-news/on-this-day-1950-last-flight-of-operation-magic-carpet-arrives-in-israel-505897.

57 *Boaz Keinan*: pseudônimo, a pedido do entrevistado.

61 *A missão das IDF*: Tom Segev, *A state at any cost*: the life of David Ben-Gurion (New York: Farrar, Straus and Giroux, 2019); Carrie Rubenstein, "This Israeli Innovation May Be the Answer to the U.S. Social Justice Crisis", *Forbes*, September 7, 2020, https://www.forbes.com/sites/carrierubinstein/2020/09/07/this-israeli-innovation-may-be-the-answer-to-the-us-social-justice-crisis/?sh=4e18a11cf0fb.

Notas **273**

62   *Noam, um jovem adulto com autismo*: pseudônimo, a pedido do entrevistado.

64   *"Este projeto abre as portas"*: Anna Ahronheim, "IDF Aims
      to Recruit 500 Soldiers with Autism by End of 2022", *Jerusalem Post*,
      November 8, 2021, https://www.jpost.com/israel-news/
      idf-aims-to-recruit-500-soldiers-with-autism-by-the-end-of-2022-684354.

65   *A. J. Drexel Autism Institute*: "A. J. Drexel Autism Institute", Drexel University,
      https://drexel.edu/autisminstitute/.

65   *Morgan McCardell*: "Spy agency utilizes autistic analysts' unique
      skills", *CBS News*, April 21, 2022, https://www.cbsnews.com/news/
      spy-agency-utilizes-unique-skills-of-autistic-analysts/.

65   *800 adultos com autismo*: Michael Bernick, "The State of
      Autism Unemployment in 2021", *Forbes*, January 12, 2021,
      https://www.forbes.com/sites/michaelbernick/2021/01/12/
      the-state-of-autism-employment-in-2021/?sh=fd81ae559a48.

CAPÍTULO 3 Um *boom* contínuo

Algumas partes deste capítulo são baseadas em entrevistas feitas pelos autores com
Dr. Nicholas Eberstadt e Yossi Klein Halevi.

67   *comitê anglo-americano*: "Morrison-Grady Plan", Wikipedia,
      https://en.wikipedia.org/wiki/Morrison%E2%80%93Grady_Plan.

68   *"no Neguev"*: "Jewish National Fund Chairman of the Board—Emeritus Ronald
      S. Lauder Continues to Build on Ben Gurion's Dream of Making the Negev the
      Future", Jewish National Fund USA, https://www.jnf.org/menu-3/news-media/
      jnf-wire/jnf-wire-stories/jewish-national-fund-Lauder-build.

68   *11 locais estéreis*: "11 points in the Negev", Wikipedia,
      https://en.wikipedia.org/wiki/11_points_in_the_Negev.

69   *De acordo com o que talvez*: "The Lancet: World Population Likely to Shrink
      after Mid-Century, Forecasting Major Shifts in Global Population and
      Economic Power", Institute for Health Metrics and Evaluation, July 14, 2020,
      https://www.healthdata.org/news-release/lancet-world-population-likely-shrink-
      after-mid-century-forecasting-major-shifts-global.

71   *Os anos 1990 foram*: Naoki Abe, "Japan's Shrinking Economy",
      Brookings, February 12, 2010, https://www.brookings.edu/opinions/
      japans-shrinking-economy/.

71   *Um estudo de 2014 dos economistas*: James Liang, Hui Wang e Edward P. Lazear,
      "Demographics and Entrepreneurship", National Bureau of Economic Research,
      September 2014, http://www.nber.org/papers/w20506.

274 Notas

72 *Megan McArdle*: Megan McArdle, "Europe's Real Crisis", *The Atlantic*, April 2012, https://www.theatlantic.com/magazine/archive/2012/04/europes-real-crisis/308915/.

73 *Em 2018, apenas 13 países*: "2018 World Population Data Sheet", Population Reference Bureau, https://www.prb.org/wp-content/uploads/2018/08/2018_World-Population-data-sheet.pdf.

73 *Até 2040, haverá*: "S. Korea's 65-and-Up Population to Double by 2040 as Working-Age Demographic Plummets", *Hankyoreh*, April 15, 2022, https://english.hani.co.kr/arti/english_edition/e_national/1039139.html.

75 *Darya Maoz*: Miri Michaeli, "How Can You Run a Household with Ten Children?", Channel 13, https://13tv.co.il/item/parenthood/articles/ntr-1248456/.

76 *"erupção de nascimentos"*: Diane J. Macunovich, *Birth quake*: the baby boom and its aftershocks (Chicago: University of Chicago Press, 2002).

78 *Em todos os países*: Matthias Doepke *et al.*, "The New Economics of Fertility", International Monetary Fund, September 2022, https://www.imf.org/en/Publications/fandd/issues/Series/Analytical-Series/new-economics-of-fertility-doepke-hannusch-kindermann-tertilt#:~:text=It%20suggests%20that%20as%20parents,across%20countries%20and%20over%20time.

CAPÍTULO 4 As crianças estão bem

Algumas partes deste capítulo são baseadas em entrevistas feitas pelos autores com Yossi Klein Halevi, Micah Goodman, Lenore Skenazy, Danny Hamiel, Sarah Levy Schreier e Daniel Gordis.

80 *"Há uma criança por aqui?"*: "Conan Visits Waze HQ in Tel Aviv", vídeo do Youtube, canal Team Coco, September 24, 2017, https://www.youtube.com/watch?v=CoRKrejQBjk.

83 *Em Israel, 15 semanas*: mães que trabalharam por 10 dos 14 meses (ou 15 de 22) anteriores ao nascimento recebem 15 semanas de licença-maternidade, enquanto mães que trabalharam por 6 dos 14 meses anteriores ao nascimento recebem 8 semanas de licença-maternidade. "Bituach Leumi: Rights and Benefits", Chaim V'Chessed, March 21, 2023, https://chaimvchessed.com/information/bituach-leumi/bituach-leumi-rights-benefits/#:~:text=If%20you%20worked%20for%2010,56%20days)%20of%20paid%20leave.

85 *Sharon Geva, historiadora*: Roni Bar, "The Women Who Chose to Live Kids-Free in Procreation-Obsessed Israel", *Haaretz*, April 9, 2020, https://www.haaretz.com/israel-news/2020-04-09/ty-article-magazine/.premium/the-women-who-go-against-the-jewish-womans-mission-motherhood/0000017f-dbd2-df62-a9ff-dfd7addd0000.

Notas **275**

86   *"É bem difícil ser aquela que não quer ser mãe"*: Jennifer Richler,
      "Saying No to Kids", *Tablet*, July 10, 2017, https://www.tabletmag.com/
      sections/community/articles/saying-no-to-kids.

87   *assistência dos avós*: Barbara Okun, "An investigation of the unexpectedly high
      fertility of secular, native-born Jews in Israel", Popul Stud (Camb), July 2016,
      https://doi.org/10.1080/00324728.2016.1195913.

88   *Ela é autora*: Lenore Skenazy, *Free-range kids*: how to raise safe, self-reliant
      children (without going nuts with worry), (San Francisco: Jossey-Bass, 2010).

90   *"parentalidade confiante"*: Peter Gray, "Trustful Parenting: Its Downfall
      and Potential Renaissance", *Psychology Today*, July 16, 2009,
      https://www.psychologytoday.com/us/blog/freedom-learn/200907/
      trustful-parenting-its-downfall-and-potential-renaissance.

CAPÍTULO 5 Ação de Graças todas as semanas

93   *"Bowling Alone"*: Robert Putnam, *Bowling alone*: the collapse and revival of the
      american community (New York: Simon & Schuster, 2000).

93   *"Praticamente todas as formas de união familiar"*: *Ibid.*, Capítulo 1.

94   *"Um palácio no tempo"*: Abraham Joshua Heschel, *The Sabbath* (New York:
      Farrar, Straus and Giroux, 1959).

95   *"idosos [nos EUA]"*: Leon Neyfakh, "What Age Segregation Does to
      America", *Boston Globe*, August 31, 2013, https://www.bostonglobe.
      com/ideas/2014/08/30/what-age-segregation-does-america/
      o568E8xoAQ7VG6F4grjLxH/story.html.

96   *Um governo chegou ao ponto de*: "Grant to Help Extended Families Live Close
      Together", Today Online, August 23, 2015, https://www.todayonline.com/
      singapore/more-help-families-buy-hdb-flats-close-one-another; "Closer Families,
      Stronger Ties: Enhanced Proximity Housing Grant to Help More Families Live
      Closer Together", Ministry of National Development, February 19, 2018, https://
      www.mnd.gov.sg/newsroom/press-releases/view/closer-families-stronger-ties-
      enhanced-proximity-housing-grant-to-help-more-families-live-closer-together.

98   *Para seu livro sobre os lugares mais felizes*: Eric Weiner, *The geography of bliss*:
      one grump's search for the happiest places in the world (New York: Hachette
      Book Group, 2006).

99   *Ishay Ribo*: Patrick Kingsley, "Religious Pop Star Singing 'God and Faith'
      Wins Over Secular Israel", *New York Times*, April 15, 2023,
      https://www.nytimes.com/2023/04/15/world/middleeast/israel-music-ishay-
      ribo.html?smid=url-share.

101   *"Desespero é sofrimento sem sentido"*: Viktor Frankl, *The unconscious god*
      (New York: Washington Square Press, 1985).

276 Notas

101   *Em setembro de 2017*: "Where Americans Find Meaning in Life", Pew Research Center, November 20, 2018, https://www.pewresearch.org/religion/2018/11/20/where-americans-find-meaning-in-life/.

102   *Um relatório de 2012 da Faculdade de Serviço Civil*: Joel Kotkin, "The Rise of Post Familialism: Humanity's Future?", *New Geography*, October 10, 2012, https://www.newgeography.com/content/003133-the-rise-post-familialism-humanitys-future#:~:text=Increasingly%2C%20family%20no%2Llonger%2Lserves,%2C%20often%2C%20marriage%20as%20well.

103   "*Na verdade, somos bastante sociais*": Eric Klinenberg, *Going solo*: the extraordinary rise and surprising appeal of living alone (London: Penguin, 2013).

CAPÍTULO 6 História tocante

Este capítulo é baseado em uma série de entrevistas dos autores com Micah Goodman, o general reformado Tzvika Fayirizen, Alon Davidi e Roni Flamer.

109   "*Na cerimônia*": juramentos semelhantes são feitos por militares em outros países. A diferença é que, na maioria deles, poucos cidadãos servem nas forças armadas, e mesmo naqueles em que o serviço é obrigatório, são pequenas as chances de irem para a frente de batalha. A carta pode ser lida em Alex Singer, *Alex*: building a life: the story of an american who fell defending Israel (New York: Gefen, 1996), texto integral em PDF disponível em: https://www.alexsingerproject.org/book.

114   "*os moradores se acostumaram*": Ethan Bronner, "A Town Under Fire Becomes a Symbol for Israel", *New York Times*, April 5, 2008, https://www.nytimes.com/2008/04/05/world/middleeast/05sderot.html.

116   "*a cidade virtuosa se fragmentará*": Justin Davidson, "The 15-Minute City: Can New York Be More Like Paris?", *New York*, July 17, 2020, https://nymag.com/intelligencer/2020/07/the-15-minute-city-can-new-york-be-more-like-paris.html.

CAPÍTULO 7 Povo da história

Este capítulo é majoritariamente baseado nas entrevistas dos autores com Liel Leibovitz, Avi Issacharoff, Lior Raz e Danna Stern, bem como no ensaio de Liel Leibovitz, "Why Israeli TV Is So Good", *Sapir Journal*, Winter 2023.

121   *Omar Said Salah Abu Sirhan*: Jackson Diehl, "Arab Worker Kills 3 Jews in Jerusalem", *Washington Post*, October 22, 1990, https://www.washingtonpost.com/archive/politics/1990/10/22/arab-worker-kills-3-jews-in-jerusalem/9c18f6d7-0c9d-4146-833f-1d6ee292325f/.

Notas 277

121 *o governo israelense fez uma troca de prisioneiros*: Ben Quinn *et al*., "Gilad Shalit Freed in Exchange for Palestinian Prisoners", *The Guardian*, October 18, 2011, https://www.theguardian.com/world/2011/oct/18/gilad-shalit-palestine-prisoners-freed.

122 *"É isso que é diferente na televisão israelense"*: Joy Press, "Why Israeli TV Is Irresistible to American Producers", *Vanity Fair*, October 2019, https://www.vanityfair.com/hollywood/2019/08/why-israeli-tv-is-irresistible-to-american-producers.

123 *"Meu pai era um arameu errante"*: Deuteronômio 26:5–8.

123 *"Cada pessoa deve se enxergar como se ela mesma tivesse deixado o Egito"*: Pesachim 116b.

123 *"As histórias dão ao grupo"*: Jonathan Sacks, "A Nation of Storytellers", *Covenant and Conversation*, https://www.rabbisacks.org/covenant-conversation/ki-tavo/a-nation-of-storytellers/.

123 *Andrew Marr, destacado jornalista da BBC*: Andrew Marr, *The Observer*, May 14, 2000.

124 *"Os israelenses são provavelmente o público de TV mais neurótico do mundo"*: Gabe Friedman, "New Israeli HBO Series 'Valley of Tears' Reopens Wounds of the Yom Kippur War", *Times of Israel*, November 14, 2020, https://www.timesofisrael.com/new-israeli-hbo-series-valley-of-tears-reopens-wounds-of-the-yom-kippur-war/.

125 *o* New York Times *publicou um* ranking: Mike Hale, "The 30 Best International TV Shows of the Decade", *New York Times*, December 12, 2019, https://www.nytimes.com/2019/12/20/arts/television/best-international-tv-shows.html.

125 *De acordo com o* New York Times, *Israel se tornou*: Stephen Heyman, "Israeli Television's Surprising Global Reach", *New York Times*, November 6, 2014, https://www.nytimes.com/2014/11/06/arts/international/israeli-televisions-surprising-global-reach.html.

125 *década que começou em 2010*: "Israeli Film & Television Industry 2018: Facts and Figures at a Glance", Israeli Film Fund, http://intl.filmfund.org.il/CMS_uploads/EnglishSite/facts&figures2018.pdf.

126 *120 empresas de produção independentes*: Ibid.

126 *Gidi Raff, criador e* showrunner *de Hatufim*: Ruth Margalit, "The Israeli Inspiration for 'Homeland,'" *New Yorker*, September 26, 2012, https://www.newyorker.com/culture/culture-desk/the-israeli-inspiration-for-homeland.

126 *Hagai Levi é o criador do* BeTipul (Sessão de terapia): "Hagai Levi", Wikipedia, https://en.wikipedia.org/wiki/Hagai_Levi.

127 *Um periódico de psicologia descreveu* BeTipul: Itay Harlap, *Television drama in israel*: identities in post-TV culture (London: Bloomsbury, 2017).

278 Notas

127 *"quando a psicanálise era retratada na TV ou no cinema"*: Shayna Weiss, "Frum with Benefits: Israel's Television Globalization, and Srugim's American Appeal", *Jewish Film and New Media: An International Journal* 4, no. 1 (Spring 2016), https://doi.org/10.13110/jewifilmnewmedi.4.1.0068.

127 *"Temos orçamentos tão pequenos"*: Joy Press, "Why Israeli TV Is Irresistible to American Producers", *Vanity Fair*, October 2019, https://www.vanityfair.com/hollywood/2019/08/why-israeli-tv-is-irresistible-to-american-producers.

127 *De acordo com Keren Margalit*: Ed Power, "How Israel Became a Global Power in Television", *Sydney Morning Herald*, June 3, 2020, https://www.smh.com.au/culture/tv-and-radio/how-israel-became-a-global-power-in-television-20200602-p54yn0.html.

128 *Samuel "Shmulik" Maoz*: Rachel Cooke, "Samuel Maoz: My Life at War and My Hopes for Peace", *The Guardian*, May 2, 2010, https://www.theguardian.com/film/2010/may/02/israel-lebanon-samuel-maoz-tanks.

128 *"uma obra surpreendente"*: Roderick Morris, "War and Drugs in the Cross Hairs", *New York Times*, September 10, 2009, https://www.nytimes.com/2009/09/11/arts/11iht-venfest11.html.

128 *"compreensão intensamente pessoal do assunto"*: Roger Clarke, "Film Review: Lebanon", British Film Institute, http://old.bfi.org.uk/sightandsound/review/5473.

128 *Foi aplaudido de pé por 20 minutos*: Cooke, "Samuel Maoz: My Life at War and My Hopes for Peace".

129 *candidatos procurando vagas em empresas de tecnologia israelenses através de uma fundação que seleciona empregos para trabalhadores com autismo*: Scott Roxborough, "The World Is Watching Israeli Series", Deutsche Welle, March 25, 2019, https://www.dw.com/en/why-the-world-is-watching-israeli-tv-series/a-48049546.

130 *um dos cursos mais populares*: Seph Fontane Pennock, "Positive Psychology 1504: Harvard's Groundbreaking Course", Positive Psychology, June 16, 2015, https://positivepsychology.com/harvards-1504-positive-psychology-course.

132 *"Eu não tenho outro país"*: Gali Atari, "Ein Li Eretz Acheret (I Have No Other Country)", vídeos do YouTube, https://www.youtube.com/watch?v=l84xo1pb-Uo.

CAPÍTULO 8 Nação da vacinação

Boa parte deste capítulo baseia-se em entrevistas com Ran Balicer, Benjamin Netanyahu, Yonatan Adiri e Ron Dermer.

135 *Pandemia da gripe espanhola*: "1918 Pandemic (H1N1 Virus)", Centers for Disease Control and Prevention, https://www.cdc.gov/flu/pandemic-resources/1918-pandemic-h1n1.html.

Notas **279**

135   *Expectativa de vida nos Estados Unidos*: Andrew Noymer e Michel Garenne, "The 1918 Influenza Epidemic's Effects on Sex Differentials in Mortality in the United States", *Population and Development Review* 26, no. 3 (September 2000): 565–81, https://doi.org/10.1111%2Fj.1728-4457.2000.00565.x.

135   *A solução clara seria*: "Oseltamivir", Wikipedia, https://en.wikipedia.org/wiki/Oseltamivir.

136   *De fato, apenas um ano depois*: "SARS", Wikipedia, https://en.wikipedia.org/wiki/SARS.

136   *Analisando os números*: Ran D. Balicer *et al.*, "Cost-Benefit of Stockpiling Drugs for Influenza Pandemic", *Emerging Infectious Diseases* 11, no. 8 (August 2005), https://doi.org/10.3201%2Feid1108.041156.

139   *"Duas vezes por ano, 500 milhões de aves"*: Dennis Zinn, "The Hula Valley, Israel's Bird Paradise", *Israel21c*, March 8, 2016, https://www.israel21c.org/the-hula-valley-israels-bird-paradise/.

140   *Bourla cresceu*: Albert Bourla, "My Family's Story: Why We Remember", LinkedIn, January 29, 2021, https://www.linkedin.com/pulse/my-familys-story-why-we-remember-albert-bourla/.

143   *O tempo médio para desenvolver*: Will Brothers, "A Timeline of COVID-19 Vaccine Development", BioSpace, December 3, 2020, https://www.biospace.com/article/a-timeline-of-covid-19-vaccine-development/.

143   *"Não é bom o suficiente"*: Nathan Vardi, "The Race Is On: Why Pfizer May Be the Best Bet to Deliver a Vaccine by the Fall", *Forbes*, May 20, 2020, https://www.forbes.com/sites/nathanvardi/2020/05/20/the-man-betting-1-billion-that-pfizer-can-deliver-a-vaccine-by-this-fall/?sh=26d47bea382e.

147   *Gideon Levy, colunista*: Gideon Levy, "A Good Word for Netanyahu, for a Change", *Haaretz*, December 27, 2020, https://www.haaretz.com/israel-news/2020-12-27/ty-article-opinion/.premium/israel-covid-19-vaccination-good-word-for-netanyahu-for-a-change/0000017f-e346-d38f-a57f-e756f57f0000.

148   *Como Netanyahu disse*: "82% Vaccinated in Israel; Race on Between Vaccination & Mutation: Netanyahu", *Business Standard*, January 27, 2021, https://www.business-standard.com/article/international/82-vaccinated-in-israel-race-on-between-vaccination-mutation-netanyahu-121012701556_1.html.

150   *o obscuro "pessoal de dados"*: os principais cientistas de dados que trabalharam com Ran Balicer no modelo preditivo da covid-19 foram Dan Riesel e Shay Perchik. Perchik disse aos autores em entrevista: "Em fevereiro de 2020, Dan [Riesel] e eu fomos conversar numa cafeteria. Não havia casos em Israel ainda, mas sabíamos que o vírus estava chegando". A partir de um modelo de que já dispunham das épocas de gripe e ajustando-o com os dados da China, Riesel e Perchik conseguiram prever quais áreas do país corriam maior risco, como a doença poderia se espalhar e a quantidade de pacientes que cada

280 Notas

hospital receberia. Riesel e Perchik se conheceram na Academia de Ciência da Computação das Forças de Defesa de Israel. Perchik trabalhou com programação e segurança da informação e, mais tarde, fez mestrado em neurociência. Riesel serviu como líder na equipe de ciência de dados e comandou cursos de programação que buscavam integrar soldados *haredim* no serviço militar.

150 *Estudo de outubro de 2020*: Manfred S. Green *et al.*, "The Confounded Crude Case-Fatality Rates (CFR) for COVID-19 Hide More Than They Reveal— A Comparison of Age-Specific and Age-Adjusted CFRs Between Seven Countries", *PLOS One*, October 21, 2020, https://doi.org/10.1371/journal. pone.0241031.

152 *Levantamento de 2019*: Jarrett Lewis, "Patient Data Sharing: The Public's Opinion", Medium, October 7, 2019, https://medium.com/swlh/ patient-data-sharing-the-publics-opinion-6c385d6d7eda.

152 *uma pesquisa de 2018*: Leigh Dodds, "Who Do We Trust with Personal Data?", Open Data Institute, July 5, 2018, https://theodi.org/article/who-do-we-trust-with-personal-data-odi-commissioned-survey-reveals-most-and-least-trusted-sectors-across-europe/.

152 *as clínicas que atendem sob plano de saúde estão entre*: "IDI's 2020 Democracy Index: Trust in HMOs is Higher Than All Other Public Institutions", The Israel Democracy Institute, January 11, 2021, https://en.idi.org.il/ articles/33422#:~:text=Overall%2C%20HMOs%20ranked%20highest%20 in,77%25%3B%20Arabs%2C%2083.5%25.

155 *Como o* Telegraph *noticiou*: Abbie Cheeseman, "The World's Fastest Covid Inoculation Drive: Israel Vaccinates Half a Million in Nine Days", *The Telegraph*, December 29, 2020, https://www.telegraph.co.uk/global-health/ science-and-disease/worlds-fastest-covid-inoculation-drive-israel-vaccinates-five/.

156 *"É realmente uma guerra"*: Ibid.

CAPÍTULO 9 Não há lugar como o lar

Este capítulo é majoritariamente baseado em entrevistas com Amnon Shashua, Ziv Aviram, Inbar Shashua Bar-Nir, Nadav Zafrir, Michal Braverman Blumenstyk, Noam Bardin e Uri Levine.

160 *WannaCry*: "WannaCry Ransomware Attack", Wikipedia, https://en.wikipedia.org/wiki/WannaCry_ransomware_attack.

166 *"wazers"*: "130 Million Reasons to say Thanks for Wazers", Waze, August 17, 2020, https://medium.com/ waze/130-million-reasons-to-say-thanksto-wazers-bcc9f9521378.

167 *"Afinal, o que é Waze"*: Rip Empson, "WTF Is Waze and Why Did Google Just Pay a Billion+ for It?", Techcrunch, June 12, 2013, https://techcrunch. com/2013/06/11/behind-the-maps-whats-in-a-waze-and-why-did-google-

Notas 281

just-pay-a-billion-for-it/?guccounter=1&guce_referrer=aHR0cHM6Ly93d-
3cuZ29vZ2xlLmNvbS88&guce_referrer_sig=AQAAANsF27svtVuQwry-
Y3MoeBzd0MnQmCHHnE0D0rqLAT75EcQmNCYKzjnStxFr5Kh-
C4CrTgInTUfd8BFHJI7wknFcYp2eru3T0k1afMbDk4Dq9u7sXM-
6RnQ22AAxeV3jhAWdv1cetLtm7KMqxcYSrnkYayjYC8msg3_nuAWit-Pm-
fYM.

167 *"a multidão é o mapa"*: Vindu Goel, "Maps That Live and Breathe with Data",
New York Times, June 10, 2013, https://www.nytimes.com/2013/06/11/
technology/mobile-companies-crave-maps-that-live-and-breathe.html.

174 *Era 1985*: Matthew Libby, "The Brain Across the Table:
Garry Kasparov vs. Deep Blue, 1997", Medium, June
9, 2019, https://medium.com/@matthewlibby_75648/
the-brain-across-the-table-garry-kasparov-vs-deep-blue-1997-7904f77cebf7.

176 *de acordo com analistas do setor, a Mobileye era líder global*: "Mobile Named
Industry Leader by Two Industry Research Groups", comunicado de
imprensa da Mobileye, March 2, 2023, https://www.mobileye.com/news/
mobileye-named-av-leader-by-two-industry-research-groups/.

181 *facilidade de fazer negócios*: em 2020, Israel ficou na 35ª posição no mundo,
abaixo da maioria dos países europeus, em facilidade de fazer negócios.
"Doing Business 2020: Comparing Business Regulation in 190 Economies",
World Bank Group, https://openknowledge.worldbank.org/bitstream/
handle/10986/32436/9781464814402.pdf.

CAPÍTULO 10 As guerras dos judeus

183 *O* lockdown *nacional*: "New Virus Rules Keeping People Within 100 Meters
of Home Go into Effect", *Times of Israel*, March 25, 2020, https://www.
timesofisrael.com/from-5-p-m-wednesday-no-walks-farther-than-100-m-
from-home-synagogues-shut/#:~:text=The%20government%20on%20
Wednesday%20announced,and%20the%20shuttering%20of%20synagogues.

189 *"A verdadeira tragédia"*: o relato e as declarações deste parágrafo provêm de uma
entrevista com Jonathan Price, professor história da antiguidade clássica pela
Universidade de Tel Aviv.

191 *Em 20 de junho de 1948*: Joanna M. Saidel, "Fire in the Hole: Blasting the
Altalena", *Times of Israel*, June 20, 2013, https://www.timesofisrael.com/
fire-in-the-hole-blasting-the-altalena/.

191 *Alegando que Begin*: David M. Castlewitz, "The Altalena Affair", HistoryNet,
February 26, 2020, https://www.historynet.com/the-altalena-affair/.

191 *Em 1952, quando o Estado*: Ofer Aderet, "September 10, 1952:
Israel Splits over Reparations with West Germany", *Haaretz*, June 16, 2013,
https://www.haaretz.com/jewish/2013-06-16/ty-article/september-10-1952-

282 Notas

israel-splits-over-reparations-agreement-with-west-germany/0000017f-f7ae-d47e-a37f-ffbe3c4a0000.

192 *Esta guerra foi a primeira*: Shawn Cochran, *War termination as a civil military bargain* (Berlin: Springer, 2016).

192 *"A guerra sempre uniu os israelenses"*: Yossi Klein Halevi, "Netanyahu's Betrayal of Democracy Is a Betrayal of Israel", *The Atlantic*, January 12, 2023, https://www.theatlantic.com/ideas/archive/2023/01/benjamin-netanyahu-coalition-israel-democracy/672693/.

192 *350 mil pessoas*: William E. Farrell, "Israelis, at Huge Rally in Tel Aviv, Demand Begin and Sharon Resign", *New York Times*, September 26, 1982, https://www.nytimes.com/1982/09/26/world/israelis-at-huge-rally-in-tel-aviv-demand-begin-and-sharon-resign.html.

192 *Alguns meses depois*: Yael Gruenpeter, "Revisiting Israeli Peace Activist Emil Grunzweig's Murder, 33 Years Later", *Haaretz*, February 16, 2016, https://www.haaretz.com/israel-news/2016-02-16/ty-article/.premium/revisiting-peace-activist-emil-grunzweigs-murder/0000017f-e484-d804-ad7f-f5fe02d70000.

192 *Acordos de Oslo, batizados em homenagem*: Grace Wermenbol, "The Oslo Accords 25 Years On", Middle East Institute, October 3, 2018, https://www.mei.edu/publications/oslo-accords-25-years.

193 *O acordo foi finalmente assinado*: "The Oslo Accords and the Arab-Israeli Peace Process", Office of the Historian, https://history.state.gov/milestones/1993-2000/oslo.

193 *Em 4 de novembro de 1995*: Jonathan Freedland, "The Assassination of Yitzhak Rabin: 'He Never Knew It Was One of His People Who Shot Him in the Back'", *The Guardian*, October 31, 2020, https://www.theguardian.com/world/2020/oct/31/assassination-yitzhak-rabin-never-knew-his-people-shot-him-in-back.

193 *De acordo com a* din rodef: "Pursuing the 'Rodef'", *Forward*, July 16, 2004, https://forward.com/news/5026/pursuing-the-e2-80-98rodef-e2-80-99/.193 The widowed Leah Rabin: Dan Perry, "Rabin's Widow: Would Rather Shake Arafat's Hand Than Netanyahu's", AP News, November 15, 1995, https://apnews.com/article/0e0f1a27ed412d11a252b60f295c6096.

194 *Sharon, que durante toda a sua carreira*: Tzvi Joffre, "On This Day in 2005: Israel Completes Disengagement from the Gaza Strip", *Jerusalem Post*, September 13, 2021, https://www.jpost.com/israel-news/on-this-day-in-2005-israel-completes-disengagement-from-the-gaza-strip-679288.

198 *Duzentos pilotos reservistas*: alguns oponentes da reforma se opunham a usar a recusa a servir como uma forma de protesto. O ex-chefe do Estado-Maior Gadi Eisenkot, então membro do Knesset na oposição, respondeu à carta dos pilotos: "Como um cidadão e membro do Knesset que se opõe à reforma

Notas **283**

judiciária, apelo que vocês se abstenham de boicotar o serviço de reservistas. Compreendo sua grande dor [...], mas sem as IDF não existe Estado de Israel. Devemos manter isso de fora a dessa luta importante e justa". Lilach Shoval *et al.*, "As Pilots' Protest Intensifies, Former IAF Chiefs Appeal to PM to End Judicial Crisis", *Israel Hayom*, March 5, 2023, https://www.israelhayom. com/2023/03/05/iaf-reservists-shorten-duty-in-protest-against-judicial-reform/.

CAPÍTULO 11 O outro Israel

Grande parte deste capítulo baseia-se em entrevistas com Chemi Peres.

201 *A verdadeira questão*: Yehoshua Pfeffer, "No Longer a Minority: Behind the Veil of Israel's Public Arrest", Tzarich Iyun, March 2023, https://iyun.org.il/en/sedersheni/no-longer-a-minority/.

202 *"rejeitar abertamente"*: "Haredim and Zionism", Wikipedia, https://en.wikipedia.org/wiki/Haredim_and_Zionism. São diversas as posições manifestadas pelos *haredim* quanto a Israel como um Estado-nação, desde a franca oposição à sua existência até o ultranacionalismo.

203 *Instituição Shoresh*: "Graph Gallery", Shoresh Institution for Socioeconomic Research, https://shoresh.institute/graphs.html.

204 *Outros economistas e demógrafos*: Ofir Haivry, "Israel's Demographic Miracle", *Mosaic*, May 7, 2018, https://mosaicmagazine.com/essay/israel-zionism/2018/05/israels-demographic-miracle/; Sarah Ridner, "What Others Can Learn from Israel About Having Children", *Mosaic*, May 14, 2018, https://mosaicmagazine.com/response/israel-zionism/2018/05/what-others-can-learn-from-israel-about-having-children/.

204 *15% dos* haredim *deixam*: Alex Weinreb e Nachum Blass, "Trends in Religiosity Among the Jewish Population in Israel", Taub Center, May 2018, https://www.taubcenter.org.il/wp-content/uploads/2020/12/trendsinreligiosity-1.pdf.

210 *Shira Carmel, ela própria* haredi, *escreve*: Shira Carmel, "The Kollel-Man Masculinity Crisis", August 2022, https://iyun.org.il/en/sedersheni/the-kollel-masculinity-crisis/.

212 *não são convocados*: árabes-israelenses não prestam serviço militar, mas a comunidade drusa, sim, e tem orgulho de servir às forças armadas e à polícia. Zeidan Atashi, "Druze in Israel and the Question of Compulsory Military Service", Jewish Virtual Library, https://www.jewishvirtuallibrary.org/druze-in-israel-and-the-question-of-compulsory-military-service.

213 *apenas assuntos religiosos*: as mulheres *haredim* estudam temas seculares na sua preparação para ingressar no mercado de trabalho. A participação das mulheres *haredim* nesse mercado subiu muito e hoje é similar à das mulheres judias não *haredim*. Gilad Malach e Lee Cahaner, "80% of Ultra-Orthodox Women

284 Notas

Participate in the Workforce—2022 Statistical Report on UltraOrthodox Society in Israel", Israel Democracy Institute, January 2, 2023, https://en.idi.org.il/articles/47009.

214 *"Perdemos o controle"*: Ruth Margalit, "'The Arab-Israeli Power Broker in the Knesset", *The New Yorker*, October 25, 2021, https://www.newyorker.com/magazine/2021/11/01/the-arab-israeli-power-broker-in-the-knesset.

214 *pesquisa de 2020*: Israel Democracy Institute, https://en.idi.org.il/tags-en/1465.

215 *"90% dos judeus e árabes"*: "Dr. Nasreen Haddad Haj-Yahya", Israel Democracy Institute, https://en.idi.org.il/experts/1444.

216 *"Israel nasceu como um Estado judeu"*: Aaron Boxerman, "Arabs Should Move Past Contesting Israel's Jewish Identity, Ra'am Chief Abbas Says", *Times of Israel*, December 21, 2021, https://www.timesofisrael.com/arabs-should-move-past-contesting-israels-jewish-identity-raam-chief-abbas-says/.

216 *"A mensagem de mudança"*: Michael Milshtein, "This Is the Most Radical Experiment Israeli-Arab Society Has Undergone", *Haaretz*, December 17, 2021, https://www.haaretz.com/israel-news/2021-12-17/ty-article-magazine/.highlight/this-is-the-most-radical-experiment-israeli-arab-society-has-undergone/0000017f-ef8e-d8a1-a5ff-ff8e47fc0000.

CAPÍTULO 12 Segundas chances

233 *640 mil homens e mulheres*: e-mail entre os autores e assessorial de imprensa das IDF.

233 *9,7 milhões*: "Israel's Population Nears 10 Million, a 12-Fold Increase Since State's 1948 Founding", *Times of Israel*, April 24, 2023, https://www.timesofisrael.com/israels-population-nears-10-million-a-12-fold-increase-since-states-1948-founding/.

236 *tráfego aéreo é desviado*: Agence France-Presse, "Flight Bans Police Escorts as Half a Million South Koreans Sit Annual 'Suneung' College Exam", *Young Post*, November 18, 2022, https://www.scmp.com/yp/discover/news/asia/article/3199964/flight-bans-police-escorts-half-million-south-koreans-sit-annual-suneung-college-exam.

239 *100 mechinot*: esse número inclui tanto *mechinot* de seis meses quanto de um ano.

239 *"eu estou aqui"*: Nina Beth Cardin, "The Deepest Meanings of Hineini", 929, April 19, 2022, https://www.929.org.il/lang/en/page/53/post/40815.

241 *Os anos da odisseia*: David Brooks, "The Odyssey Years", *New York Times*, October 9, 2007, https://www.nytimes.com/2007/10/09/opinion/09brooks.html.

Notas **285**

CAPÍTULO 13 O gênio de Israel

245 *Sacks perguntou*: Rabbi Jonathan Sacks, "Individual and Collective Responsibility", *Covenant & Conversation*, https://www.rabbisacks.org/covenant-conversation/noach/individual-and-collective-responsibility/.

245 *"Houve, ao longo da história"*: *Ibid.*

245 *Nenhum sistema de justiça*: Paul Johnson, *A history of the jews* (New York: Harper Perennial, 1988).

246 *espectro de coletivismo individualista*: aqui é possível comparar o individualismo nos Estados Unidos, Israel e Coreia do Sul considerando cinco parâmetros diferentes. Perceba que Israel tem 13 pontos no critério Distância do Poder (que mede a hierarquização da sociedade), enquanto os Estados Unidos têm 60 e a Coreia do Sul, 80 pontos. Israel tem a segunda menor distância do poder dentre todos os 70 países estudados por Hofstede – o que não surpreende em um país onde prestar continência aos oficiais militares é incomum e os soldados chamam seus oficiais pelo primeiro nome. "Country Comparison Tool", Hofstede Insights, https://www.hofstede-insights.com/country-comparison-tool?countries=israel%2Csouth+korea%2Cunited+states.

249 *"não ter amigos"*: Robin Dunbar, *Friends*: understanding the power of our most important relationships (London: Little, Brown, 2021).

249 *Em 1938, Arlie Bock*: Joshua Shenk, "What Makes Us Happy?", *The Atlantic*, June 2009, https://www.theatlantic.com/magazine/archive/2009/06/what-makes-us-happy/307439/.

251 *"A mensagem mais clara"*: "Robert Waldinger: What Makes a Good Life? Lessons from the Longest Study on Happiness", vídeo do YouTube, canal TED, January 25, 2016, https://www.youtube.com/watch?v=8KkKuTCFvzI.

252 *essas tendências tornaram mais difícil*: Robert D. Putnam e Shaylyn Romney Garrett, *The upswing*: how America came together a century ago and how we can do it again (New York: Simon & Schuster, 2020).

252 *tendência para um maior individualismo*: Huang Zihang *et al.*, "Increasing Individualism and Decreasing Collectivism? Cultural and Psychological Change Around the Globe", *Advances in Psychological Science* 26, no. 11 (2018): 2068–80, January 2018, https://journal.psych.ac.cn/xlkxjz/EN/10.3724/SP.J.1042.2018.02068.

253 *Amos Oz*: "Amos Oz Still Dreams of Life on the Kibbutz", *Tablet*, September 13, 2013, https://www.tabletmag.com/podcasts/vox-tablet/amos-oz-interview.

Índice

Os números de página a partir de 266 referem-se a notas.

A

Abbas, Mansour, 215
  como discípulo de Darwish, 216–217
  como líder do Partido Ra'am, 195,
    215–216, 218
  desafios práticos como foco de,
    218– 219
  sobre o problema da desconfiança
    árabe-israelense, 219
  Tahaluf fundado por, 218
Abraão (figura bíblica), 105, 239
Acordos de Abraão, 224
Abramowitz, Sharon, 255
Abu Sirhan, Omar Said Salah, 121
Adi (amigo de McCormack), 3
Adiri, Yonatan, 153
Agudath Israel, 202
Ahmadinejad, Mahmoud, 217
IA (inteligência artificial), 149, 163, 170
  ChatGPT e, 177
  no setor de alta tecnologia israelense,
    163, 169, 175–176, 178–181
  a força de Israel na, 169, 173–174,
    175–176, 178–181
  LLMs em, 177–178, 180
  para pessoas com deficiência visual,
    176
AI21 Labs, 178

A. J. Drexel Autism Institute, 65
Aldrin, Buzz, 26
AlphaGo, 175
AlphaGo Zero, 175
Altalena, afundamento do, 191
Amazon Prime, 124
Academia Americana de Pediatria, 16
American Sociological Review, 95–96
Amir, Yigal, 193
missão lunar da Apolo 11, 28
mapas da Apple, 166
israelenses árabes, *veja* árabes israelenses
árabes
  conflitos entre judeus e, 10
  veja também árabes israelenses
sociedade árabe em Israel, 215
Arafat, Yasser, 114, 192–193, 217
Ariel, Meir, 182
Arieli, Inbal, 48
Aronson, Amit, 75, 94–95, 96–97, 98
inteligência artificial, *veja* IA
Asa-El, Amotz, 188–189, 224
judeus asquenazes, xiv, 96
Asif (cafeteria de Tel Aviv), 97–98
Atlantic, 17, 72
campo de concentração de Auschwitz,
    33, 100–101, 117, 141
autismo, espectro autista

Índice   287

adultos com, 57, 59, 129
crianças com, 56–57, 58, 129
como epidemia, 60
IDF recrutando soldados com, 63–64
soldados das IDF com; *veja também*
Roim Rachok
isenção de serviço militar para, 60,
62, 63
como "novo normal", 65–66
estigma contra, 64
programas de TV focados em, 129
autismo no trabalho, 65
veículos autônomos, 173
IA em, 175–176
Mobileye e, 176
Aviram, Idit, 172
Aviram, Ziv, 172
start-up de IA fundada por, 173, 176
aposentadoria de, 173
A Word, The (programa de TV), 129
Azulai, Iris, 120–121, 122

B

baby boom, 76–77
Baden-Powell, Robert, 49
Bahrein, laços diplomáticos de Israel
com, 224
Balicer, Ran, 154
em Clalit, 148–149
modelo de classificação de risco da
covid de, 150, 286
em reunião com médicos *haredim*
sobre vacinação, 156
em reunião com o gabinete de
Sharon sobre o armazenamento de
medicamentos antivirais, 138–140
preparação para pandemia como foco
de, 134–140
medicina preventiva pioneira por,
149–151
Band's Visit, The (musical da Broadway),
125
Band's Visit, The (programa de TV), 124

Barak, Ehud, 114
Bardin, Noam, 166
Bash, Yariv, 20, 33
formação em engenharia de, 32
na primeira reunião com Ben-Israel, 25
Flytrex fundada por, 41
na fundação da SpaceIL, 21, 22, 24
nas IDF, 32
e lançamento da *Beresheet*, 30
paralisado após acidente de esqui, 41
em discurso na sede da Volkswagen,
32–33
leis básicas, israelenses, como documentos
quase constitucionais, 196
BBC, 129
beduínos, 240
Beersheba, 68
Begin, Menachem, 195
reparações do Holocausto condenadas
por, 191
invasão do Líbano ordenada por,
191–192
pertencimento, senso de, 248–249
como componente da saúde mental,
249
entre os *haredim*, 206
na sociedade israelense, 36, 100, 112,
200, 220, 255
como fonte de significado, 101, 161,
252
Ben-David, Dan, sobre o impacto
econômico dos *haredim* e árabes
israelenses, 203–204
Ben-Gurion, David, 68, 195, 222, 231
afundamento do *Altalena* ordenado
por, 191
em compromisso com os *haredim*,
202
exército visto como caldeirão por, 248
em missão das IDF, 61
secularismo promovido por, 202–203
Ben-Israel, Isaac
SpaceIL endossada por, 25–26

288 Índice

primeira reunião da SpaceIL com, 24–25
Benjamin, Alexandra, como mãe solteira, 84–85
Bennett, Naftali, 163, 223
governo de coalizão formado por, 195, 215
Ben-Shahar, Tal
curso de felicidade de Harvard, 130, 131
sobre a felicidade dos israelenses, 131
sobre a autoestima, 131
programa lunar Beresheet 2, 41
Beresheet, sonda lunar
pouso fracassado da, 38–39
em descida para a superfície lunar, 31, 36–37, 38
fevereiro de 2019, lançamento da, 30
em salto para órbita lunar, 30
lançamento de foguete com carga espacial compartilhada por, 28
Tanakh em miniatura e linha do tempo transportada por, 37
refletor a *laser* da Nasa como carga na, 28
como caminho para missões lunares de baixo custo, 39–40
na aproximação "estilingue" para a lua, 28–29
BeTipul (*Sessão de terapia*; programa de TV), 91, 122, 126–127
Between parent and teenager (Ginott), 90
Bezos, Jeff, 36
Billings, Lee, 27
Blair, Tony, 235
Blass, Nachum, 204
bombardeios, nostalgia pelos, 254
Bloom, Barry, 133, 143
Bloomberg News, 159
Blue Origin, 36
BMW, Mobileye e, 173
Bnei Akiva, 50–51

Bnei Brak, Israel, 182–183
na pandemia de covid-19, 183–188
maioria *haredim* em, 183
atuação das IDF em resposta à crise da covid, 184–185
Numa em, 183–188
Bnei Hamoshavim (movimento juvenil), 229
Bock, Arlie, 249–250
Bolden, Charles, 29
Bollywood, 125
Boston Globe, 95
Bourla, Albert
e a escolha de Israel para campanha nacional da vacina da Pfizer, 145–147, 151–152
antecedentes familiares de, 140–141
sobre a resposta israelense à crise, 147
como CEO da Pfizer, 140, 142–144
e acordo de vacina em troca de dados com Israel, 151–152
Bourla, Mois, 141
Bourla, Sara, 141–142
Bowling alone (Putnam), 93
Branson, Richard, 36
Braverman-Blumenstyk, Mical, 162–163, 180
e diversificação da força de trabalho de alta tecnologia, 164
como *head* da Microsoft Israel, 163–164
e recusa de mudança para os Estados Unidos, 163–164, 180
Breitbart, William, 100–101
Bridenstine, Jim, 29
British Medical Journal (BMJ), editorial de Balicer no, 136
Brooks, Arthur, 73
Brooks, David, 241
Bubola, Emma, 67
Bukai, Nihad, 218
Business Insider, 167, 168
b'yachad (união), 36

C

gabinete de Sharon e plano de armazenamento de medicamentos antivirais, 137–140

Canadá, 10, 16, 18, 88, 125, 136, 150, 256

escada de Cantril, 7–8

Cardin, Nina Beth, 239

carreiras, a abordagem mais relaxada dos israelenses, 238–240, 242, 243

Carla Bruni (bar), 23, 24

Carmel, Shira, 210

carros

tecnologia de prevenção de colisões em, 174, 176

sem motorista, *veja* veículos autônomos

sistemas de detecção por câmara para, 170, 172–173

Case, Anne, 14

Catch-67 (Goodman), 223–224

"Causa das Causas" (*Sibat HaSibot*; canção), 99–100

Cave, Damien, 67

CBS Mornings, 65

CDC, Pesquisa de Vigilância de Risco Juvenil de, 16

Escritório Central de Estatísticas Israelense, 17

chametz (pão fermentado), Páscoa, queima do, 186

chamin (*cholent*), 96–97

ChatGPT, IA em, 177

Cheers (programa de TV), 117

xadrez, computadores no, 174

cuidados com crianças

avós e, 86–87

subsídios para, 86

cuidados com crianças em Israel, avós e, 86–87

famílias sem crianças, 86

crianças

israelenses, liberdade e autonomia das, 87–90, 102

suicídios e tentativas de suicídio por, 16

China

programa espacial da, 22

Festival da Primavera na, 92

*cholen*t (*chamin*), 96–97

Natal, 92

Churchill, Winston, 123

Chutzpah: por que Israel é um hub de inovação e empreendedorismo (Arieli), 48

cidades, perda de conexão comunal em, 117–118

Faculdade de Serviço Civil de Singapura, 102–103

Clalit (rede de clínicas israelense)

Balicer em, 148–149

modelo de classificação de risco da covid de, 150, 286

Instituto de Pesquisa Clalit, 149

Clarke, Roger, 128

Clifton, Jon, 17

Clinton, Bill, 114, 193, 217

CogniTens, 172

Cohen, Glenn

em busca de se tornar piloto das IDF, 226–227

sobre os critérios de seleção para as IDF e Mossad, 243–244

diploma universitário, como linha divisória econômica e social, 235–236

desastre da *Columbia*, 228

Universidade de Columbia, 163, 164

comunidades criadas por rituais, 93–94

comunidade, senso de, 88–89, 93–94, 96, 98–99, 161–162, 245, 253

empresas;

receita como medida de, 169

valuation de, 168–69

computadores, como jogadores de xadrez, 174

Cook, Tim, 166

custo de vida

Coursera, 44

290 Índice

pandemia de covid-19, 9, 116, 162, 167
variante B.1.1.7 na, 148
previsão de Balicer sobre o curso da, 150
taxas de mortalidade da, 150–151
haredim na, 183, 209
árabes israelenses como trabalhadores da linha de frente em, 219
árabes israelenses na, 187
número de casos em Israel da, 148
lockdowns na, 107, 136, 140, 150, 183–188
vacina da Pfizer para, *veja* Pfizer, vacina contra covid
politização da, 143
classificação de risco da, 150–151
eventos de superdifusão da, 188
campanha de vacinação contra a covid-19, taxas globais em, 155
campanha de vacinação contra covid em Israel, 145–148, 151–153, 155–158
rabinos *haredim* e, 156
incentivos para, 155–156
velocidade como prioridade da, 156–157
como tecnologia não testada, 157–158
Crane, Leah, 28
crises, resposta israelense a, 133–134, 147, 156
crowdsourcing, 165
CubeSats, 23–24, 39–40
cultura, árabe, 113, 122
cultura, israelense, *veja* sociedade, ataques cibernéticos israelenses, sistemas de saúde e, 160
setor de segurança cibernética, israelense, 159–160, 163
Cyota, 163

D

Daily Beast, 6
Damari, Kfir, 20, 38
antecedentes de, 23, 31–32

no pouso malsucedido da *Beresheet*, 39
na primeira reunião com Ben-Israel, 25
na fundação da SpaceIL, 21, 24
a visão positiva dos israelenses sobre o fracasso, 33
e lançamento da *Beresheet*, 30
sobre o motivo para ingressar na equipe SpaceIL, 31
na missão educacional global da SpaceIL, 41
Damascus Hilton Hotel, 62
Darwish, Sheikh Abdullah Nimar, 216–217
participação árabe-israelense no processo eleitoral promovido por, 217
Acordos de Oslo apoiados por, 217
na mudança do terrorismo para a não violência, 217
ciência de dados
assistência médica israelense e, 149–150
veja também dados médicos
Davidi, Alon, 115
Dayan, Moshe, 195
mortes por desespero, 14–17, 14, 18, 235
Deaton, Angus, 14
declaração de Independência, Israel, 199
Deep Blue, em partidas com Kasparov, 174–175
DeepMind, 175
Programa de Pesquisa e Desenvolvimento de Defesa, Israel, 25
democracias, sistemas parlamentares em, 196–197
democracia, 182
Israel como laboratório para, xvi, 181
Dinamarca, 8, 10, 13, 15, 70, 99, 155, 236
índice de dependência, populações envelhecidas, 70
depressão, solidão e, 239
Dermer, Ron, 146

Índice 291

desespero
  laços comunitários como antídotos
    para, 18
  mortes por, 14–17, 18, 235
  países desenvolvidos
  declínio da vida centrada na família
    em, 102–103
  baixas taxas de fertilidade em, 78, 86
Diamandis, Peter, 23
  sobre a importância da façanha da
    SpaceIL, 40
Dimandis, Kostas, 142
din rodef (lei do perseguidor), 193
DLD (conferência de tecnologia), 207
Dover, Victor, 87
Dror, Ami, 89
medicamentos, antivirais,
  armazenamento de, 135–140
drusos, 240, 255, 290
Duke, Marshall, 104–105
Dunbar, Robin, 249
Duvdevan (Unidade 217), 119–120, 182

E

Eberstadt, Nicholas, 14
desigualdade econômica, 6, 10
Economist, 6, 14
economia, israelense, acordo geral sobre
  questões de, 224
Barômetro de Confiança Edelman,
  xiii–xiv
sistemas educacionais, como máquinas de
  triagem, 236
Egito, na Guerra dos Seis Dias, 195
8200 EISP, 48
Eiland, Giora, 247
Academia Ein Prat de Liderança
  (*mechina*), 238, 239–240
Eitan, Rafael "Raful", 231
empreendedores, empreendedorismo,
  juventude como fator no, 71–73
empreendedores, empreendedorismo,
  israelense

haredim como, 207–208
e insistência em permanecer em Israel,
  163–164, 168, 173, 179–181
árabes israelenses como, 208
estilo lacônico de, 82
epidemiologia, treinamento de Balicer
  em, 134–135
inteligência emocional, crítica em
  unidades militares, 244
Erasmus University Rotterdam, 98
Eshel, Erez, 240
Eshkol, Levi, 195
Estônia, como candidata à campanha de
  vacinas da Pfizer, 144–145
imigrantes etíopes, em Israel, 113, 230
Europa
  envelhecimento da população da,
    72–73
  boom de fertilidade pós-Segunda
    Guerra Mundial na, 76–77
  declínio populacional projetado em,
    69–70
  "A verdadeira crise da Europa" (McArdle),
    72–73
história do Êxodo, 122–123

F

Facebook, 3, 21, 23
fracasso, visão positiva dos israelenses,
  33
Falcon 9 (foguete SpaceX), 27, 28
  Beresheet lançada por, 30, 40
família
  na sociedade israelense, 75–76, 79,
    84–85, 87–90, 102, 255
  como fonte de significado, 101, 255
  contação de histórias e, 104
vida centrada na família
  alternativas para, 103
  declínio da, 102–103
Dia da Família, 85
  tamanho da família, pontos de vista
    israelenses de, 75–76

292 Índice

Fauda (programa de TV), 121–122, 124, 126
Fayirizen, Tzvika, 106, 118
  avô de, como sobrevivente do Holocausto, 110–111
  como comandante do Corpo de Educação das IDF, 108–109
  e importância do serviço militar, 109–110
Feiler, Bruce, 103–104
Feld, Alan, 168–169
taxas de fertilidade, 77, 80, 272–273
  programas de incentivo para, 69–70
  em Israel, 13–14, 18, 78–79, 183, 203, 205
  boom de fertilidade pós-Segunda Guerra Mundial na, 76–77
Um violinista no telhado (musical), 201, 203, 209–210
"cidade de 15 minutos", 116–117, 118
indústria cinematográfica e televisiva, dinamismo da, 125–126
indústria cinematográfica e televisiva, israelense, 121–122, 128
  dinamismo da, 128
  foco local da, 124–125, 127, 129
  baixos custos na, 126–128
  temas religiosos ortodoxos na, 129
  realidade enfatizada sobre o escapismo em, 124, 129–130
  desenvolvimento de programas em, 127
  adaptações norte-americanas de programas da, 125
Ministério das Finanças, Israel, 137
crise financeira de 2008, 18
Finlândia, 8, 10, 16, 144, 234
Flamer, Roni, 112, 115–117
  veja também Movimento OR
Flytrex (*start-up* de entrega com o uso de drones), 41
formas de alimentação, compartilhamento de, na sociedade israelense, 96–98

Frankel, Nechama, 85
Frankl, Viktor, 100–101
FreeMap, 165
Free-range kids (Skenazy), 88
Friedman, Matti, 256
Friedman, Menachem, 206–207
Friedman, Moshe, 206–209
  KamaTech fundada por, 207
Friedman, Thomas, 159
Friends (Dunbar), 249
Fuchs, Camil, 99

G

Organização Gallup, pesquisa de satisfação com a vida, 7–8
Gandhi, Mohandas, 123
Garrett, Shaylyn Romney, 251–252
Gaza, 195, 212
  controle do Hamas sobre, 114
  operações das IDF em, 214
  retirada das IDF de, 194
  operações militares israelenses em, 114
  ocupação israelense de, 113–114
  retirada israelense de, 9, 114
Geektime (*site*), 180
Gemini Israel Ventures, 179
Alemanha nazista
  campos de concentração da, 31, 33
  Grécia ocupada por, 141–142
  Holocausto na, 3, 9, 201
  judeus em trabalho forçado para o programa do foguete V-1, 33
Geva, Sharon, 85–86
gibush (valores de grupo), 46, 64, 255
  nas escolas, 46–48, 64
  movimentos juvenis e, 51, 52, 64
Ginott, Haim, 90
Global Burden of Disease (GBD), 15
Fórum Global de Combate ao Antissemitismo, 217
Globes, 168, 180
Estudo Glueck, 250
Go (jogo de tabuleiro), 175

Índice **293**

Going solo (Klinenberg), 103
Colinas de Golã, 195
Brigada de Infantaria Golani, 110
Goldfus, Dan, 63
Goodman, Micah, 93, 94, 106–107,
159, 223–24
no confronto entre visões concorrentes
de Israel, 211–212
sobre a importância da história para os
israelenses, 107–108
sobre a disposição israelense de
enfrentar a realidade, 131
Google, Waze adquirido por, 167, 168
Google lunar XPRIZE, 23, 26, 36, 39
taxa de US$ 50 mil de, 22, 24
prêmio de US$ 4 milhões da SpaceIL
de, 40
Google Maps, 167
Gordis, Daniel, 47, 212–213
GPT-3, 177
Grant, Adam, sobre equilíbrio entre
trabalho e vida pessoal, 84
Grant, W. T., 249–250
Estudo Grant (Estudo de
Desenvolvimento de Adultos de
Harvard), 250–251
Gray, Peter, 90, 235
Grande Depressão, 76–77
Grécia, ocupação nazista da, 141–142
Grossman, Danny, 24
Grossman, David, 199, 200
Grotto, Itamar, 136, 138–139
valores de grupo, *veja gibush*
Grunzweig, Emil, assassinato de, 192

H

Gripe aviária H1N1, surto de 1997,
134–135
Ha'am, Ahad, 93–94
Haaretz, 85–86, 147, 168, 214, 216
Hadassa, 85
Haganah, 191
Haifa, população árabe de, 212

Haj-Yahya, Nasreen Haddad, 215, 220
Halevi, Yossi Klein, xvi, 68, 181, 192
hevre e, 34–35
Halsband, Arie, SpaceIL endossado por, 26
Hamas, 121, 193, 214, 216
Gaza controlada pelo, 114
Hamiel, Danny, 88
Hanukkah, 96
felicidade (satisfação com a vida)
curso de Ben-Shahar em Harvard,
130, 131
bons relacionamentos como fonte de,
250–251, 254–255
dos *haredim*, 206
dos israelenses, 6–9, 18, 35–36,
98–99, 131–132, 221, 255, 257
aprender a viver com a realidade como
chave para, 131–132
senso de comunidade e, 98–99
haredim (judeus ultraortodoxos), xiv, 10
casamentos arranjados como norma
entre, 209–210, 211
compromisso de Ben-Gurion com,
202
cuidados compartilhados por ambos os
sexos em, 210
na pandemia de covid-19, 183–188
taxas de vacinação contra covid de,
156
modo de vestir dos, 99, 183
ressentimento endêmico de, 187–188
isenção do serviço militar obrigatório,
108, 187, 202, 211
taxa de fertilidade e, 78, 183, 203, 205
futuro dos, na sociedade israelense,
220, 225
subsídios governamentais para, 211
alto nível de satisfação com a vida
entre, 206
alta taxa de pobreza entre, 206
como empreendedores de alta
tecnologia, 207–208
no setor de alta tecnologia, 207–209

294 Índice

alta participação eleitoral entre, 185

engajamento na sociedade israelense, 129

internet e, 209

Israel visto como secular demais por, 222

expectativa de vida de, 206

baixa participação da força de trabalho de, 203, 204, 206

como maioria dos residentes em Bnei Brak, 183

homens estudantes de *yeshiva* em tempo integral, 202, 203, 210–211

na coalizão de direita de Netanyahu, 188

ressentimento dos israelenses não *haredim*, 211–212

em desafio aberto às regras da covid, 187–188

como porcentagem da população de Israel, 204–205, 211

escolas de, 204, 205, 213

educação secular rejeitada por, 204

senso de pertencimento entre, 206

estilo de vida tradicional recriado em Israel, 203

mulheres como chefes de família entre, 210–211, 290

oposição ao sionismo por, 202

Harvard Business School, 131

Estudo de Desenvolvimento de Adultos de Harvard (Estudo Grant), 250–251

Universidade de Harvard, 130, 131

Hashomer Hatzair (Guarda Jovem), 50

Hasson, Avi, 179, 180

Hatufim (programa de TV), 124–125, 126, 127

Havat Hashomer (base das IDF para jovens em risco), 228, 231–232

HBO, 124, 127

HBO Max, 129

sistema de saúde

ataques cibernéticos ao, 160

preventivo, *veja* medicina preventiva

paradigma reativo de, 149

sistema de saúde, Israel

voltado à comunidade, 154

classificação de risco covid e, 150

ciência de dados e, 149

alto nível de confiança de, 152, 154

árabes israelenses em, 219

aplicativos móveis em, 153–154

confiança em, 158

acesso universal como exigido em, 153

sistema de saúde, israelense, 11

Healthy.io., 153

expectativa de vida saudável (HALE), dos israelenses, 10

Bíblia Hebraica, história do Êxodo na, 122–123

Universidade Hebraica, 172

Hebron, Israel, 119–120

Heller, Udi, 63–64

autismo como "novo normal" e, 65–66

partido Herut (Liberdade), 191

Herzl, Theodor, 190

Herzog, Isaac "Bougie", sobre os principais pontos fortes dos israelenses, 255–256

Heschel, Abraham Joshua, 94

hevre, 117

função do, na sociedade israelense, 34–36, 42–43

significado do termo, 25–26

Hevre (site), 35

Hezbollah

força crescente do, 52

IDF no planejamento para a próxima guerra com, 52

como braço terrorista do Irã, 52, 53

Hidalgo, Anne, 116

estudantes do ensino médio, israelenses, cursos universitários *on-line* realizados por, 44–45

setor de alta tecnologia, israelense, 5–6, 10, 18

IA em, 163, 169, 173–174, 175–176, 178–181
diversificação da força de trabalho e, 164
crescimento de, 164
haredim e, 207–209
árabes israelenses e, 213
em protestos contra o plano de revisão judicial, 197–198
densidade de talentos de, 163
hineni, significado do termo, 239
Histadrut, 198
história, importância contemporânea para os israelenses de, 107–108, 118
História dos judeus (Johnson), 245
Hitler, Adolf, 3
clínicas de atendimento sob plano de saúde, Israel, 148–149
dados coletados por, 151
altos níveis de confiança de, 152, 154
aplicativos móveis e, 153–154
medicina preventiva como prioridade de, 154
Hoffer, Eric, 131
Hofstede, Geert, 246, 292
feriados
judaicos, 92
nacionais e religiosos, 91
Holocausto, 3, 117, 140, 141, 201, 257
sobreviventes do, 31, 33, 110–111
negacionistas do Holocausto, 217
Dia do Memorial do Holocausto (Yom HaShoah), 2, 3, 4
reparações do Holocausto, 9
protestos contra, 191
Homeland (programa de TV), 122, 124–125, 126, 127
Hong Kong, surto de gripe aviária de 1997 em, 134–135
Huang, Jensen, 180
Hulu, 124
identidade humana, importância da contação de histórias para, 104–105, 123

I

IBM, 174
Islândia, como candidata à campanha de vacinas da Pfizer, 144–145
ICQ, 207
Idhna, Israel, 119
"I have no other country" (canção), 132
imigrantes, Israel como nação de, 10–11, 98, 113, 124
inclusão, como parte da missão principal das IDF, 226, 227–228, 232–233, 237, 247
Índia, programa espacial da, 21–22
espectro individualismo–coletivismo, 246, 292
individualidade, equilíbrio entre responsabilidade coletiva e, 245–246, 248–249, 254
Indonésia, satélite de telecomunicações de, 40
gripe
H1N1, 134–135
pandemia de 1918, 135
inovação, 144, 169
Israel como líder em, 18, 20, 22, 48, 61, 72, 126, 157, 159, 163, 164–168
social, 115–116, 118
juventude em, 165
Autoridade Israelense de Inovação, 179
Institute for Health Metrics and Evaluation (IHME), projeções da população global e, 69
Intel, 173
Mobileye adquirida por, 173
Centro Interdisciplinar (Herzliya, Israel), 74
Universidade Espacial Internacional, 23
Sessão de terapia (*BeTipul*; programa de TV), 122, 126–127
inventividade, juventude como fator, 71–73
Irgun, 191
Domo de Ferro, sistema de defesa, 114

296 Índice

Isaac (figura bíblica), 105
Jihad Islâmica, 193
movimento islâmico, 217, 218
Israel
acessibilidade a ativos científicos em, 34
taxa de casos de covid em, 148
taxas de mortalidade por covid em, 151
criação do Estado moderno, 190–191
laços diplomáticos entre países árabes e, 224
mito fundador de, 47, 67, 124, 203
PIB de, 5
lockdown em, 148
baixas taxas de suicídio de adolescentes em, 16–17
como nação de imigrantes, 10–11, 98, 113, 124
crise inflacionária de 1984 em, 195
paz e segurança como questão central para, 223–24
secularismo na fundação de, 202–203
tamanho pequeno de, 93
como "nação *start-up*", 167
atentados suicidas em, 193
ataques terroristas em, 35, 114, 121, 193, 214
governos de unidade de, 215
Israel, antigo
guerras civis em, 188–190
Reinos do Norte e do Sul de, 189–190
Israel, população de
declínio da idade mediana de, 73–74
tamanho da família em, 75–76
taxa de fertilidade em, 75–76, 77–79
taxas de fertilidade *versus* outras democracias ricas, 13–14, 18
crescimento de, 14, 18
haredim como porcentagem de, 204–205, 211
idade mediana em, 12–13, 12, 18

porcentagem de árabes israelenses em, 204
crescimento projetado de, 73–74
Israel Aerospace Industries (IAI), 23, 24, 26, 38
Forças de Defesa de Israel (IDF), 22, 214
jovens em risco em, 231–232
soldados com autismo em, 63–64;
veja também Roim Rachok
Ben-Gurion em missão de, 61
criação de, 191
Comando Cibernético de, 159
Duvdevan de, 119–120
Corpo de Educação de, 108–199, 230
expansão do programa Roim Rachok em, 62–63
retirada de Gaza por, 194
gibush e, 64
inclusão, como parte da missão principal das IDF, 226, 227–228, 232–233, 237, 247
Kohavi como chefe de gabinete de, 246–247
ethos baseado no mérito de, 228
e necessidade de atuar profundamente em território inimigo, 53
no planejamento para a próxima guerra com o Hezbollah, 52
reservistas em, 181, 198, 289
em resposta à crise de covid em Bnei Brak, 184–187
critérios de seleção e metodologia de, 243–244
contrato social entre israelenses e, 109
quartel-general de Tel Aviv, 246
comandantes jovens de, 233
Instituto de Democracia de Israel (IDI), 214
árabes israelenses, xiv, 200, 255
na pandemia de covid-19, 187
discriminação contra, 215
distinção entre palestinos e, 212

Índice 297

isentos do serviço militar obrigatório, 187, 212
taxa de fertilidade de, 78–79
como cidadãos plenos, 212–213
futuro de, na sociedade israelense, 220, 225
maior integração na sociedade como objetivo de, 214
no setor de saúde, 219
alta taxa de criminalidade entre, 213–214, 218
alta taxa de pobreza de, 213, 240
como empreendedores de alta tecnologia, 208
no setor de alta tecnologia, 213
alto desemprego entre, 213
alta participação dos eleitores, 212
Israel visto como judeu demais por, 222
quantidade de, 108
como porcentagem da população de Israel, 204
partidos políticos de, 195, 212, 215–216
baixa escolaridade, 204
escolas de, 213
revoltas de 2021 por, 214
conflito Israel-Palestina, 35, 216
Acordos de Oslo em, 193–194
ataques terroristas em, 114, 121
troca de prisioneiros em 2011, 121
israelenses
atitude arrogante em relação às regras de, 133
como queixosos crônicos, 8
mentalidade de confronto de, xiv, xv, 4, 5, 8, 106, 111, 124, 222
fracasso como visto por, 33
alta classificação no *ranking* da felicidade de, 6–9, 18, 35–36, 98–99, 131–132, 221, 255, 257
importância da história para, 107–108, 118

histórias intergeracionais de, 105
serviço militar como importante para, xiv, 37, 59–61, 109–110, 161, 231, 234, 247–248, 253, 255, 256
serviço nacional como visto por, 132
resolução de problemas como "esporte nacional" de, 32, 43, 59
resiliência de, 4–5, 19, 255–256
senso de comunidade entre, 117
senso de missão entre, 118
senso de propósito de, 256–257
serviço ao país conforme visto por, 111–112
conversa fiada evitada por, 57
em tempos de crise, 133–134, 149, 156
viagem como especialidade de, 242–243
ultraortodoxos, *veja haredim*
Israel-1 (supercomputador), 179–180
Agência Espacial de Israel, 24
Issacharoff, Avi, 126, 128
árabe falado por, 120, 122
em Duvdevan, 119–120
Fauda, programa de TV criado por, 121–122
Itália, 12, 13, 69, 150, 151

J

Jacó (figura bíblica), 105
Japão
envelhecimento da população do, 11–12, *12*, 70–71
crescimento econômico dos anos 70-80 no, 70–71
encolhimento da população do, 14
Jefferson, Thomas, 234–235
Jerusalém
reunificação de, 195
cerco romano de (70 d.C.), 189
Instituto de Pesquisa Política de Jerusalém, 213
Jerusalem Post, 64

298 Índice

Sociedade Judaica de Alimentação, 97–98
Jewish march of folly, The (Asa-El), 188–189
Instituto de Política do Povo Judeu, 220
guerra judaica, A (Josefo), 189
Judeus
  conflitos entre árabes e, 10
  disputas entre, 190
  muçulmanos em diálogos com, 34
  como contadores de histórias, 123–124
Vale de Jezreel, Israel, 228–229
Johnson, Lyndon B., 20
Johnson, Paul, 245, 252
Jordânia, na Guerra dos Seis Dias, 195
José (figura bíblica), 239
Josefo, Flávio, 189
judaísmo, equilíbrio de direitos individuais e responsabilidade coletiva em, 245–246
judaísmo, israelenses, singularidade do, 99–100
judiciário israelense, como único fiscal do poder legislativo, 196–197
judiciário israelense, supervisão do, 189
  como resposta ao poder excessivo da Suprema Corte, 197
  coalizão empresarial-trabalhista em protesto, 198
  setor de alta tecnologia e, 197–198
  reservistas das IDF em protestos contra, 181, 198, 289
  pauta de Netanyahu para, 188, 196–197
  protestos públicos sobre, xiii, xv, 9, 181, 188, 196–200, 211, 289
Junger, Sebastian, 1, 253, 254

K

Kafr Kanna, Israel, 218
Kagan, Michael, e insistência em permanecer em Israel, 179–180
Kahn, Morris, 31
  como principal investidor da SpaceIL, 26
Kahneman, Daniel, 17
KamaTech, 207, 208–209
Kandel, Eugene, 204
Kasparov, Garry, em partidas contra Deep Blue, 174–175
Kassel, Terry, 97–98
Katriel, Tamar, 45–47
Katz, Yaakov, 197
Keinan, Boaz (pseudônimo)
  fundação para pessoas com autismo, 57–58
  filhos com autismo de, 57
Kennedy, John F., 20
  discurso de posse de, 37
Kfar Kassem, Israel, 217
kibutz, kibutzim, 50, 51, 55, 116
  herança contemporânea dos, 253
  como principal invenção social israelense, 239, 253
kibutz Hulda, 253
King, Martin Luther Jr., 123
Kiryat Ono, 60
Kishida, Fumio, 12
Kissinger, Henry, 223
Klinenberg, Eric, 103
Knesset, agenda de reforma judicial aprovada, 197
Kohavi, Aviv, 226, 232–234, 237
  no equilíbrio entre individualidade e responsabilidade coletiva, 248–249
  como chefe de gabinete das IDF, 246–247
  carreira militar de, 247
"Kollel-Man Masculinity Crisis, The" (Carmel), 210
Koller, Daphne, 44

L

Partido Trabalhista, 203
Lancet, 69
Lapid, Yair, 215

Índice **299**

"modelos de linguagem de grande escala", *veja* LLM

Lazear, Edward P., 71–72

Lia (figura bíblica), 105

Líbano
Hezbollah em, 52–53
Zona-tampão israelense em, 247, 256

Líbano (filme), 128

Guerra do Líbano (1982), 9, 128, 171
ordem de invasão dada por Begin, 191–192
protestos israelenses contra, 192, 197

Leibovitz, Liel, 129

Leshem, Ron, 124

Levi, Hagai, 126

Levine, Uri, 166, 167–168

Levy, Gideon, 147

Liang, James, 71–72

expectativa de vida, *veja* longevidade

satisfação com a vida, *veja* felicidade

fases da vida, anos de odisseia nas, 241–244

Like dreamers (Halevi), 34

Partido Likud, 137, 188, 195

LLM (modelos de linguagem de grande escala), em IA, 177–178, 180

solidão
depressão e, 239
queda na taxa israelense de, 17–18

longevidade
dos israelenses, 9–10, 18
populações e, 11–12
veja também expectativa de vida saudável

nave espacial *Lunar 9*, 21

missões à Lua
Beresheet como caminho de menor custo para, 39–40
chinesa, 22
da Índia, 21–22
israelense (privada), *veja* SpaceIL
abordagem "estilingue" em, 28–29
soviética, 21

Estados Unidos, 21

M

Maccabi (rede de clínicas israelense), 157–158

Maccabitech, 157

aprendizado de máquina, 149

Macunovich, Diane, 76

Magen David Adom (Cruz Vermelha de Israel), 240

Maghar, Israel, 216

Mahanet (acampamento de criatividade), 22, 23

Em busca de sentido (Frankl), 100–101

Maoz, Darya, 75

Maoz, Samuel "Shmulik", 128

Margalit, Keren, 127, 129

Marr, Andrew, 123

Cursos On-line Abertos e Massivos (MOOCs), 44

licença maternidade obrigatória, 83, 280

matzá, para o Sêder da Páscoa, 185–186

Clínica Mayo, 249

McArdle, Megan, 72–73

McCardell, Morgan, 65, 66

McCormack, Joe, 4
sirene do Dia da Lembrança do Holocausto e, 3, 4
em mudança para Israel, 3–4

McVey, Bret, 167

significado
família como fonte de, 101, 255
senso de pertencimento como fonte de, xiii, 101, 161, 252
contar histórias e, 123

psicoterapia centrada no significado (MCP), 100–101

mechina, mechinot (programas de ano sabático imersivo), 238–241
impacto na sociedade israelense de, 253–254
senso de propósito maior promovido por, 239, 241

300 Índice

dados médicos
preocupação com a privacidade e, 152
confiança e, 152–153
dados médicos, de israelenses, 149–150
compartilhados com a Pfizer, 151–153
medicina, prevenção
visão de Balicer da, 149–151
covid e, 150
medicina, prevenção, como prioridade das clínicas israelenses, 154
dieta mediterrânea, 11
Mellanox, aquisição da Nvidia, 179–180
Dia de Homenagem a Soldados e Vítimas do Terror (Yom HaZikaron), 1–2
Memorial Sloan Kettering Cancer Center, Laboratório de Psicoterapia no, 100–101
meritocracia
realização individual como foco da, 238
como ideal moderno, 234–235
corrida de ratos em, 238
Estados Unidos como, 234–236
meritocracia, israelense, com base no serviço, 236–237
Michve Alon (base do Corpo de Educação das IDF), 230–231
Microsoft, 163
IA e, 163, 178
Microsoft Israel, Braverman-Blumenstyk como *head* da, 163–164
serviço militar, 10–11, 32, 82, 84, 107, 132, 133, 206, 231, 234, 249
isenção de pessoas com autismo do, 60, 62, 63
como obrigação, 108, 109, 161, 234
haredim isentos do, 108, 187, 202, 211
herança de batalha e, 110
importância da história judaica no, 110–111

importância para os israelenses de, xiv, 37, 59–62, 109–110, 161, 231, 234, 237, 247–248, 253, 255, 256, 282
árabes israelenses isentos de alistamento em, 187, 212
senso de responsabilidade incutido por, 233–234
trabalho em equipe promovido por, 233–234
Milshtein, Michael, 216
miluim (reservistas israelenses), 198
laços sociais fomentados por, 56
tristeza
redução da, 17
veja também desespero
missão, senso de, entre os israelenses, 118
MIT (Instituto de Tecnologia de Massachusetts), 171–172
base de treinamento Mitkan Adam, 81–82
judeus *mizrahi*, xiv, 50–51
veja também judeus sefarditas
Mobileye, 173, 209
veículos autônomos e, 176
aquisição pela Intel da, 173
sede de Jerusalém da, 173
rápido crescimento da, 173–174
valuation da, 174
Marrocos, laços diplomáticos de Israel com, 224
Mosaic, 100
Moisés (figura bíblica), 123, 239, 241
Moisés, Allon, 156
moshav (coletivo agrícola), 55
Mossad, 120, 227
fundação de Keinan para pessoas com autismo apoiada pelo, 58–59
critérios de seleção e metodologia de, 243–244
Dia das Mães (Israel), renomeado Dia da Família, 85
mRNA, como base da vacina contra covid da Pfizer, 157

Índice 301

empresas multinacionais
  com sede em Israel, 169–170
  operações israelenses de, 164–165
assassinatos, na comunidade árabe
  israelense, 214
Murphy, Christopher, 69
Murphy, Padden, 116
Musk, Elon, 36
muçulmanos, judeus em diálogos com,
  34

N

Nachshon (*mechina*), 241
Nadella, Satya, 163, 180
Brigada de Infantaria Nahal, 63
psicologia narrativa, 104
Nasa, 41
  Ames Research Center, 23
  refletor a *laser* da, como carga na
  Beresheet, 28
Nasser, Gamal Abdel, 195
Agência Nacional de Inteligência
  Geoespacial (NGA), 65
Serviço Nacional de Saúde, Reino Unido,
  ataque de *ransomware*, 160
Neguev, 229
  Assentamentos tipo "torre e paliçada"
  pré-independência, 67–68
Netanyahu, Benjamin, 31
  e escolha de Israel para campanha da
  vacina da Pfizer, 145–147, 151–152
  como Ministro das Finanças, 137–138
  pauta de revisão judicial de, 188,
  196–197
  Acordos de Oslo rejeitados por, 193
  como figura polarizadora, 157, 223
  carreira política de, 137, 157
  coalizão de direita formada por, 188, 196
  e acordo de vacina em troca de dados
  com a Pfizer, 151–153
  sobre a guerra entre as mutações da
  covid e as vacinas, 148
  oposição generalizada a, 223–224

Netflix, 121, 124, 126
Países Baixos, 8, 87
neurodiversidade, *veja* autismo, espectro
  autista
New black, The (programa de TV), 129
Ng, Andrew, 44
Nitsanim (base de treinamento das IDF),
  230
Noam (veterano da Roim Rachok), 62
países nórdicos, 8
Norvig, Peter, 44
Noruega, 8, 15
Numa, Roni
  carreira nas IDF de, 182
  e plano para cozinhar pão ázimo, 186
  pedido de ajuda de Rubinstein,
  182–184
Nvidia
  Israel-1 (supercomputador), 179–180
  Mellanox adquirido por, 179–180

O

Obama, Barack, 235
O'Brien, Conan, 80
anos de odisseia, 241–244
Ono Academic College, programa-piloto
  do Roim Rachok no, 60
One Zero (banco digital), 176
On the spectrum (programa de TV), 129
OpenAI, 177–178
abuso de opioides
  em mortes por desespero, 14
  em Israel, 15, 273
otimismo
  dos israelenses, 9, 18
  enquete do Pew Research Center em,
  8–9
OrCam, 176
Orenstein, Walter, 143
Organização para Cooperação e
  Desenvolvimento Econômico
  (OCDE), 13, 15, 16, 18, 77, 78, 79,
  204, 241

302 Índice

Movimento OR
modelo "cidade de 15 minutos"
adotado por, 116–117, 118
novas comunidades estabelecidas por,
115
origem do, 117
Acordos de Oslo (1993), 192–193, 217,
223
oposição de Netanyahu a, 193
partido Otzma Yehudit, 188
Oz, Amos, 253

P

zona de assentamento judaico na Rússia,
201
Palestina (mandato britânico), 50
plano de dois Estados de 1946 para,
67–68
palestinos
distinção entre árabes israelenses e, 212
ataque terrorista lançado por, 114
pandemia
foco de Balicer na preparação contra,
134–140
impacto econômico da, 135–136
gripe de 1918, 135
veja também pandemia da covid-19
Pardo, Omrit, 58–59
Pardo, Tamir, 58–59
pais, parentalidade
"helicóptero", 90
confiante, 89–90
Paris, projetos de "cidade de 15 minutos"
em, 116
Sêder da Páscoa, 92, 96
queima de pão com fermento antes do,
185–186
história do Êxodo reencenada na, 123,
185
matzá na, 185–186
licença-paternidade, 83
Paulo, apóstolo, 140
Perchik, Shay, 286

Peres, Chemi, 162, 169, 208
Peres, Shimon, 192–93, 195
Peterburg, Aya, 74–75
Pew Research Center
pesquisa de otimismo de, 8–9
Pfeffer, Yehoshua, 201, 205, 209, 220
Pfizer
Bourla como CEO da, 140, 142–144
dados médicos israelenses
compartilhados com, 151–153
Pfizer, vacina contra covid e
país necessário para teste de, 144–145
e medo de vacinas, 143–144
Israel como país para teste de, *veja*
campanha de vacinação contra covid,
em Israel
tecnologia baseada em mRNA da, 157
rápido desenvolvimento da, 143, 157
Pitango (fundo de capital de risco), 208
OLP (Organização para a Libertação da
Palestina), 192
Poggio, Tomaso, 172
polarização, *veja* polarização política,
partidos políticos, Israel
governo de unidade em, 194–195
veja também partidos específicos
polarização política
como tendência global, xiii–xv
em Israel, xiii, 157, 223
conflito político, 9
política, israelense, judiciário como único
fiscal do poder legislativo, 196–197
Pollak, Yossi, 81, 83
populações
taxas de fertilidade em, *veja* taxas de
fertilidade
idade mediana de, 11–12, 12, 72–73
declínio projetado de, 68–70
encolhimento de, 13–14
veja também Israel, população de
populações, envelhecimento de, 11–13,
12, 70–74
índice de dependência e, 70

Psicologia Positiva 1504 (curso de Harvard), 130, 131
Price, Jonathan, 189
resolução de problemas
como "esporte nacional" israelense, 32, 43, 59
serviço militar como escola para, 233
ética de trabalho protestante, 84
Pumpkinflowers (Friedman), 256
propósito, senso de, 255, 256–257
machinot e, 239, 241
Putin, Vladimir, 69
Putnam, Robert, 93, 251–252
foguete Qassam, 114

R

Partido Ra'am (Lista Árabe Unida), 218
no governo de coalizão de Bennett, 195, 215–216
Rabin, Leah, 193
Rabin, Yitzhak, 217
assassinato de, 9, 193–194, 223, 240–241
corrida de ratos, na meritocracia, 238
Raquel (figura bíblica), 105
Raff, Gidi, 125, 126, 127
Rahat, Israel, 240
Ramadá, 92
Ramallah, Israel, 119
Ramat Gan, Israel, 183
Ramon, Ilan, 228
Base Aérea de Ramon, 228
ataques de *ransomware*, 160
Raz, Lior, 126, 128
árabe falado por, 120, 122
em Duvdevan, 119, 120
Fauda, programa de TV criado por, 121–122
Reagan, Ronald, 235
realidade, aprendendo a conviver com israelenses e, 131–132
como chave para a felicidade, 131–132

Acordo de Colaboração de Evidências Epidemiológicas do Mundo Real, 151
Rebeca (figura bíblica), 105
Reef Technology, 116
religiões, contação de histórias e, 123
taxa de substituição, 13, 14, 272
desenvolvimento econômico e, 77, 78
reservistas, em protestos contra reforma judicial, 181, 198, 289
resiliência
de israelenses, 4–5, 19, 255–256
rituais e, 104
treinamento para ganho de resiliência, 227
responsabilidade, senso de
equilíbrio da individualidade e, 245–246, 248–249, 254
incentivado pelo serviço militar, 233–234
na sociedade israelense, 49, 52, 89
receita, como medida da saúde das empresas, 169
Ribo, Ishay, 99–100
Riesel, Dan, 286
Rindner, Sarah, 100
rituais
na criação de comunidades, 93–94
resiliência e, 104
Rivlin, Reuven, 31, 221
Roim Rachok, 64
como ideia de Vardi e Sali, 59–60
programa-piloto do One College, 60
habilidades na análise de imagens de satélite de, 54
Unidade 9900 e, 60, 61–62
Romat HaShavim, 55
Roma, no cerco de Jerusalém, 189
Rosen, Armin, 25, 32, 37
Rosh Hashaná, 92, 96
Rosner, Shmuel, 87, 99, 100
Rotenberg, Dror, 55
Rotenberg, Nadav, *sloshim* para, 55–56
RSA, 163

304 Índice

Rubin, Yitzhak, 192–193
Rubinstein, Avraham
  ajuda de Numa buscada por, 182–184
Rússia, declínio populacional projetado
  na, 69
Ryan, Kamal, 214

S

Sacks, Jonathan, 119, 123, 245
Salah, Sheikh Raed, 217
Sali, Leora
  histórico de, 59
  Roim Rachok e, 59–60
Samuel (figura bíblica), 239
Sandel, Michael, 235, 236
Sang-Hun, Choe, 67
Sapir, jornal, 129
Sara (figura bíblica), 105
Saturno V, 28
Sayeret Matkal (unidade de comando de
  elite), 137, 228
S Capital (fundo de capital de risco), 74
escolas, Israel
  quatro sistemas separados, 213
  gibush em, 46–48, 64
  haredim, 204, 205, 213
  de árabes israelenses, 213
  educação personalizada em, 45–47
  método de Sala de Aula em Equipe
  em, 45
  veja também alunos do ensino médio
Schreier, Sarah Levy
  recrutados pela Sight Diagnostics, 81,
  83
  experiência no Talpiot de, 81–82
Schwartz, Dudi, 60
escotismo, israelense (Tzofim), 48–49,
  51–52
Baden-Powell e, 49, 50
  veja também movimentos juvenis
Sderot, Israel, 126
  projeto-piloto "cidade de 15 minutos"
  em, 116–117, 118

como metáfora para Israel, 118
população multiétnica de, 113
proximidade de Gaza de, 113
nova construção residencial em,
  112–113, 115, 116–117
ataques de foguetes contra, 114–115
senso de comunidade em, 115, 117
origens do acampamento provisório
  de, 113
segundas chances, no *ethos* das IDF, 226,
  227, 229, 232–233
Sêder, *veja* Sêder de Páscoa
Sedol, Lee, 175
autoestima, Ben-Shahar em, 131
Sêneca, 245
judeus sefarditas, 96
veja também judeus *mizrahi*
Sequoia (fundo de capital de risco), 74
movimento de colonos israelenses
  e avaliação de casas em Gaza e na
  Cisjordânia, 194
  no Neguev, 67–68
  Sharon e, 194
77º Batalhão de Tanques, 134
sabá
  importância na sociedade israelense do,
  92–100
  interação multigeracional promovida
  pelo, 95
  observância dos israelenses seculares
  do, 93, 95
  senso de comunidade moldado pelo,
  93–94
  compartilhamento de diversas
  maneiras de comer no, 96–97, 98
Shabtai, Ehud, 166
Shadmi, Maya
  infância e juventude de, 228–229
  em Havat Hashomer, 231–232
  serviço militar de, 230–231
  ano de serviço de, 229–230
Shai, Yizhar, 208
Shalev, Varda, 157–158

Shalit, Gilad, 121
Shamir, Yitzhak, 195
Sharon, Ariel, 114, 137, 192
    e plano de armazenamento de
    medicamentos antivirais, 138–140
    retirada de Gaza ordenada por, 194
    assentamento de colonos e, 194
Shashua, Amnon, 175, 180, 209
    start-ups de IA fundadas por, 173,
    176–178
    histórico profissional na computação
    de, 170
    insistência para que a Mobileye ficasse
    em Israel, 173
    serviço militar de, 171
    no MIT, 171–172
    retorno a Israel de, 172
Shavuot, 92
Centro Médico Sheba, 179
Shefi, Naama, 97–98
casamento arranjado (*shidduch*),
    209–210, 211
Shimsheet, Israel, 228–229
Shinar, Amir, 166
Shinar, Gili, 166
Shin Bet, 120
ano de serviço pré-exército (*shnat sherut*),
    229
Instituição Shoresh de Pesquisa
    Socioeconômica, 203
Showtime, 126
Shtisel (programa de TV), 124, 129
Sibat HaSibot ("Causa das causas";
    canção), 99–100
Sight Diagnostics, Schreier recrutado por,
    81, 83
Simon, Avi, 64
    Roim Rachok e, 61–62
    análise de inteligência de imagens de
    satélite de, 53–54
Sinai, 195
Singapura, 8, 9, 78, 102, 181, 234
Singer, Alex, 109

pai/mãe solteiro, em Israel, 84–85
    tratamentos de fertilidade e, 85
Guerra dos Seis Dias (1967), 34, 113,
    195, 223
Skenazy, Lenore, 88
Smooha, Sammy, 44
doenças sociais
    em democracias ricas, 8
    veja também desespero
sociedade, declínio da vida centrada na
    família em, 102–103
sociedade israelense
    relações árabe-judaicas na, 10,
    214–215, 219
    equilíbrio entre individualidade e
    responsabilidade coletiva, 216,
    248–49, 254
    tendência de casais sem filhos na, 86
    confronto entre *haredim* e outros
    israelenses na, 211–212
    estreita interação entre elementos da,
    224
    compromisso com uma causa maior
    na, 161
    guerra cultural entre elementos
    religiosos e seculares da, 221–223
    conflito de facções na, 10
    família na, 75–76, 79, 84–85, 87–90,
    102, 255
    quatro "tribos" da, 221
    liberdade e autonomia das crianças na,
    87–90, 102
    integração total de *haredim* e árabes
    israelenses na, 219–220, 225
    função do *hevre* na, 34–36, 42–43
    gibush (valores de grupo) na, *veja*
    gibush
    haredim como cada vez mais engajados,
    129
    importância do sabá na, 92–100
    judaísmo na, 99–100
    e pressão sobre as mulheres para ter
    filhos, 85–86

306 Índice

como pró-família, 75–76, 79, 84–85, 87–90, 102, 164
senso de pertencimento na, xiii, 36, 100, 112, 200, 220, 255
senso de comunidade na, 88–89, 93–94, 96, 98–99, 115, 157–158, 161–162, 253
senso de solidariedade nacional na, xiii–xv, 32, 106, 111–112, 131–132, 156, 158, 181, 199–200, 220, 221, 224–225, 248–249, 255, 256
senso de propósito na, 255
senso de responsabilidade na, 49, 52, 89
compartilhamento de diversas maneiras de comer na, 96–97, 98
contar histórias na, 119–132
tensão na, 6, 9–10, 11, 15, 17
aspectos únicos do judaísmo na, 99–100
equilíbrio entre trabalho e vida pessoal na, 80–90
natureza juvenil da, 68
soldados
e dificuldade de reintegração à vida civil, 254
veja também Forças de Defesa de Israel; serviço militar
solidariedade, sentido israelense de, xiii–xv, 32, 106, 111–112, 131–132, 156, 158, 181, 199–200, 220, 221, 224–225, 248–249, 255, 256
Coreia do Sul, 13, 73, 74, 78, 150, 151, 234, 236
União Soviética, na corrida espacial com os Estados Unidos, 20–21
SpaceIL, 179
Beresheet 2, programa de, 41
projetos fracassados para, 26–27
projeto final do módulo de aterrissagem, *veja* módulo lunar da *Beresheet*
parceiros estrangeiros da, 40

fundação da, 22, 24
missão educacional global da, 41
como inspiração para a geração mais jovem, 29–30, 39
Kahn como principal investidor na, 26
orgulho nacional inspirado na, 36–37
voluntários na equipe técnica da, 42–43
saída do Winetraub da, 41–42
cobertura da mídia mundial da, 29
corrida espacial, 20–21
veja também missões lunares
SpaceX, 36
Beresheet lançada pelo foguete Falcon 9, 30
custos de lançamento de, 27
Espanha, xiii, 12, 69, 96, 125, 140, 150, 151
gripe espanhola, pandemia de 1918, 135
agência de viagens Spies Rejser, 70
Festival da Primavera (China), 92
Sputnik, 21
Srugim (programa de TV), 124, 129
Stanford University, 42
Start-Up Nation (Senor e Singer), 5, 18, 164
Start-Up Nation Central, 97, 159, 178, 179
Start-Up Nation Finder, 164, 178
Stern, Danna, 119, 124, 126, 127, 128–129
Stern, Yedidia, 220–221
sobre guerras culturais na sociedade israelense, 221–222
Estocolmo, declínio da vida centrada na família em, 103
contação de histórias
importância para a identidade humana, 104–105, 123
na sociedade israelense, 119–132
na cultura judaica, 123–124
em religiões, 123

Índice 307

identidade compartilhada e senso de significado transmitido, 123
estresse, na vida diária israelense, 6, 9–10, 11, 15, 17
Sudão, laços diplomáticos de Israel com, 224
Sucot, 92
Supremo Tribunal, Israel
leis básicas vistas como documentos constitucionais pelo, 196
poder de revisão judicial do, 188, 196
veja também reforma judicial
Suécia, xiii, 8, 10, 15, 69, 103, 150, 151, 236
Suíça, 8, 155, 234
Síria
Hezbollah na, 52–53
na guerra de 1973 contra Israel, 134
na Guerra dos Seis Dias, 195
guerra civil de 2011-2012 na, 62
Szold, Henrietta, 85

T

Tablet, 24, 86
Tahaluf (a Aliança), 218
Taiwan, 234
Talmude, 123
Talpiot (programa de elite das IDF), 59
Schreier em, 81–82
Tanakh (bíblia hebraica), 37
Centro Taub de Estudos de Política Social, 204
Team8 (empresa de capital de risco), 160
Sala de Aula em Equipe, 45
trabalho em equipe, serviço militar como escola para, 233–234
TechCrunch, 167
Technion (universidade), 222
adolescentes, suicídios e emergências de saúde mental de, 16–17
adolescentes em risco, nas IDF, 231–232
Teerã (programa de TV), 122

Tel Aviv, 55, 162
alto custo de vida em, 6
protestos contra revisão judicial em, xv, 197
protestos contra Guerra do Líbano em, 192
congestionamento de tráfego em, 10
incentivos para vacinação em, 155–156
Telegraph (UK), 155, 156
Templo de Jerusalém, destruição romana do, 189
Tendler, Dana, 256–257
Tendler, Idan, 256–257
Terreno, Análise, Mapeamento Preciso, Coleta Visual e Interpretação, Agência de, *veja* Unidade 9900
ataques terroristas, 35, 121, 214
ameaça constante de, 6
partidos árabes israelenses vistos como simpatizantes, 216
pela OLP, 193
foguetes Qassam em, 114–115
homens-bomba em, 114, 193
Tailândia, 8
Ação de Graças, nos Estados Unidos, 91
Tessalônica, Grécia, comunidade judaica em, 140–142
Thompson, Derek, 17
Thrun, Sebastian, 44
Fundo Tikvah, 205
Tipat Halav (Uma gota de leite), 85
Tishby, Noa, 91
Titkadmu (soldados na unidade de pessoas com autismo), 63–64, 66
união (*b'yachad*), 36
Tough, Paul, 235
Assentamentos tipo "torre e paliçada", 67–68
Toyota, 170, 172
acampamentos provisórios, 113
viagem, como especialidade israelense, 242–243

308 Índice

confiança
sistema de saúde israelense e, 152, 154, 158
atitude dos israelenses em relação a, 133–134
no compartilhamento de dados médicos, 152–153
vacinas e, 133, 143, 154–155
Tunísia, 31
Tversky, Amos, 17
Tyranny of merit, The (Sandel), 235
Tzarich Iyun, 206

U

Udacity, 44
Ullman, Shimon, 171
unicórnios (empresas bilionárias), 167–169, 174
Unidade 217 (Duvdevan), 119–120
Unidade 8200, 179
Unidade 9900, 53–54
programa Roim Rachok e, 60, 61–62
Emirados Árabes Unidos, laços diplomáticos de Israel com, 224
United Hatzalah (serviços médicos de emergência voluntários), 215
Reino Unido
taxas de vacinação contra covid no, 155
em mortes por desespero, 14
desemprego entre adultos com autismo no, 65
Nações Unidas
projeções da população global das, 69, 73
World Happiness Report, 6, 7–8, 17, 221, 255
Estados Unidos
taxas de vacinação contra covid nos, 155
em mortes por desespero, 14
declínio das relações intergeracionais nos, 95–96

declínio do senso de comunidade e família nos, 93
mito fundador dos, 124
como meritocracia, 234–236
polarização política nos, xiii
boom de fertilidade pós-Segunda Guerra Mundial nos, 76–77
otimismo pós-Segunda Guerra Mundial dos, 21
isolamento social nos, 95–96
na corrida espacial com a União Soviética, 20–21
desemprego entre adultos com autismo nos, 65
Universal Health Services, ataque de *ransomware*, 160
Upswing, The (Putnam e Garrett), 251–252
Urban, Tim, 91
planejamento urbano, modelo de "cidade de 15 minutos" em, 116–117, 118
Usrat al-Jihad, 217

V

vacinas, confiança e, 133, 143, 154–155
Valley of tears (programa de TV), 124
valuation, mercado de ações, 168–169
Vardi, Tal
Keinan e, 57–58
Roim Rachok e, 59–60
em *shloshim* para Nadav Rotenberg, 55–56
Vardi, Yossi, 207, 208
Veenhoven, Ruut, 98–99
Festival Internacional de Cinema de Veneza, 128
fundos de capital de risco, 74, 168–169
Vintage Investment Partners, 168–169
Virgin Galactic, 36
pessoas com deficiência visual, IA e, 176
Vogue, 98
Volkswagen e programa de foguetes V-1, 33

Índice **309**

Volkswagen, sede em Wolfsburg, palestra de Bash na, 32–33

W

Waldinger, Robert, 250–251, 254
Walking the Bible (Feiler), 103–104
Wang, Hui, 71–72
WannaCry (*ransomware*), 160
Guerra da Independência, Israel (1948), 31, 113, 190–191, 212
Waze
modelo de *crowdsourcing* do, 165–167
e a insistência dos executivos em permanecer em Israel, 168
aquisição pelo Google, 167, 168
aspecto social do, 166, 167
como unicórnio, 167–168, 174
wazers, 166
Weiner, Eric, 98–99
Weinreb, Alex, 10–11, 67
sobre o crescimento da população *haredim* em Israel, 204–205
Weiss, Shayna, 127
Weissbart, Limor, 238, 239–240
Instituto Weizmann de Ciências, 26, 59, 171
Wen, Tiffanie
primeira experiência de ataque aéreo de, 4–5
artigo sobre felicidade em Israel, 6–7
sirene de Yom HaZikaron e, 1–2
Cisjordânia, 119, 194, 195, 212
"We survived pharaoh" (canção), 182
What's our problem? (Urban), 91
"Por que os israelenses são tão felizes?" (Wen), p. 6–7
Wikipédia, 165
Winetraub, Yonatan
histórico de, 23
na abordagem "estilingue" da *Beresheet* para a lua, 28
na partida da SpaceIL, 41–42
na primeira reunião com Ben-Israel, 25

na fundação da SpaceIL, 21, 22, 24
cultivo de alimentos na lua como um sonho, 42
e lançamento da *Beresheet*, 30
na SpaceIL como inspiração para a geração mais jovem, 29, 39
sobre voluntários da SpaceIL, 43
laboratório de câncer de Stanford liderado por, 42
Wingut, Avreimi, 208
mulheres israelenses e pressão para ter filhos, 85–86
Women in the State of Israel: The Early Years (Geva), 85–86
força de trabalho
mulheres *haredim* na, 210–211, 290
baixa participação de homens *haredim* na, 203, 204, 206
equilíbrio entre trabalho e vida pessoal na, 80–90
interação da família e do local de trabalho na, 83–84, 164
licença-maternidade obrigatória na, 83, 280
World Database of Happiness (WDH), 98–99
Fórum Econômico Mundial (2015), 159
World Happiness Report, 6, 7–8, 17, 221, 255
Organização Mundial da Saúde, 10
autismo reconhecido como epidemia pela, 60
Segunda Guerra Mundial, 37
Fundação XPRIZE, 23, 40
veja também Google Lunar XPRIZE

Y

Yad Eliyahu (bairro de Tel Aviv), 162
Yakobson, Alexander, 182
Partido Yamina, 195, 215
Years That Matter Most, The (Tough), 235
Yedioth Ahronoth, 247
Yellow peppers (programa de TV), 129

310 Índice

Yeshivas, programas imersivos de, 107
Yishuv, 68
Yisraeli, Avi, 136, 138–139
Yom HaShoah (Dia do Memorial do Holocausto), 2, 3, 4
Yom HaZikaron (Dia da Lembrança), 1–2
Yom Kippur, 92, 96
Guerra do Yom Kippur (1973), 134
Youth Aliyah, 85
movimentos juvenis, israelenses, 48–52, 229
  na fundação de Israel, 67–68
  gibush, importância para, 51, 52, 64
  impacto duradouro de, 253
  como rebelião contra o *status quo*, 50–51

senso de responsabilidade como objetivo de, 49, 52

Z

Zafrir, Maya, 160
Zafrir, Nadav, 162, 233, 237
  Comando Cibernético das IDF fundado por, 159
  permanência na cidade de Nova York de, 160–161
  retorno a Israel, 161, 181
  Team8 fundada por, 160
Zajfman, Daniel, SpaceIL endossado por, 26
Sionismo, 31, 190, 202
Congresso Sionista, primeiro (1897), 190